대학행정총서 2

UNIVERSITY
ADMINISTRATION

대학인적자원관리

이론과 실제

집필책임자 **서정화**
공동집필자 **구관서 · 임창희**

학지사

머리말

대학은 교육을 통해 인력을 배출하고 연구 결과 산출 및 봉사활동을 통해 국가 · 사회발전에 기여하는 곳이다. 이러한 활동과 기여를 수행하는 교수들과 이들을 지원하는 직원들이야말로 대학교육의 성과를 좌우하는 주체라 할 것이다. 따라서 대학의 교수와 직원들을 확보하고 개발하며 유지하는 일은 대학경영의 가장 중요한 과제가 아닐 수 없다.

그럼에도 불구하고 유능한 교수와 직원들을 확보하고 유지하며 높은 사기와 직무의욕을 가지고 주어진 업무를 수행할 수 있도록 효과적이고 효율적으로 지원 · 관리하지 못하고 있는 것 같다. 우리나라 대학에 근무하는 보직교수들과 행정직원 수가 2008년 현재 4만여 명에 이르고 있지만, 이들을 위한 교육과 능력개발 · 유지 등에 관한 책자나 자료 등이 매우 취약한 상태에 있는 것이 그 한 예가 될 것이다.

이에 홍익대학교에서는 이들을 위한 교육, 연구, 학술 세미나, 사이버 연수, 워크숍 등을 활발하게 펼쳐 나가고 있다. 이러한 활동을 수행하는 데 있어서 2005년도부터는 교육과학기술부의 지원을 받아 특성화 지정 과제를 수행하고 있으며, 그 일환으로 10권의 매뉴얼 형태의 총서를 발간하게 되었다.

이 책은 대학인적자원관리의 이론적인 측면과 실제적인 내용들을 다루었다. 제1부 대학의 교수 그리고 직원, 제2부 인적자원 확보, 제3부 대학교직원 유지 및 관리, 제4부 제도적 지원으로 구성되어 있고, 제1, 2, 10, 11, 13장은 서정화 교수, 제3, 4, 9, 12장은 구관서 박사, 제5, 6, 7, 8장은 임창희 교수가 집필하였다.

이 책은 2006년부터 홍익대학교 교육경영관리대학원 및 학연박사과정에서 활용해 왔고, 앞으로 더욱 수정 · 보완하여 나갈 것이다. 대학의 교수 및 직원들이 활용함으로써 유능한 대학행정, 경영자를 개발하는 데 좋은 길잡이가 될 수 있기를 기대한다.

끝으로, 이 책을 집필하느라 함께 수고해 주신 임창희 교수와 구관서 박사에게 감사를 표한다. 아울러 이 책의 발간을 위해 여러 가지 뒷바라지를 하느라 수고가 많았던 전현경, 유건상 선생에게 고마움을 표한다.

2009년 8월

집필진을 대신하여 서 정 화

차 례

제2부 • 인적자원 확보

제3부 • 대학 교직원 유지 및 관리

제1부

대학의 교수 그리고 직원

제1장
대학의 기능과 교직원 인적자원관리

이 장에서는 대학의 상황과 환경의 변화를 살펴보고, 대학교육의 문제점을 진단한 다음, 대학행정과 인적자원관리의 내용을 개관하고자 한다.[1]

1. 대학의 기능과 인적자원관리

대학은 교육, 연구, 사회봉사 기능을 수행한다. 특히, 새로운 지식을 창출하고 지식 확산을 위한 전진기지로서의 역할을 담당한다.

교수는 학문 분야에 대한 전문지식을 연구·개발하고 학생들에게 지식을 전수하는 것을 주된 임무로 한다. 그래서 흔히 '대학은 교수다.' 라고 말한다. 이는 바로 교수의 중요성을 단적으로 표현한 말이다. 대학경쟁력이 바로 국가경쟁력으로 이어지는 지식정보화 사회에서 교수의 자

1) 서정화 외(2004), 대교협 평가의 기능과 역할, 한국대학교육협의회.
이현청 외(2003), 대학 M&A 등 자율경영혁신모델연구, 교육인적자원부 연구보고서 내용을 주로 참조.

질과 능력은 핵심 요소라 할 수 있다.

대학의 규모가 커지고 방대한 시설 · 설비와 막대한 재원을 관리하면서 교육, 연구 그리고 봉사활동을 지원하고 관리하는 대학직원의 역할과 비중도 커지고 있다. 이러한 점에서 유능한 교수와 직원을 확보하고, 그들의 전문성을 신장시키고, 또 높은 사기를 가지고 근무에 전력하도록 도와주는 제반 여건 조성은 매우 중요하다.

대학행정은 대학 교육목적의 달성을 위한 인적 · 물적 조건의 정비활동이라고 할 수 있다. 여기서 대학의 교육목적은 바람직한 인간의 행동특성을 길러내는 일이며, 인적 · 물적 조건은 교육목적이 효율적으로 달성되도록 동원 · 활용되는 학생, 교수, 직원과 시설, 매체, 재정 등의 자원을 말한다.

대학행정의 기능을 수단으로 보아 대학교육을 위한 '행정'으로 볼 수도 있고, 목적으로 보아 대학교육에 '관한' 행정으로 볼 수도 있다. 전자는 교육활동을 지원하는 데 강조를 둔 자율성을 강조하는 입장이고, 후자는 관리하는 데 강조를 둔 통합성을 강조하는 입장이라 할 수 있다. 이러한 대학행정 기능의 이원성 문제는 보는 이의 관점에 따라 우선순위가 달라질 수 있다. 그러나 기본적으로 대학의 교육활동 수행과 연구 그리고 봉사 기능을 수행하는 데 있어서 필요한 지원적인 기능이 주가 되어야 할 것이다.

대학행정을 '대학 교육목적의 달성에 필요한 인적 · 물적자원을 확보 · 정비하여 교육목적의 달성이 효과적 · 효율적으로 이루어질 수 있도록 지원하고 관리하는 활동'이라고 규정하면, 대학교육활동의 지원 · 관리와 관련되는 일체의 행정행위가 포함된다.

대학행정은 교육실천 측면과 교육이론 측면을 모두 포괄하여 매우 광범위하고 다양하며 복합적인 성격을 띠고 있다. 교수와 학생 그리고 교육 내용이 만나는 교육의 장을 둘러싸고 있는 대학 교육현상과 행위를 포괄하는 개념이라 할 수 있다. 이렇게 보면 대학행정에서 다루게 되는 영역은 조직, 인사, 시설, 재정, 기획 및 정책, 지배 구조 등을 포함한다. 그중에서도 대학인적자원관리는 가장 핵심적인 부문이라고 할 수 있다. 이는 교육목적의 달성을 위해 가장 핵심적인 인적 요소들을 동원하고 활용하며 관리하는 일체의 활동이 포함되기 때문이다.

2. 대학의 위기적 상황

우리나라 대학들의 위기 현상을 몇 가지 측면에서 살펴보면 다음과 같다.

첫째, 대학의 미충원율 증가 및 취업률 저하를 들 수 있다. 대학입학 학령인구 감소에 따라 전문대학은 물론이고 4년제 대학의 미충원율이 증가하고 있다. 그동안 특정 지역의 일부 대학만의 문제에 지나지 않던 미등록 현상이 2003학년도부터는 대부분의 비수도권대학으로 확대되고 있다. 그리하여 일부 지방 사립대학에서는 대학의 존폐까지 위협받고 있는 실정이다. 이러한 미충원 상태는 학문 계열별로 다르다. 미충원 심화 문제는 대학재정에 심각한 타격을 주어 대학경영의 부실과 대학교육의 질 저하를 초래할 뿐 아니라 지역 불균형 문제가 되고 있다.

우리나라의 지방대학은 전체 고등교육의 2/3를 차지하고 있다. 따라서 지방대학의 발전 없이는 고등교육의 발전을 기대하기 어렵다. 이런 점을 고려할 때 많은 지방대학들이 정원을 채우지 못하고 있는 것과 지방대학 졸업자들의 취업률이 낮은 것은 국가 · 사회적 문제라 할 수 있다. 더욱이 '저출산 · 고령화' 현상은 앞으로의 대학 학령인구의 부족을 가져올 것을 예고하고 있다. 2006년 5월 현재 연간 출산율이 1.08명에 불과한 것은 심각한 문제가 아닐 수 없으며 이에 대한 교육적, 경제 · 사회적, 국가적 대처가 절실하다.

둘째, 대학교육의 낮은 경쟁력이다. 우리나라 대학들의 질적인 수준은 선진국과 비교하여 크게 떨어진다. 스위스 경영개발원(International Management Development: IMD)의 발표자료에 의하면, 교육 부문의 경쟁력이 떨어지고 있는 것으로 나타나 있으며, 특히 고등교육의 경우 효율

‖ 표 1-1 ‖ CEO가 바라본 우리나라의 인적자원 부문 경쟁력

분야	항목	1위 국가	2위 국가	3위 국가	한국의 수준(%)
교육 시스템	전체 교육 시스템	미국	독일	영국	52
	대학 교육 시스템	미국	프랑스	독일	40
	커리큘럼의 효율성	미국	독일	핀란드	35
	CEO 육성 교육기관	미국	스위스	영국	35
인력수급 시스템	인문계 인력공급 구조	미국	독일	영국	60
	이공계 인력공급 구조	독일	미국	프랑스	42
	여성인력 활용도	핀란드	미국	스웨덴	28
	숙련근로자 조달 용이성	독일	미국	일본	72
국민적 마인드	국민의 경제 마인드	미국	싱가포르	일본	73
	사회가치의 경쟁력 기여도	미국	싱가포르	독일	55
	성숙한 시민의식	싱가포르	독일	일본	48
	노동자의 노동윤리	일본	독일	싱가포르	42
인적자원 능력	영어구사능력	싱가포르	네덜란드	독일	27
	제2외국어 구사능력	독일	네덜란드	싱가포르	20
	기초학문 및 전문성	미국	독일	프랑스	33
	두뇌유출입 정도	미국	일본	독일	42
	인적자원의 풍부성	중국	미국	독일	87
인적자원 총괄		미국	독일	싱가포르	46

출처: 전경련(2002). CEO가 본 한국의 국가경쟁력.

성 부분에서 47위를 기록하여 경쟁력 저하가 두드러지고 있다. 전경련이 우리나라 CEO들을 대상으로 실시한 인적자원 부문의 경쟁력 수준 조사 결과에 의하면, 우리나라의 전체 인적자원개발 수준은 선진국의 46% 수준이며, 교육 시스템은 52% 수준인 것으로 지적되고 있다. 특히, 대학교육 시스템은 40%, 인적자원의 영어능력과 기초학문 및 전문성은 각각 27%, 33% 수준으로 매우 낮게 나타나 있다.

셋째, 대학의 특성화 진척이 미흡하다. 많은 대학들이 대규모의 전공을 설치 · 운영하고 있고 대학에 설치되어 있는 전공 중 상당수가 서로 중복 설치되어 있다. 이는 특성화 비율이 매우 낮다는 사실을 말한다. 국 · 공립대학과 사립대학 간, 대규모 대학과 소규모 대학 간 교육 프로그램 운영이 그다지 차별화되지 못하고 있는 것이다.

넷째, 사회적 요구와 인력양성 구조의 불일치 문제다. 현재의 대학교육은 산업체의 기대와 필요를 충족시켜 주지 못하고 있다. 신입사원들이 대학에서 습득한 지식과 기술은 기업에서 필요한 수준의 극히 일부분에 불과하므로, 교육발전을 위해 가장 우선적으로 개선해야 할 과제 중의 하나는 바로 산업계 수요에 부합한 교육 프로그램 운영이다. 고학력 인력은 많이 배출되고 있으나, 산업현장에서 필요로 하는 핵심 고급인력이 부족하기 때문에 해외 유학자나 해외기업 유경험자, 기업 자체 육성인력으로 충당되고 있는 실정이다. 이와 관련하여 정보통신, 반도체 등 사회적 수요가 증대되는 신 산업 또는 국가 전략 분야의 고급인력들이 해외취업으로 빠져나가고 있다.

끝으로, 대학교육재정 투자 부족을 들 수 있다. 우리나라 대학교육의 질적인 발전을 제약하는 주요 요인 중 하나는 재정지원이 부족하다는 점이다. 대학생 1인당 공교육비 수준은 OECD 평균의 63% 정도에 불과하다(〈표 1-2〉 참조).

‖ 표 1-2 ‖ 대학생 1인당 공교육 투자 수준 국제 비교

(단위: US달러, %)

구분		고등교육
학생 1인당 교육비	한국	6,844
	OECD 평균	10,893
	한국/OECD 평균	63
1인당 GDP 대비	한국	47
	OECD 평균	49
	한국/OECD 평균	96

출처: OECD(2000). OECD 교육지표.

이러한 대학교육에 대한 재정투자 관련 자료는 선진국과 비교하여 크게 미달되어 있음을 보여 주고 있다.

3. 대학에 대한 새로운 도전과 요청

위에서 간략하게 살펴본 위기적인 상황은 타개해야 할 과제라 할 수 있다. 이러한 과제와 함께 제기되고 있는 대학에 대한 새로운 도전과 요청을 몇 가지 제시하면 다음과 같다.

첫째, 지식기반사회에 걸맞는 새로운 지식 창출을 요청받고 있다. 지식과 정보가 핵심 가치로 부각되고 있는 지식정보화 사회에서는 시대변화에 걸맞는 대학의 역할이 요청되고 있다. 그러나 우리의 대학 현실은 이러한 역할을 수행할 수 있도록 지원하는 제반 교육활동 여건을 제대로 갖추지 못하고 있다. 가장 기본적인 교육활동 수행에 필요한 여건도 미흡한 데다가, 새로운 지식 창출을 위한 연구활동 수행에 필요한 인적·물적 여건과 효과적인 활용 시스템도 제대로 갖춰져 있지 못하다.

앞으로 세계적인 수준의 대학으로 발돋움하기 위해서는 최상의 교육활동 수행뿐 아니라 질적 수준이 높은 창의적인 연구활동을 유도 · 촉진하기 위한 여건 조성과 행 · 재정적 지원이 절실하다.

둘째, 우수인력 양성에 대한 요구가 증대되고 있다. 우리나라 대학생 수는 엄청나게 늘어났다. 2006년 3월 현재 고교 졸업자의 84%가 대학에 진학하고 있다. 이는 세계적으로 유래를 찾아볼 수 없는 국민의 강한 교육열과 정부의 교육정책에 힘입은 바 크다. 그러나 2002~2003년을 기점으로 대학진학 대상자 수와 진학 희망자 수는 점차 줄어들고 있다. 그래서 수요-공급의 불균형 현상이 나타나고 있다.

그리고 교육수요자들의 교육선택권 증대 요청에 따라 전공에 따른 편향도 심해지고 있다. 이와 관련하여 대학 졸업 후의 취업에 대비한 직업교육으로서의 요구도 점차 증대되고 있다. 또 대학인력의 주요 소비자인 기업도 배출된 인력의 전문적 지식이나 기술, 경험 부족 등에 대해서 불만족이 증대되고 있어, 대학교육은 대학 졸업자들의 실용성 요구에 새롭게 응답해야 할 상황에 놓여 있다.

셋째, 대학교육시장 개방에 대한 요구가 증대되고 있다. 국가 간의 장벽이 무너지고 무한경쟁시대에 돌입함에 따라 고등교육 교류가 활성화되고 있다. 주지하듯이 1995년 1월 WTO 체제의 출범과 함께 '서비스 무역에 관한 일반협정(General Agreement on Trade in Service: GATS)'이 발효됨에 따라 우리나라 대학교육시장의 개방은 피할 수 없는 상황이 되고 있다. 이 협정은 국경을 넘어 교육 서비스를 서로 전달하고 제공하는 데 불필요한 장애물을 제거하거나 낮추자는 것이다. 근자에는 개방화, 국제화를 통한 자유무역의 다자 간 협력 틀보다는 양자 간 또는 지역 내 협상을 통한 상호 이익 증진에 주력하는 FTA(Free Trade Agreement)가 활성화되고 있다. 이러한 개방화, 세계화의 흐름에 따라 세계 유수 교육기관이 유입될 것으로 보인다. 이와 관련하여 학습자의 학습권과 교육선택권이 더욱 확대되고 있고, 이를 통해 국내 학문의 선진화를 이룰 수 있고, 고급 두뇌의 취업 확대, 교육 서비스의 질 향상 등이 기대되기도 한다.

그러나 고등교육 기회가 보편화되고 입학지원자보다 대학 정원이 많아지는 시대로 바뀌면서 교육의 질적 수준에 대한 신뢰가 저하되고 있다. 이러한 상황 속에서 대학교육시장이 개방될 경우 대학교육기관의 자생력 약화와 위축, 대학교육의 외국의존도 강화, 고급인력의 해외 유출로 인한 국부의 손실, 교육을 통한 외국문화의 침투, 교육 기회의 차별화로 인한 계층 간의 위화감 유발 등이 우려되고 있다.[2]

그렇지만 개방화, 국제화의 시대적 흐름에 비추어 볼 때 어떻게 개방화에 잘 대비하고 이를 잘 활용하기 위한 전략을 수립 · 추진할 것인가에 지혜를 모아야 할 것이다. 이러한 개방화를 통해 대학교육의 환경을 크게 변화시킬 뿐 아니라 대학의 경쟁력을 높이는 기회로 삼아야 할 것이다.

넷째, 평생학습사회의 요구에 부응하도록 요청받고 있다. 지식기반사회에서 새로운 지식의 생산량은 매년 기하급수적으로 증가하고 있다. 지식의 유효기간도 짧아져서 끊임없이 새로운 지식을 섭취하지 않으면 시대의 흐름에 뒤떨어질 수밖에 없다. 따라서 사회 구성원들은 직업세계의 발달에 부응하여 필요한 정보를 습득하기 위해 이제 평생학습자(lifelong learner)로서 살아가야 한다. 앞으로 평생교육 기회의 보편화와 흐름에 부응하고 국가경쟁력 강화를 위해 대학은 성인 인적자원개발에도 역점을 두어야 할 것을 요청받고 있다.

이상에서 대학의 경쟁력 강화를 저해하는 위기적 요소들과 새로운 도전과 요청을 살펴보았다. 이러한 위기적 요소들과 새롭게 제기되는

2) 이현청(2006), 대학평가론, 문음사.

도전들은 대학의 과제일 뿐 아니라 국가 · 사회적 과업이라 할 수 있다. 앞으로 대학경쟁력 강화를 요청하는 상황들을 도식화하면 [그림 1-1]과 같다.

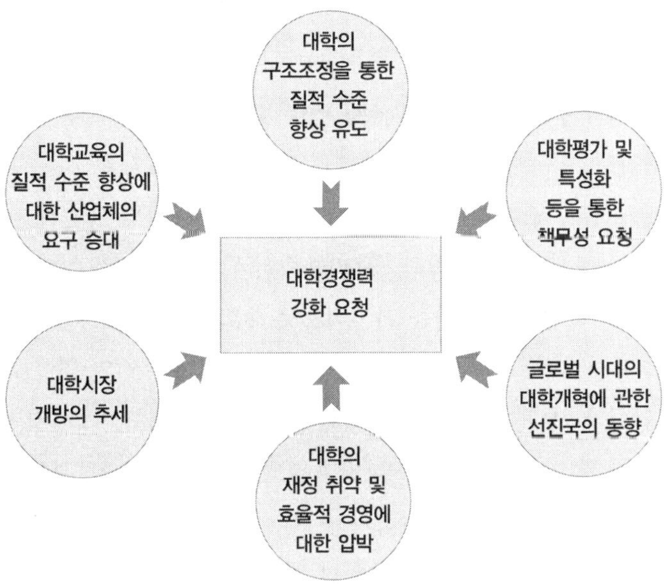

[그림 1-1] 대학경쟁력의 강화에 대한 요청

4. 대학교직원의 역할과 자질

대학의 환경변화와 위기적인 상황에 효과적으로 대처하기 위해서는 대학교직원의 역할과 업무수행능력이 관건이다.

교수의 역할과 자질은 교수 채용은 물론이고 자격 기준 설정, 승진 등에 대한 이론적 기초가 된다. 대학교수의 역할로는 수업담당자, 학문연구자, 사회봉사자, 학생지도자 그리고 행정참여자로서의 역할을 들 수 있다. 또한 기본적인 교수의 책무로서는 ① 교수활동(실제 수업시간뿐만 아니라 강의 준비와 학생들에 대한 평가 포함), ② 학생지도 업무, ③ 연구, ④ 전문성 개발활동(각종 학술회의 참석, 연수활동 등), ⑤ 대학행정에 대한 봉사, ⑥ 외부적인 공공봉사활동(자문 및 전문적 활동) 등을 들 수 있다. 이는 교수집단이 대학의 교육, 연구, 봉사 등의 기본 기능을 거의 대부분 수행하고 있다는 사실을 말해 주는 것이다.

한편, 대학직원은 대학의 교육과 연구 및 봉사활동을 지원하는 역할을 수행한다. 이러한 역할을 수행하려면 대학교육에 대한 기본적인 이해가 필요하다. 또한 대학행정 전문가로서의 실무능력 개발과 대학의 교육, 연구, 봉사 기능 및 지원 · 관리능력이 구비될 필요가 있다.

이러한 대학행정 전문가는 기본적으로 대학의 주요 기능인 교육, 연구, 사회봉사활동을 지원 · 관리하는 대학행정의 중추적인 역할을 담당할 수 있어야 한다. 이를 위해 대학행정 전문가는 대학행정 · 경영업무에 관한 전문적 지식과 기술을 바탕으로 대학교육의 지원 · 관리업무를 효율적으로 수행할 수 있는 능력과 자질이 필요하다.

또한 대학행정 전문가로서 직원의 직무는 교육, 연구, 사회봉사 등의 활동을 지원 · 관리하는 교무, 학생, 기획, 연구, 총무행정 등을 들 수 있다.

표 1-3 대학행정 전문가의 능력과 자질

구분	내용
기술적 자질	대학행정업무의 수행을 위한 기능적 사무관리 자질
인간적 자질	대학 구성원을 이해하고 함께 일하며 동기부여하는 대인관계 및 사회적 자질
개념적 자질	대학교육의 목표 달성을 효과적으로 하기 위해 관련 활동들을 조정 · 통합하고 종합적으로 판단할 수 있는 자질

‖표 1-4‖ 현행 대학 행정조직의 주요 업무 내용

<table>
<tr><th>구분</th><th>영역</th><th>업무 내용</th></tr>
<tr><td rowspan="3">교무행정</td><td>학사
관리</td><td>• 교원의 인사관리와 정원관리
• 학생의 정원관리와 학생선발(입시)
• 학칙의 제정 및 운영
• 교육과정의 수립 및 운영 등</td></tr>
<tr><td>교육
과정
운영</td><td>• 수강신청, 수업시간표, 실습 및 수업관리
• 교과서 및 교재관리
• 학점 및 성적관리 등</td></tr>
<tr><td>학적
관리</td><td>• 학생의 학점관리
• 학위수여 • 제 증명 발급 등</td></tr>
<tr><td rowspan="2">학생행정</td><td>복지 ·
후생</td><td>• 학생회, 서클 활동 등 학생지도
• 상벌 • 보건 · 후생
• 기숙사 및 학생회관관리 등</td></tr>
<tr><td>장학</td><td>• 장학금 지급 • 취업지도
• 해외 유학 및 여행 등</td></tr>
<tr><td rowspan="2">기획 · 연구</td><td>기획</td><td>• 대학운영에 관한 심사분석 및 평가
• 대학발전계획 수립
• 각종 교육통계의 작성 및 관리
• 예산편성 등</td></tr>
<tr><td>연구
지원</td><td>• 교수와 연구소의 연구진흥 지원
• 국제교류 지원
• 교육매체 제작 지원 및 관리 등</td></tr>
<tr><td rowspan="4">지원관리</td><td>서무</td><td>• 문서관리
• 법령 및 예규의 제정 · 개폐 등</td></tr>
<tr><td>인사</td><td>• 교직원 인사관리 및 교직원 복무
• 교직원 후생 · 복지 등</td></tr>
<tr><td>경리</td><td>• 대학의 예산편성 및 집행관리
• 회계 및 결산관리 등</td></tr>
<tr><td>시설</td><td>• 시설 · 설비의 영선
• 공사용 각종 자재관리 등</td></tr>
<tr><td rowspan="3">산하기관
운영</td><td colspan="2">교육기관 지원 · 관리</td></tr>
<tr><td colspan="2">연구기관 지원 · 관리</td></tr>
<tr><td colspan="2">교육지원기관 지원 · 관리</td></tr>
</table>

이상에서 살펴본 바와 같이 교수는 물론이고 직원들은 대학의 본질적인 기능을 수행할 수 있는 자질과 능력을 갖추어야 한다. 대학인적자원관리를 통해 이러한 자질과 능력을 갖춘 유능한 교직원을 확보할 뿐 아니라 계속적으로 이러한 자질과 능력을 개발하고 또 유지 · 보존함으로써 대학의 기능을 최상으로 수행할 수 있어야 한다.

제2장

대학인적자원관리의 본질과 영역

어떤 조직이나 기관을 운영함에 있어 기본적으로 갖추어야 할 요소로서 흔히 3M, 즉 재정(money)과 자원(materials)과 인력(manpower)을 든다. 그중에서도 인력은 가장 중요한 요소다. 재정이나 자원 등과 같은 다른 요소들이 구비되어 있다고 해도 결국 이를 운용하는 사람에 의해 그 과정이나 결과가 좌우되기 때문이다. 이런 점에서 행정 또는 경영행위에 있어서 인력관리야말로 가장 핵심적인 요인이라고 할 수 있다.

대학교원은 학생, 교육 내용과 함께 대학교육의 3요소라고 할 수 있고, 그중에서도 교원이 교육활동의 주도적인 역할을 수행하고 있음은 두말할 나위가 없다. 이런 이유에서 유능한 교수들과 이들을 지원하는 기타 직원을 확보하고 그들이 쾌적한 조건 하에서 교육활동에 전념할 수 있도록 지원하는 직원들의 역할은 핵심적인 요소라 할 수 있다.

이 장에서는 대학인적자원관리의 개념과 본질, 목표 그리고 교육인적자원관리에서 다루어야 할 영역 등을 살펴보고자 한다.

1. 대학인적자원관리의 개념

앞서 지적한 대로 경영활동의 3요소 중에서 인적 요소야말로 가장 핵심이다. 그래서 경영학자 Appley는 "경영이란 사람의 육성이지 물질의 관리가 아니다. …경영이란 바로 인사관리를 뜻하는 것이다."라고 하였다. 이는 경영에서 인사관리가 차지하는 비중, 즉 사람을 보다 훌륭하게 관리할 수 있는 기술이야말로 경영의 성공을 기약할 수 있는 관건임을 뜻하는 말이다.

국내 최대 재벌그룹의 총수였던 고 이병철 씨도 기업경영의 목적을 "비지니스를 할 사람을 기르는 데 두고 있다."라고 하였다. 이는 바로 인사행정 내지 인적자원관리의 중요성을 단적으로 표현한 것이다.

인사관리, 인사행정 또는 인적자원관리(human resource development)는 논자에 따라 또는 관점에 따라 다양하게 규정되고 있다. Spates는 "종업원의 잠재능력을 최대한으로 발휘시키고 스스로가 최대한의 성과를 확보하도록 그들을 조직하고 관리하는 방법에 관한 규범체계"라고 하였다. Yoder는 노동력의 최고이용설에 입각하여 "종업원들로 하여금 그들의 직장에 대하여 최대의 공헌을 할 수 있도록 하고, 동시에 최대의 만족을 얻을 수 있도록 조력하고 지도하는 기능 내지 활동"으로 정의하고 있다. 또한 Pigors와 Myers는 인적자원관리를 "개인의 능력을 최대한으로 발휘하도록 하여 직무수행에서 최대의 만족을 얻게 하고 조직에 최대의 공헌을 할 수 있도록 조력하는 일"이라 규정하고 있다. 또한 Nigro는 "유능한 인력을 획득·개발하고 그들로 하여금 최선을 다할 수 있는 조직환경 내지 근무조건을 창출하는 일련의 과정"으로 정의하고 있다. 한편, Castetter(2000)는 인적자원관리의 기능 내지 성격은 조직의 목적을 달성하고, 조직원의 능력개발을 극대화하며, 개인의 목적과 조직의 목적을 조화시키기 위해 인력을 유치·개발·유지하고 동기화시키는 것이 그 목적이라고 규정하였다.

이러한 견해들을 종합하여 보면, 인적자원관리는 유능한 인적자원을 확보하고, 그들의 능력을 개발하며, 그들로 하여금 최선을 다할 수 있는 제반 여건을 조성하는 과정이라고 할 수 있다. 말하자면 ① 적재를 확보·배치하고, ② 그들의 계속적인 능력발전을 도모하며, ③ 높은 사기와 긍지를 지니고 직무에 최선을 다하도록 하는 일체의 행위라고 할 수 있다.

인적자원관리의 개념을 논함에 있어서 관련되는 용어들을 살펴보면 다음과 같다. 먼저 인사행정(personnel administration)은 공익과 공공봉사가 주요 기능인 중앙정부나 지방자치단체에서 공무원을 대상으로 하는 인사사무를 말한다. 인사관리(personnel management)는 종업원을 최대한으로 활용하기 위한 관리에 초점을 두는 것으로 사기업체 등에서 많이 활용하는 용어라고 할 수 있다. 따라서 종업원의 채용·배치·이동·승진·퇴직 등의 고용관리, 종업원의 능력개발, 근무조건관리, 노동의욕관리 등이 주 내용이 된다. 노무관리(labor relation)는 종업원의 생활안정과 노사관계의 안정에 초점을 두는 관리활동이다. 따라서 경제적인 측면뿐만 아니라 노동조건, 고용의 보장, 정년퇴직 후의 생활안정 등에 주요 관심을 둔다. 인적자원관리(human resource management)는 조직구성원의 잠재능력을 최대한으로 발휘할 수 있도록 확보와 개발, 평가와 보상 등에 주안점을 두어 개인의 발전과 조직의 성장을 추구하는 종합적 관리활동이라 할 수 있다.

대학인적자원관리(human resource in universities & colleges)는 대학교육의 핵심 기능인 교육과 연구, 봉사 등의 활동을 수행하는 교수들과 이들이 교육활동에 전념할 수 있도록 도와주고 제반 행정활동을 수행할 수 있는 유능한 직원들을 확보하고, 그들의 실력을 향상시키며 근무의욕을 높여 주는 일련의 행정지원활동이라고 할 수 있다. 말하자면 대학

교육을 담당할 교수 및 직원 등 인적자원을 확보 · 교육 · 배치 · 관리하고, 그들을 위한 근무조건을 확립하며, 전문성 향상을 위한 일련의 행정 지원활동을 의미한다고 규정할 수 있다.

2. 인적자원관리의 목표

신유건(1994)은 인적자원관리의 기본 철학 내지 목표로서 생산성목표와 유지목표의 균형, 연공주의와 능력주의의 조화, 노동생활의 질 향상이라는 세 측면을 들고 있다. 여기서 생산성목표와 유지목표의 균형은 기업 차원에서 다루어야 할 목표이며, 연공주의와 능력주의의 조화는 사회적 차원에서의 과제 그리고 근로생활의 질 향상은 보다 광범위한 개념으로 철학적 차원에서의 목표로 파악하고 있다.

먼저 생산성목표는 조직의 과업을 달성하기 위한 것이고, 유지목표는 조직의 내 · 외적인 상황에서 조직 자체를 보존해 나가는 것이라고 할 수 있다. 이러한 목표를 달성하기 위해서는 유능한 인력을 선발하여 배치해야 하며, 효과적인 교육훈련을 시켜야 하고, 또 각 구성원의 업무수행 결과를 측정하고 파악해야 한다. 아울러 구성원들이 만족을 느끼면서 생활의 안정을 가져올 수 있고, 그들의 능력을 최대한 발휘할 수 있는 작업환경을 만들어 주어야 한다.

둘째, 연공주의와 능력주의의 조화가 필요하다. 여기서 연공주의는 구성원들을 승진 · 승급시킬 때 연령 · 학력 · 근속연수 등과 같은 속인적 요소를 중시하는 것을 말한다. 이러한 연공주의는 객관적인 측정을 가능케 하고, 서열을 중시하는 가치풍토에 알맞고, 구성원들에게 안정감을 제공할 수 있을 뿐 아니라 이직률을 감소시킬 수 있다. 한편, 연공(서열)주의는 개인의 근무의욕 저하, 능력 있는 사람의 사기 저하 등으로 인한 생산성 저하 및 임금비용 증대를 가져오는 단점이 있다. 따라서 연공서열주의의 장점을 살리면서 능력주의를 조화롭게 배합하여 적용할 필요가 있다.

셋째, 근로생활의 질(Quality of Working Life: QOWL)을 향상시키는 일이다. 물질적인 척도와는 달리 근로자 생활의 질적 수준을 향상시키는 일의 중요성이 부각되고 있다. Walton은 QOWL의 요소 내지 수준으로서 ① 적정하고 공정한 보상, ② 안전하고 건전한 직업조건, ③ 인간능력의 활용과 개방, ④ 지속적인 성장과 안전을 위한 기회, ⑤ 작업조직에서의 사회적 통합, ⑥ 작업조직에서의 입헌주의, ⑦ 직장생활과 사생활 간의 균형, ⑧ 소속직장의 사회적 적합성 등을 들고 있다.

오석홍(1993)은 인적자원관리의 기본 원리로서 성장모형을 기본으로 삼아야 할 것을 강조하고 있다. 여기서 성장지향적 모형이란 자기실현적 인간관을 바탕으로 인간을 존중하고 조장하며 활용해야 한다는 것이다. 아울러 개인과 조직의 목적을 접근 · 조화시키는 통합형 관리체제가 되도록 이끌어야 할 것으로 보고, 통합적인 인적자원관리의 실현을 위한 기본 전략으로서 다음 몇 가지를 들고 있다.

첫째, 실적주의를 정착시키고 모든 인력계획의 입안과 실시에서 공평성의 원칙을 준수해야 한다. 구성원의 자기실현적 욕구에 호소하는 동기부여 전략을 채택하더라도 직무성취 의욕에 관련된 보강적 요인의 배분에서 공평성을 기대할 수 없으면 구성원들이 자기실현적 노력에 혼란을 겪을 것이기 때문이다.

둘째, 적재적소의 원칙을 실질화하여 직무수행을 통해 자기 실현의 의미를 발견할 수 있게 하여야 한다. 즉, 일과 사람 사이에 부적응이 일어나지 않도록 하고 직무중심주의와 인간중심주의를 잘 조화시켜야 한다.

셋째, 인력관리는 구성원들에 대한 신뢰와 함께 그들의 능력을 개발하고 유도 · 촉진할 수 있어야 한다. 구성원들의 성숙 행태를 조장하고 신뢰에 바탕을 둔 인사행정을 해 나가지 못하고 구성원의 미성숙 행태를 조장하며 불신주의에 입각하여 규제를 획일화할 때, 그들의 소외감을 키우고 창의적 업무수행을 좌절시키게 될 뿐만 아니라 직무상 자기실현을 제약하게 된다.

넷째, 구성원이 그들의 직무를 수행하면서 성장 · 성숙할 수 있는 기회를 확대시켜 주어야 한다. 이를 위해 '인적 전문화'를 촉진시키는 동시에 '책임 있는 능동성'을 가지고 주어진 일에 임하도록 하여야 한다.

다섯째, 미분화되고 권위주의적인 감시와 통제를 조장하는 인사조치를 억제하고 참여에 의한 의사결정, 협동적 노력, 업무집행의 자율성 등을 촉진하는 인적자원관리를 해 나가야 한다.

이상에서 살펴본 바와 같이 인적자원관리의 기본 목표는 그 자체에 목적이 있다기보다는 인적자원을 효율적으로 활용하여 조직의 목표달성을 극대화하고 개인의 직무만족을 높이는 데 있다고 볼 수 있다. 이러한 관점에서 Castetter도 인적자원관리의 기능 내지 목표를 ① 조직의 목표 달성, ② 개인의 직위 및 단위의 성취 수준 조력, ③ 인력의 경력개발 극대화, ④ 개인과 조직의 목표 조화 등을 위해 인적자원을 확보 · 개발 · 유지 · 동기화시키는 일이라고 설명하고 있다.

3. 인적자원관리의 기능 및 영역

인적자원관리의 기능 내지 영역은 학자에 따라 달리 설정 · 규정하고 있다.

일찍이 Nigro는 그 영역을 ① 모집 및 선발, ② 배치, ③ 훈련, ④ 평가, ⑤ 노사관계, ⑥ 보수, ⑦ 사기 등으로 구분하고 있다. Morphet, Johns, Reller 등은 인사관리의 과정으로서 ① 인력수급계획, ② 모집,

③ 선발, ④ 유인, ⑤ 평가, ⑥ 개발, ⑦ 보상, ⑧ 인력 서비스, ⑨ 안전, ⑩ 노사관계, ⑪ 민주적 분위기 조성 등으로 구분 · 설명하고 있다.

한편, Yoder는 인적자원관리의 분야를 ① 산업 관련 부서의 일반적인 관리, ② 충원 · 고용 및 배치, ③ 훈련과 개발, ④ 노무관리, ⑤ 임금 · 보수관리, ⑥ 건강 및 안전관리를 포함한 편익과 서비스 프로그램관리, ⑦ 연구 등을 들고 있다.

Stahl도 인적자원관리의 주요 영역으로 ① 인사배치, ② 구조, ③ 개발 · 훈련, ④ 보상과 근무조건, ⑤ 책무성, ⑥ 단체협약 등을 다루고 있다.

이렇듯 논자의 관점에 따라 인적자원관리의 범위를 다양하게 구분하고 있다. 이러한 논의를 종합하여 볼 때 대체로 인적자원관리에 포괄되는 영역 내지 기능은 다음과 같이 정리할 수 있다.

- 직무의 분류: 직무와 공무원 또는 구성원의 구분 · 분류
- 신규채용: 유자격자 및 유능한 인력의 모집 · 선발 · 배치
- 근무평가: 직무수행의 성취 수준 파악
- 승진 및 배치 전략: 인력의 융통성 있는 활용을 위한 승진 · 전보 · 전직
- 교육 · 훈련: 구성원의 능력개발을 위한 연수
- 보수 및 편익관리: 구성원의 직무의욕을 북돋우기 위한 적정한 보수 책정, 관리, 기타 부가적 혜택 마련
- 근무 및 복지후생관리: 쾌적한 여건 속에서 업무를 수행할 수 있도록 근무부담, 환경, 안전관리, 복지 · 후생 증진
- 근무규율: 구성원의 행동규범 정립, 신분보장
- 사기 및 인간관계관리: 구성원의 사기앙양, 인간관계관리
- 노사관리: 구성원들의 단체활동, 노사교섭

대학인적자원관리를 대학에서 교육활동의 주체가 되는 교수와 이들이 교육활동에 전념하도록 지원활동을 수행할 수 있는 유능한 직원들을 확보하는 행위라고 규정하면, 그 대상 영역은 대학교수와 행정지원·관리활동에 종사하는 직원의 신분과 자격, 수요·공급, 교육·훈련, 신규채용, 근무평정, 승진, 전보, 보수, 근무부담, 복지·후생, 징계, 퇴직 등의 영역을 관리하는 전 과정을 말한다.

특히, 교직원의 신분과 자격, 수요·공급, 연수, 선발과 임용, 평가, 승진, 보수와 후생, 근무여건, 신분보장, 징계, 퇴직제도, 사기, 인간관계, 단체활동, 윤리강령 등 광범위한 영역이 포함된다. 이러한 인적자원관리의 모든 영역들은 어느 하나도 독립적으로 다룰 수 없는 밀접한 상호 관련성을 가진 총체적 관계로서 파악되어야 한다.

인적자원관리의 영역을 확보와 개발 그리고 유지로 구분하여 제시하면 [그림 2-1]과 같다.

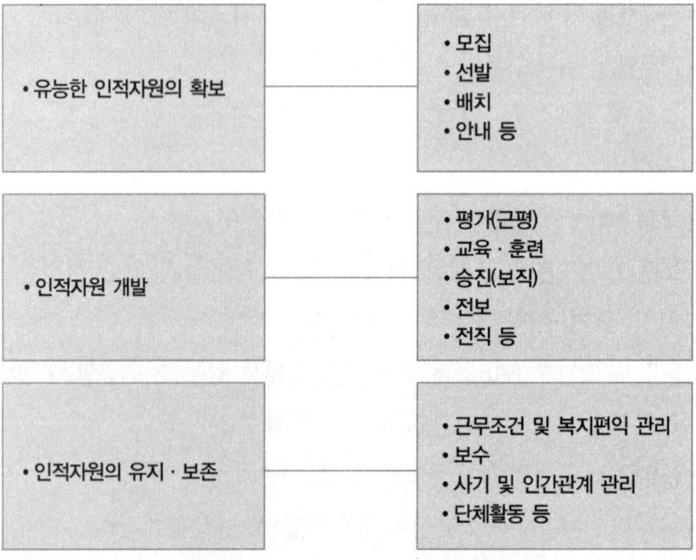

[그림 2-1] 인적자원관리의 영역

4. 인적자원관리의 원리

인적자원관리의 원리는 우수한 인력을 임용한 후 주어진 임무에 전념할 수 있도록 제반 여건을 마련하여 줄 뿐만 아니라 전문성 심화 및 자질 향상을 유도하는 동시에, 근무의욕을 높이는 데 필요한 일련의 지원활동이 무엇인가 하는 것이다. 교직원의 신분, 수급, 신규임용, 교육 · 훈련, 평정, 승진, 전보, 보수, 복지 · 후생, 근무부담, 신분보장, 징계, 사기 및 인간관계, 윤리강령 등 광범위한 영역에 걸쳐 따라야 할 몇 가지 원리를 제시하면 다음과 같다.

먼저 직재직소 배치의 원칙을 들 수 있다. 유능한 인력을 확보하고 그들이 주어진 직무를 잘 수행할 수 있도록 적재를 적소에 배치하는 일은 인적자원관리의 시발점이다. 구성원의 능력과 적성 · 흥미 등에 맞는 일을 수행하도록 하는 것은 조직의 능률 향상이나 개인의 동기유발, 사기와 직결된다.

둘째, 전문성 확립의 원칙을 들 수 있다. 담당업무를 효과적으로 수행하기 위해 구성원의 전문적 능력과 자질을 높이는 일은 업무수행 과정에서뿐 아니라 평가라든지 교육 · 훈련, 승진 · 전보 등을 통해 이루어진다.

셋째, 실적주의(merit principle)와 연공서열주의(seniority system)의 적정배합의 원칙을 들 수 있다. 실적주의는 구성원의 직무수행능력과 업적 등을 강조하는 입장이고, 연공(서열)주의는 근무연수 · 연령 · 경력 등의 기준을 중시하는 입장이다. 각각의 장단점이 있으므로 적절하게 절충하고 배합하는 노력이 필요하다.

넷째, 공정성 유지의 원칙을 들 수 있다. 임용에 있어서 종교, 성별, 지역 등의 이유로 인해 차등을 두어서는 안 될 것이며, 누구에게나 능력에 따라 동등한 기회가 부여되어야 한다. 공정성이 결여된다면 불평과 불만의 소지가 될 수 있다. 정실을 배제하고, 구성원의 공감을 얻을 수 있고, 근무의욕을 북돋워 줄 수 있는 공정하고도 합리적인 인적자원관리가 요청된다.

끝으로, 구성원의 직무의욕제고원칙을 들 수 있다. 구성원들로 하여금 높은 직무만족을 느끼면서 혼신의 정열을 쏟을 수 있도록 하는 일은 개인의 욕구 충족과 조직의 목표 달성을 위해 매우 중요하다. 구성원의 직무의욕을 높이기 위해서는 적정한 보수와 쾌적한 근무여건을 제공하고 신뢰 분위기를 조성하는 일이 필요하다.

지금까지 설명한 대학인적자원관리와 관련된 영역별 과정을 하나의 흐름으로 도식화하면 [그림 2-2]와 같다.

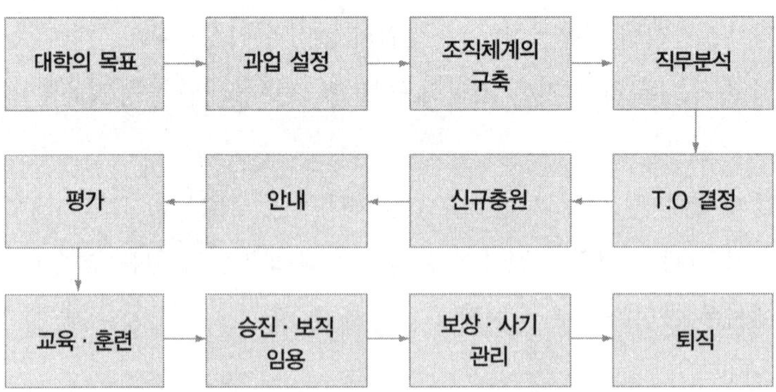

[그림 2-2] 대학인적자원 확보, 개발, 유지 과정

5. 교육공무원의 분류 및 관련 법체계

1) 교육공무원의 분류

공무원은 정부기관에서 장기간 근무하며 그 노동의 대가로서 보수, 신분보장, 연금 등을 받는 사람이다. 현재 공무원은 경력직과 특수경력

‖ 표 2-1 ‖ 공무원의 종류(국가공무원법 제2조)

종류		업무 내용
경력직	일반직	기술, 연구, 행정일반에 대한 업무담당 공무원
	특정직	법관, 검사, 외무공무원, 경찰공무원, 소방공무원, 교육공무원, 군인, 군무원, 국가정보원의 직원, 다른 법률에 의해 특정직 공무원으로 지정하는 공무원
	기능직	기능직 업무를 담당하며 그 기능별로 분류되는 공무원
특수 경력직	정무직	선거 또는 국회의 동의를 요하는 공무원, 고도의 정책결정업무를 수행하거나 이러한 업무를 보조하는 공무원으로서 법률 또는 대통령령에서 정무직으로 지정하는 공무원
	별정직	특정한 업무를 담당하기 위하여 별도의 자격 기준에 의하여 임용되는 공무원으로서 법령에서 별정직으로 지정하는 공무원
	계약직	국가와 채용계약에 의해 일정기간 동안 전문지식, 기술이 요구되거나 임용에 있어서 신축성 등이 요구되는 업무에 종사하는 공무원
	고용직	단순노무에 종사하는 공무원

직으로 대별된다. 여기서 경력직은 다시 일반직, 특정직 그리고 기능직으로 나누어진다. 한편, 특수경력직은 정무직, 별정직, 전문직 그리고 고용직 등으로 나누어진다. 교육공무원은 경력직 중 특정직에 속한다. 현재 공무원의 종류는 〈표 2-1〉과 같다.

현행 교육법과 교육공무원법에 의하면, 교육공무원은 교원과 교육전문직으로 구분되어 있다. 여기서 교원은 교육기관에서 학생을 직접 지도하는 초·중등학교 교사와 교감·교장을 포함하며, 대학의 교수·학장·총장 그리고 유치원의 교사·원감·원장 등이 포함된다. 교육기관은 국·공립의 각급 학교, 대학행정기관은 교육과학기술부 및 그 소속기관과 서울특별시, 광역시, 도·시·군의 교육관서를 그리고 교육연구기관은 교육에 관하여 전문적으로 조사·연구하기 위하여 설립된

[그림 2-3] 교육공무원의 분류

국 · 공립의 기관을 말한다. 교육공무원의 분류를 도식화하면 [그림 2-3]과 같다.

교원과 교육전문직은 상이한 직렬로 되어 있다. 직렬(職列)은 직무의 종류가 유사하고 그 책임과 곤란성의 정도가 상이한 직급(職級)의 군(群)이고, 직급은 직무의 종류 · 곤란성과 책임도 상당히 유사한 직위의 군이며, 직위(職位)는 1인의 공무원에게 부여할 수 있는 직무와 책임을 말한다. 그리고 직류(職類)는 동일한 직렬 내에서 담당 분야가 동일한 직무의 군을 말한다(국가공무원법 제5조).

2) 대학인적자원관리 관련 주요 법령

교육인적자원관리와 관련되는 법령은 허다하다. 그중에서도 교육공무원법과 국가공무원법이 그 근간을 이루고 있다고 볼 수 있다.

교육공무원법은 교육공무원에게 적용되는 인사행정의 근본 기준을 정한 법률로서 주요 내용은 국 · 공립 교육기관에 근무하는 교원과 대학행정기관에 근무하는 교육장, 장학사(관), 교육연구사(관) 등의 자격 · 임용 · 보수 · 연수 · 신분보장 그리고 징계 등에 관한 것을 포함하고 있다. 교육공무원법은 1963년 12월 5일 법률 제1463호로 제정 · 공포된 이래 여러 차례에 걸쳐 개정되었다.

국가공무원법은 우리나라의 "각급 기관에서 근무하는 모든 국가공무원에게 적용할 인사행정의 기본 기준을 확립하여 그 공정을 기함과 아울러, 공무원으로 하여금 국민 전체의 봉사자로서 행정의 민주적이며 능률적인 운영을 기하게 함을 목적으로"(국가공무원법 제1조) 제정된 것으로 중앙인사관장기관, 직위분류제, 임용과 시험, 보수, 능률, 복무, 신분보장, 권익의 보장, 징계 등 공무원 관리의 대강을 제시하고 있다.

우리나라에서는 행정안전부에서 국가공무원의 인사행정을 총괄하고 있다. 행정안전부는 행정부에 소속되어 있다. 행정안전부장관은 국무총리 소속 아래에 있는 독임제 행정기관으로서 국가공무원 인사의 기본 정책을 수립하고, 국가공무원의 인사관리 · 정원 · 상훈 · 보수 · 연금 등에 관한 사무를 관장하고 있다.

한편, 교육과학기술부에서는 주로 총무과를 창구로 하여 교육공무원의 임용, 복무, 교육 · 훈련, 연금 등을 포함한 인사행정에 관한 사항을 관장하고 있다. 사립학교 교직원의 인사에 관한 사항도 교육공무원인사규정에 준하여 실천하고 있다. 그리고 교육공무원인사위원회를 설치하여 위원장을 포함한 7인의 위원들이 교육공무원의 인사에 관하여 장관의 자문에 응하도록 하고 있다.

그리고 각 대학에서는 사무처, 총무과, 인사 팀 등을 중심으로 보수 · 연금 · 복무 그리고 병사 등에 관한 사항을 관장하고 있고 교육훈련, 근무평정 등에 관한 사항을 관장한다.

대학인적자원관리와 관련된 주요 법령은 다음과 같다.

- 헌법
- 국가공무원법
- 교육기본법
- 고등교육법, 동 시행령
- 교육공무원법, 동 시행령
- 승진규정: 교육공무원승진규정, 교육공무원인사기록 및 인사사무처리규칙, 교육공무원인사위원회규정, 교육공무원임용령, 교육공무원임용후보자선정경쟁시험규칙, 교육공무원징계령, 교육공무원징계양정 등에 관한 규칙
- 사립학교법
- 인적자원개발기본법, 시행령
- 노동조합 및 노동관계조정법, 동 시행령
- 교원의 노동조합 설립 및 운영 등에 관한 법률, 동 시행령, 시행규칙
- 교원지위향상을 위한 특별법
- 국립학교설치령
- 평생교육법, 동 시행령, 동 시행규칙
- 노동조합 및 노동조합관계법
- 근로기준법 등

제2부

인적자원 확보

제3장

모집 및 선발

인적자원관리의 구체적 내용으로는 크게 네 가지를 들 수 있다. 첫째는 인적자원을 확보하는 활동이며, 둘째는 확보한 인적자원을 개발하는 활동이고, 셋째는 이러한 인적자원에 대해 보상하는 활동이며, 넷째는 인적자원을 유지하는 활동이다. 인적자원관리의 구체적 실용 단계는 인적자원을 모집하고 선발하는 활동이다. 조직에 필요한 직무가 설계되고 그 직무에 어떤 사람이 얼마만큼 필요한가가 정해지면, 거기에 맞는 좋은 인적자원을 구해서 배치하는 것이 필요한데, 이러한 일련의 과정을 인력의 채용 또는 충원(staffing)이라고 한다. 구체적으로는 인력을 모집(recruitment)한 후에, 평가도구를 가지고 지원자를 평가하여 적합한 자를 선발(selection)하고, 그들을 필요한 직무에 배치(placement)하기까지의 전 과정이 인적자원을 확보하는 활동이라고 할 수 있다.

모집이란 관심이 있는 사람들에게 광고 등을 통하여 정보를 제공함으로써 보다 유능한 사람이 지원하도록 권장하는 활동을 의미한다. 선발은 조직의 모집활동을 통하여 응모한 구직희망자 중에서 일정한 채용기준이나 선발요건에 적합한 사람을 선별하는 과정이다. 즉, 선발활동은 조직 내의 각 직무를 효과적으로 수행할 수 있는 유능한 인재를 조직의 구성원으로 선택하는 과정으로서, 일정한 선발도구에 의해 응모자의 특성과 능력을 평가하여 적합한 인재를 선발하는 절차다.

선발 절차란 모집활동에 의해 응모한 지원자에 대하여 일정한 선발기준 및 선발요건에 적합한 인재를 선발하기 위하여 거치게 되는 절차를 말한다. 대학교원을 새로 채용할 때는 기초심사, 전공심사, 면접심사의 절차를 거쳐야 한다. 그러나 필요한 경우에는 각 심사 단계를 통합하여 실시할 수도 있다.

개인을 어떤 직위에 임용하기 위해서는 직위가 요구하는 조건과 개인의 특성을 정확하게 이해하고 양자가 조화를 이루도록 해야 한다. 잘못된 임용은 조직 구성원의 불만을 야기하고, 사기를 저하시키며, 조직의 성취를 떨어뜨린다.

1. 모집

1) 채용관리의 의의

인적자원관리활동의 시작은 직무의 설계와 분석이지만, 인적자원관리의 기초는 사실상 채용관리다. 채용관리란 유능한 직원을 모집하고 선발하여 필요한 부서에 배치하는 것을 말한다. 이러한 채용관리가 잘못되면 그 이후의 인적자원관리활동은 아무리 잘해도 모두 허사가 될 수 있기 때문이다. 그래서 대개의 조직은 구성원의 모집과 선발에 많은 시간과 비용을 쓴다. 특히, 대학 교직원의 채용관리는 다른 어느 것보다 중요하다고 할 수 있다. 대학교육의 질을 높여 국제경쟁력을 강화하는 관건은 무엇보다도 우수한 교수요원의 확보에 있기 때문이다. 우수한 대학교원을 확보하고 지속적으로 능력을 개발하며, 연구와 교수활동에 전념할 수 있도록 여건과 분위기를 만들어 주는 것이 대학경영의 핵심적인 과제다. 따라서 교육기본법은 교원의 임용, 복무, 보수 및 연금 등에 관하여 필요한 사항을 따로 법률로 정하도록 하고 있다(교육기본법 제14조 제5항).

2) 교수채용의 절차

교수채용은 앞서 말한 대로 모집, 선발, 임용배치 등의 절차를 거치는데, 이를 좀 더 자세히 구분하면 다음과 같다. 첫 단계는 채용계획의 수립이다. 교수채용계획을 수립하기 위해서는 먼저 충원방침이 세워져 있어야 하는데, 대학발전의 중요한 목표가 세워지고 이를 달성하기 위한 여러 가지 방안이 검토되면, 당연히 교수충원문제가 제기된다. 교수충원 방침이 결정되면, 향후의 학생 수를 추정하고 교수 1인당 학생 수와 수업시수 등 학교의 주요 지표를 감안하여 충원규모를 결정하여야 한다. 물론 이 과정에서는 학교의 여러 가지 재정여건이 감안된다. 충원규모가 결정되면 학교의 발전 방향, 교과과정의 분석 그리고 학과의 요구 등을 감안하여 충원 분야를 결정해야 한다. 충원규모의 결정과 충원 분야의 결정은 동시에 이루어진다고 볼 수도 있다. 이는 채용계획의 수립 단계에서 검토되는 과정이라고 할 수 있다.

다음은 모집 단계다. 충원 분야와 충원인원이 결정되면, 모집 분야의 자격요건과 구비서류, 선발 방법을 내용으로 하는 모집공고를 하게 된다. 그리고 일정한 기간 동안 모집공고 후 응모자들로부터 서류를 접수하고 채용 기준을 설정하는 단계를 거치게 된다.

그다음은 선발의 단계다. 접수된 서류를 검토하고 채용 기준에 따라 응모자를 평가하는 과정으로서 전공의 일치 여부, 연구실적의 우수성, 교수로서의 적성 등을 검토하는 단계다. 이를 위한 방법으로 서류심사와 함께 면접과 논문발표의 방법이 사용되기도 한다. 이러한 과정을 거쳐 채용대상자를 결정하게 된다.

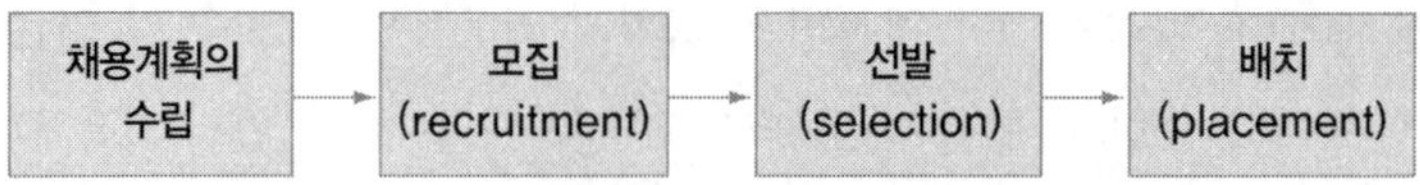

[그림 3-1] 채용의 과정

채용대상자가 결정되면 신원조회 등을 거쳐 부적격 여부를 최종적으로 검토하고, 임용에 필요한 구비서류를 징구하며, 호봉과 직급 등을 획정하여 근무할 부서에 배치하게 된다.

3) 채용계획의 수립

채용계획은 채용관리의 합리적 수행을 위한 첫 단계 과정으로서, 채용인원의 산정과 적정인력의 채용 시기, 방법, 절차 등에 관한 구체적 방침을 결정하고 계획을 입안하는 과정이다. 대학 교직원의 채용계획에는 어떤 인적자원을 몇 명 채용할 것인가 하는 적정인원의 산정계획과, 요구되는 인적자원의 시급성에 따라 단기 또는 중장기적으로 교직원을 어떻게 나누어 채용하는가 하는 시간계획 등이 포함될 수 있다.

그동안 각 대학에서 이루어지는 교수채용의 사례를 살펴보면, 이러한 채용계획이 잘 이루어지지 않는 것을 볼 수 있다. 교수의 수업시수 등에 비추어 필요 없는 교원을 임용하는가 하면, 정작 교수가 필요한 분야에는 임용이 이루어지지 않으며, 심지어 채용 분야를 모집공고 후 변경하여 임용하는 등 교수채용계획에서의 여러 가지 문제가 지적되고 있다.

사례

○○대학교에서는 교수정원 확보율이 높은(140% 이상) 학과에는 신규정원을 배정하여 교수를 채용하면서 확보율이 낮은(50% 미만) 학과에는 배정하지 않아 학과 간 교수정원 및 현원에 불균형을 초래하였다.

각 대학이 이러한 교수채용계획을 수립함에 있어 고려하여야 할 몇 가지 기준이 있다. 이러한 기준은 국가가 법령에 의하여 요구하는 것인데, 교수의 법정정원문제와 양성평등 임용문제다. 이러한 기준은 국가가 대학에 대한 지원 여부를 결정하는 잣대가 되는가 하면, 법령에 의하여 지켜질 것이 강제되기 때문에 교수채용계획을 수립하는 데 중요한 지침이 된다.

(1) 법정정원의 확보

대학을 운영함에 있어 교원의 법정정원과 교수확보율은 매우 중요한 요소다. 교원채용계획은 대학교육의 질을 높이기 위한 여러 가지 요인들이 고려되어야겠지만, 대학의 운영에 있어서 갖추어야 할 최소한의 교원정원이 있는데, 이것이 법정정원이다. 대학설립·운영규정 제6조 별표 5에서는 대학이 편제완성연도를 기준으로 한 계열별 학생정원을 교원 1인당 학생 수로 나눈 수의 교원을 확보하여야 한다고 규정하고 있다(〈표 3-1〉 참조).

표 3-1 교원산출 기준

계열	인문·사회	자연과학	공학	예·체능	의학
교원 1인당 학생 수	25명	20명	20명	20명	8명

예를 들어, 어느 대학의 편제완성연도 학생 수가 3,000명이고, 계열별 학생 수가 각각 인문사회 1,000명, 자연과학 1,000명, 공학 500명, 예·체능 300명, 의학 200명이라고 한다면 각 계열별로 필요한 교원의 수는 다음과 같다.

인문사회: 1,000÷25 = 40명

자연과학: 1,000÷20 = 50명

공학: 500÷20 = 25명

예 · 체능: 300÷20 = 15명

의학: 200÷8 = 25명

따라서 이 대학의 교원 법정정원은 155명(40+50+25+15+25)이다. 다시 말하면, 대학은 바람직한 교육을 위하여 최소한 155명의 교수를 확보하도록 법령에 의한 의무를 지고 있다고 할 수 있다.

그러나 현실적으로 이러한 요건을 확보하고 있는 대학은 많지 않다. 법정정원 대비 현 교원의 비율을 나타내는 교원확보율은 이보다 훨씬 낮은 수준이다. 대학교원의 확보율은 대학 정원조정과 행 · 재정지원, 대학설립 인가조건의 이행 여부 판단, 국 · 공립대학 특성화사업 등 각종 재정지원사업 지원에 있어서 기초가 되는 중요한 자료다. 따라서 각 대학의 입장에서는 일정 수준의 교원을 확보하는 것이 대학운영에 있어서 중요한 목표가 되며, 교원채용계획은 이러한 기준을 만족시키기 위한 여러 가지 고려가 포함되어 있어야 한다.

(2) 양성평등 임용계획

교육공무원법 제11조의4는 국가 및 지방자치단체로 하여금 교원임용에 있어서 양성평등을 제고하기 위한 필요한 정책을 수립 · 시행하도록 하고 있다. 또한 대학의 장은 대학의 교원을 임용함에 있어서 특정 성별에 편중되지 않도록 3년마다 계열별 임용목표비율이 명시된 임용계획 등 적극적 조치의 시행을 위하여 필요한 계획을 시행하도록 하고 이를 매년 교육과학기술부장관에게 제출하도록 하고 있다.

또한 교육공무원임용령 제6조의2는 대학의 교원임용에 있어서 양성평등을 제고하기 위한 정책의 수립 · 시행에 관하여 교육과학기술부장관의 자문에 응하기 위하여 장관 소속 하에 대학교원임용양성평등위원회를 두도록 하고 있다. 대학교원임용양성평등위원회는 ① 대학의 교원 임용에 있어서 양성평등을 제고하기 위한 정책의 수립에 관한 사항, ② 대학의 양성평등 조치계획 및 그 추진실적의 평가에 관한 사항, ③ 평가에 따른 행정적 · 재정적 지원에 관한 사항 등을 심의하도록 하고 있다.

국가발전을 위해서는 남녀 간의 균형잡힌 조화가 필요하고, 이러한 남녀 평등의 상징적 직위로 대학교원의 남녀 간 균형임용이 강조되고 있다. 따라서 대학의 교원을 임용함에 있어서는 특정한 성별에 치우치지 않는 균형적 배분이 고려된 교원채용계획의 수립이 필요하다고 하겠다.

4) 모집

(1) 모집의 의의

모집(recruitment)이란 회사가 필요로 하는 인력선발의 계획을 외부에 알려서 입사희망자들에게 지원토록 하는 것(임창희, 2003: 119) 또는 충원할 직위를 확인하고, 광고 등을 통하여 관심이 있는 자들에게 정보를 제공하며, 보다 유능한 자가 지원하도록 권장하는 활동(권기욱, 1996: 108)을 의미한다. 다시 말하면, 모집이란 필요한 인적자원에 대한 정보를 충분히 제공하여 많은 사람이 응모하도록 하는 조직의 활동이라고 할 수 있다.

모집은 선발 못지않게 중요한 채용관리의 과정이라고 할 수 있다. 모집 방법에 따라 지원자의 자격요건이 달라지며 궁극적으로는 새로운 조직원의 자격 수준에 커다란 영향을 미치게 된다. 모집을 잘못하여 적은 수가 지원하면 선발 수준을 낮출 수밖에 없고, 결과적으로는 추후에 새로 선발한 조직 구성원을 교육하고 훈련시키는 데 많은 비용을 들여야 한다. 그리고 모집 시기에 부적합한 인력들만 모여들었다면 그중에서 우수인력을 채용하기 위해 더 많은 노력을 기울여야 하며, 채용비용과 시간이 더 투자되어 비효율적인 선발이 된다. 따라서 좋은 인력을 선발하려면 효율적인 모집이 선행되어야 한다.

(2) 모집계획

유능한 교직원을 발굴하기 위해서는 모집대상을 특정 기관이나 지역에 제한하지 말고 광범하게 모집하여야 한다. 이런 취지를 살리기 위하여 교육공무원법 제11조 제4항은 대학의 교원을 신규채용함에 있어 특정 대학에서 학사학위를 취득한 자의 비율이 일정한 범위를 넘지 않도록 규제하고 있고, 동법 시행령 제4조의3에 보면 특정 대학의 학사학위 소지자가 고등교육법 시행령 제28조 제1항의 모집단위별 채용인원의 3분의 2를 초과하지 못하도록 하고 있다. 다만, 신규채용된 대학교원이 당해 대학에서 학사학위를 취득하였다 하더라도 그 학사학위 전공 분야가 동 대학에서 채용되어 교육 · 연구할 전공 분야와 다른 경우에는 그를 동 대학에서 학사학위를 취득한 자로 계산하지 않을 수 있는 예외규정은 두고 있다.

모집 방법은 지원자 수에 영향을 미친다. 따라서 각 직위에 지원하는 자의 수를 극대화할 수 있는 방법을 강구해야 한다. 모집 과정은 공개채용정책의 요구와 정신을 충족시킬 수 있어야 한다. 대학이 필요로 하는 인적자원을 확보할 수 있는 곳은 교내와 교외로 구분할 수 있다. 대학은 외부에 모집공고를 하기 전에 기존의 인력을 여러모로 분석하여야 한다. 모집은 선발하려는 인력의 수와 유형에서 균형을 유지하여야 한다. 대학 전체와 단위체제에서 교직원 인력의 적절성과 다양성을 확보하기 위하여 인력요구를 충분히 검토하여야 한다(권기욱, 1996: 108).

외부에서 필요한 인력을 충원하는 것도 바람직한 일이지만, 조직 내부에서 우선적으로 승진과 전직이 이루어질 필요는 없는가도 고려되고 권장되어야 한다. 특히 대학직원을 채용하는 경우, 외부인의 충원은 내부인력으로는 도저히 충족시킬 수 없는 상황에서 실시되는 것이 바람직하다.

대학 내부에서 교직원을 선발하는 방법에는 두 가지가 있다. 즉, 대학의 내부승진과 모집광고다. 전자는 체제 내부의 교직원이 더 좋은 직위로 이동하는 승진 및 전근 등을 의미하며, 후자는 모집할 직위를 대학 내·외부에 직위지침 및 선발 과정 등과 함께 광고하고 이 과정에서 내부 구성원들에게 선발에서 우선권을 주는 방법이다.

대학 외부의 인적자원은 내부보다 다양하고 많은 편이나, 그 출처는 모집의 정책 및 계획의 영향을 받는다. 모집정책이 성공하려면 지원자 수가 모집인원보다 많아야 한다. 따라서 다양한 출처의 인적자원이 지원할 수 있도록 홍보하여야 한다. 특정한 출처의 인적자원을 모집하기로 결정하기 이전에 그 출신자들의 과거 생산성, 경비 등 관련 자료를 분석해 보는 것도 도움이 될 것이다.

외부모집과 내부모집은 〈표 3-2〉와 같이 장점과 단점이 있을 수 있으므로 상황에 맞게 선택해서 사용하는 것이 필요하다.

표 3-2 내부모집과 외부모집의 장단점

구분	내부모집	외부모집
장점	• 사기앙양 • 능력개발 • 모집비용 절감 • 평가의 정확	• 새로운 분위기 유발 • 특수한 인재 채용 • 교육·훈련비 절감
단점	• 모집범위 제한 • 탈락자 불만 • 과잉경쟁 • 이동 시 교육비용	• 적응기간 소요 • 내부인 사기 저하 • 평가의 부정확

교직원의 모집은 현장방문, 광고 등 여러 가지 방법이 이용될 수 있다. 현장방문은 인적자원이 있는 곳에 교직원이 가서 면담하는 방법이나, 대학에서는 잘 활용되지 않는다. 광고에 의한 모집은 경비가 많이 소요되며 신문, 라디오, 텔레비전, 잡지 등 다양한 매체를 활용하여 신속하고 경제적으로 모집할 수 있도록 계획되어야 한다.

모집활동은 설정된 교직원의 관리계획, 교직원의 개발계획, 교직원의 선발계획 등과 조화를 이룰 수 있고, 전체 인사 기능에서 별도의 활동으로보다는 상호 연계성을 가진 본질적인 요소로 인식하여야 한다.

(3) 대학교직원의 종류

대학교직원을 모집함에 있어 모집 분야, 모집인원에 대한 검토와 함께 모집하는 자의 직급이 정해져야 한다. 특히, 대학교원을 모집하는 경우는 직급에 따라 법령에 규정된 자격요건에 차이가 있으므로 유의할 필요가 있다.

고등교육법 제14조는 대학(산업대학, 교육대학, 방송통신대학을 포함)에 두는 교직원을 열거하고 있다. 동조 제1항은 대학에는 학교의 장으로서 총장 또는 학장을 두며, 전문대학 및 기술대학에는 학장을 두도록 하고 있다. 또한 동조 제2항에는 학교에 두는 교원으로 총장 및 학장 외에 교수, 부교수, 조교수, 전임강사를 열거하고 있다. 이와 함께 학교에는 학교운영에 필요한 행정직원 등의 직원과 조교를 둘 수 있도록 하고 있는데(동조 제3항), 학교의 장(총 · 학장), 교수 · 부교수 · 조교수 · 전임강사, 직원, 조교를 통털어 통상적으로 대학의 교직원이라고 칭한다.

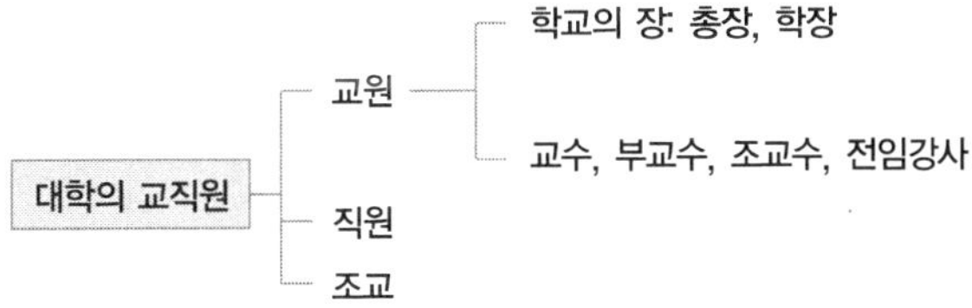

[그림 3-2] 대학 교직원의 종류

① 전임교원

대학교원의 종류는 나라와 대학에 따라 차이가 있으나 크게 정년보장 계열 교수 및 정년보장된 교수(전임교원)와 비정년보장 교수(계약직)로 구분할 수 있다. 전임교원의 직급은 나라마다 다소 차이가 있는데, 미국은 교수, 부교수, 조교수, 전임강사로 구분하고 있고, 프랑스는 교수, 조교수로만 구분하며, 독일은 C2, C3, C4교수로 구분하고 있다. 영국은 Lecturer, Senior Lecturer, Reader, Professor로 구분하고 있으며, 일본은 교수, 조교수로 나누어 진다.

우리나라의 대학교원은 크게 전임교원과 비전임교원으로 구분할 수 있다. 전임교원은 교육공무원법 또는 사립학교법에 의하여 교수, 부교수, 조교수 또는 전임강사로 임용되어 그 자격, 임용, 보수, 연수, 신분 등에 관하여 법령으로 보장받는 교수를 칭하고, 당해 대학(교)에서 전일제로 근무하는 자로서 다음의 세 가지 조건을 충족하는 경우로 규정하고 있다.

- 근무기간을 1년 이상으로 정하여 임용된 자
- 재직일 현재 공무원연금법 제3조, 사립학교교직원연금법 제2조의 규정에 따라 연금에 가입되고 국민건강보험법 제6조에 의한 의료보험에 가입되어 있는 자
- 국 · 공립대학 교원의 경우 '공무원보수규정' 및 '공무원수당규정

등에 관한 규정', 사립대학의 경우 학교법인 정관의 교원에 관한 보수규정에 의하여 보수, 수당 등을 지급받는 자

② 비전임교원

비전임교원은 통상적으로 전임교원 외의 모든 교수를 말한다. 고등교육법상에는 비전임교원으로 겸임교원, 명예교수, 시간강사(제17조)만을 규정하고 있으나, 실제 교육현장에서는 겸임교원, 초빙교원(대우교수, 석좌교수, 객원교수 등을 포함), 명예교수(대우 · 기금 · 객원 · 연구 · 강의 · 예우 · 교환 · 계약 · 특임 · 원로교수), 시간강사 등 다양한 명칭의 비전임교원들이 존재하고 있다.

겸임교원은 다음의 네 가지 요건을 충족하여야 한다.

- 대학에서의 교수 및 연구 내용이 본직기관의 직무 내용과 유사한 자
- 본직기관에서 정규직원으로 상시 근무를 하고 있는 현직자
- 근무기간이 1년 이상으로 정하여 계약된 자
- 담당과목이 겸임교원의 도입 취지에 따라 순수학술 이론과목이 아닌 실무, 실험, 실기 등 산업체의 현장 실무경험을 필요로 하는 교과목을 담당하기 위하여 임용된 자

초빙교원은 대우교수, 석좌교수, 객원교수 등 그 명칭에 불구하고 다음의 기준을 모두 충족하는 자를 말한다.

- 근무기간이 1년 이상으로 계약된 자
- 매월 정액으로 보수를 지급받는 자
- 계약서 또는 고용조건에 퇴직금 지급이 명시되어 있는 자
- 국민건강보험법에 의하여 의료보험에 가입되어 있는 자

(4) 공개모집의 원칙

대학교원을 신규로 채용하고자 하는 경우에는 지원마감일 2개월 전까지 채용 분야, 채용인원, 지원자격 등에 관한 사항을 일간신문, 관보 또는 정보통신망, 그 밖의 효과적인 방법으로 공고하여야 한다(교육공무원임용령 제4조의3 제5항). 또한 신규채용에 지원한 자가 신규채용에 관한 심사 기준 및 지원자별 심사 결과 등에 관한 공개를 요구한 때에는 신규채용되는 자가 확정된 후에 이를 공개하도록 하고 있다(동 제4조의3 제6항). 자원의 모집은 반드시 공개하도록 함으로써 좀더 많은 자원을 대상으로 우수한 교원을 모집하겠다는 의도이며, 또한 공개를 통하여 채용의 공정성을 확보하기 위하여 법령으로 규정해 놓은 제도다.

그러나 학교현장의 실례를 보면, 이러한 원칙이 지켜지지 않는 경우가 있다. 모집공고도 하지 않고 채용을 하는가 하면, 합리적인 근거 없이 특별채용을 하는 경우도 있다.

사례

○○대학교 신규교수 채용 시 전공이 모집 분야와 상이하거나 모집공고도 하지 않은 분야에 각각 채용

사례

○○대학에서는 교수 신규채용 시 공개채용을 원칙으로 하고 있음에도 객원교수로 채용하였던 자를 합당한 근거 없이 전임교원으로 특별채용

사례

○○대학교에서는 정관 및 교원인사규정에서 정한 특별채용 자격요건 대상이 아닌 자임에도 법인 지시에 의거, 3개학과 6명을 특별채용

물론 교원의 채용은 공개채용이 원칙이나 필요한 경우 예외를 인정하고 있다. 교육공무원법 제12조는 ① 신체 · 정신상의 장애로 인한 장기요양으로 휴직기간이 만료되어 퇴직하거나, 직제와 정원의 개폐 또는 예산의 감소 등으로 퇴직한 교육공무원을, 퇴직한 날로부터 2년 이내에 퇴직 시에 재직한 직위에 상당하는 직위의 교육공무원으로 임용하는 경우, ② 임용예정직에 상응한 연구실적 또는 근무실적이 3년 이상인 자를 임용하는 경우, ③ 경쟁시험에 의한 결원보충이 곤란한 도서 벽지 등 특수한 지역에 근무할 자와 특수한 교과목을 담당할 자를 임용하는 경우, ④ 교육경력, 대학행정경력 또는 교육연구경력이 있는 공무원으로서 경쟁시험에 의하여 임용하는 것이 부적당한 경우에는 특별채용을 할 수 있도록 함으로써 불가피한 경우에는 공개전형의 예외를 인정하고 있다. 불가피한 사유로 퇴직한 사람을 다시 임용하거나, 특별한 자격요건을 갖추어 공개채용이 불필요하거나, 근무지의 특수성으로 공개채용이 부적합한 경우 등은 특별채용하는 것이 공개모집에 따른 불필요한 노력과 시간을 줄이면서도 적합한 인물을 찾는 합리적 방안이라는 것이 인정되기 때문이다.

2. 선발

1) 선발의 의의

선발은 조직의 모집활동을 통하여 응모한 구직희망자 중에서 일정한 채용 기준이나 선발요건에 적합한 사람을 선별하는 과정으로서 채용관리의 중심활동이라 할 수 있다. 즉, 선발활동은 조직 내의 각 직무를 효과적으로 수행할 수 있는 유능한 인재를 조직의 구성원으로 선택하는 과정으로서, 일정한 선발도구에 의해 응모자의 특성과 능력을 평가하여 적합한 인재를 가려내는 절차다.

선발활동은 조직의 효율적 운영에 필요한 적격자를 선발하고 부적격자를 배제하는 과정으로서 선발도구의 공정성 확보와 평가상의 오류가 방지되어야 하며, 특히 응모자의 능력, 경험, 지식, 적성 등 개인적 특성에 대한 정확한 평가가 이루어져야 한다. 이와 같은 선발활동의 효율적 수행을 위해서는 우선 적절한 선발 기준의 설정과 함께 이를 중심으로 한 합리적 선발도구의 활용이 중요하다.

대학이 필요로 하는 적절한 인사를 선발하지 못할 때에는 선발 과정의 경비 등 자원의 낭비를 초래하는 것은 물론이고, 채용 이후에도 대학 발전에 커다란 지장을 주게 된다. 선발을 위해서는 지원자의 적합성 정도를 정확하게 확인하고, 내·외부의 압력을 극소화하며, 의사결정의 과정을 합리적으로 운영하여야 한다. 효과적인 선발은 대학의 성공과 발전에 매우 중요하다. 그러나 일반적으로 선발 과정에는 부작용이 많이 야기될 수 있다. 즉, 선발 과정에는 후보자의 실력과 특성에 근거하여 객관적으로 할 수 없도록 내·외부의 힘이 작용하며, 여러 가지 선발 기법이 지원자의 적절성 정도를 규명할 수 있게 하지만 선발상의 과오를 완전히 배제하지는 못한다.

사례

○○대학 신규교수 공개채용 시 학과심사를 거쳐 최종 면접대상자로 추천하였으나 특별한 이유 없이 불합격시키고 별도 추천한 자를 특별채용

사례

○○대학교에서는 교수 신규채용 시 전공적부심사 결과에 대하여 해당학과 교수들의 이의 제기에 따라 외부심사를 의뢰한 결과, 상반된 의견이 통보되었음에도 총장의 지시로 전공일치도 점수를 당초 14점에서 18점으로 재조

정, 1순위로 변경한 후 합격 처리

사례

○○대학교 교수 채용 시 대학의 전공 및 면접심사 성적 1순위를 제외하고 하순위자(2~4위) 18명을 아무런 근거 없이 법인에서 일방적으로 합격 결정

교직원의 선발 결과는 모집 과정과 연계되어 있으며, 모집의 결과가 부진하면 선발의 결과도 좋지 않다. 선발에는 가능한 한 여러 가지 검사가 실시되어야 하나, 재정사정으로 시행되지 못하는 경우가 있으며, 선발 과정에서 실시하는 지원자의 성취 정도에 대한 예언은 완벽하지 못하고, 다양한 측면에서 수집된 후보자의 정보도 수집 자체와 그 해석에서 제한이 있을 수 있다.

2) 선발의 원칙

선발은 조직 내의 효율적인 직무수행을 위하여 필요한 조직 구성원의 선발요건으로서 각 조직의 특성 및 직무수행 요건에 적합한 기준의 설정이 필요하다. 이러한 선발 기준의 설정을 위해서는 우선 미래의 환경변화에 따른 인적자원의 수급 동향과 조직의 인적자원 수준에 대한 정확한 현황 파악이 선행되어야 한다.

조직의 구성원을 선발하기 위한 원칙으로는 세 가지를 들 수 있는데(임창희, 2003: 127-129), 효율성의 원칙, 형평성의 원칙 그리고 적합성의 원칙이다. 효율성의 원칙이란 조직원들에게 제공할 비용(보상)보다 훨씬 큰 수익(공헌)을 가져다줄 사람을 선발해야 한다는 원칙이다. 따라서 이들이 맡을 직무와 적합성이 있는지뿐만 아니라 능력과 태도, 근면성과 노력 정도가 높아야 하며 타인과의 인간관계 그리고 직원의 경우에는 조직 내의 여러 부서에 근무하면서 지속적인 학습을 통하여 장기적

공헌이 가능한 사람을 선택하여야 한다.

형평성의 원칙이란 모든 지원자에게 동등한 기회를 부여하여야 한다는 것을 말한다. 남녀 간의 차별이나 지역적인 차별 또는 외국인에 대한 차별도 원칙적으로는 금지되어야 한다. 다만, 공무원인 경우는 업무의 특성상 불가피한 차별은 용인될 수 있다.

적합성의 원칙이란 조직의 목표나 조직 분위기에 어울리는 사람을 선발해야 한다는 원칙이다. 지나치게 직무적합성만 검토하거나 시험성적 위주로 합격자를 선정하면, 입사 후에 조직과 맞지 않아서 이직할 확률이 높기 때문에 고려되는 원칙이다.

3) 선발의 절차

선발 절차란 모집활동에 의해 응모한 지원자에 대하여 일정의 선발기준 및 선반요건에 적합한 인재를 선발하기 위하여 거치게 되는 절차를 말한다. 일반적으로 기업에서는 ① 응모지원서 접수, ② 서류심사, 시험통지 안내, ③ 시험, 시험 결과의 판정 및 통보, ④ 면접시험, ⑤ 신체검사 및 적성검사, ⑥ 신원조회 및 경력조사, ⑦ 최종 합격 여부 결정, ⑧ 구비서류 제출, ⑨ 채용결정, ⑩ 입사결정 및 직장배치 등의 과정을 거치게 되나 대학에서는 크게 채용심사, 선발결정, 임용 그리고 선발 과정의 평가로 나누어 볼 수 있다.

(1) 채용심사

대학교원의 채용과 관련해서는 법령에 규정된 절차가 따로 있다. 대학교원을 새로 채용할 때는 기초심사 → 전공심사 → 면접심사의 절차를 거쳐야 한다. 그러나 필요한 경우에는 각 심사 단계를 통합하여 실시할 수도 있다. 기초심사는 채용후보자의 전공과 모집대상 전공 분야와의 일치 여부 등을 심사하는 것이고, 전공심사는 기초심사를 통과한 채용후보자의 전공에 대한 학문적 우수성 및 교육능력 등을 심사하는 것이며, 면접심사는 전공심사를 통과한 채용후보자에 대한 인성 등을 검사하는 것으로 규정하고 있다(교육공무원법 제11조 제6항 및 교육공무원임용령 제4의3 제3항).

일반적으로 교수채용심사 방법은 서류심사와 면접으로 이루어지나, 경우에 따라서는 논문발표심사 등의 방법이 추가되기도 한다. 제1단계 서류심사(기초심사 및 전공심사)에서는 교수채용 지원자 전부를 대상으로 실시하며, 서류심사 평정 결과에 따라 상위 점수 획득자 순서로 채용분야별 2~3배수를 서류심사 통과자로 선정한다. 제1단계 서류심사에 이어 서류심사 통과자를 대상으로 면접 등을 통하여 ① 지원자의 배경, ② 지원 이유, ③ 교육철학 · 교육적 소신, ④ 장래의 포부 · 계획 등을 중점적으로 질문하는 면접 절차를 거쳐 제3단계의 논문발표심사 단계가 실시된다. 논문발표심사는 지원자의 표현능력, 표현태도 등을 중점적으로 보게 된다.

제2단계의 면접과 제3단계의 논문발표심사는 순서를 달리하기도 한다. 학교의 장이 면접을 하는 경우는 먼저 인사위원회 등에서 논문발표심사 후 마지막으로 학교의 장이 면접을 통하여 최종합격자를 결정하는 경우가 많기 때문이다.

① 기초 및 전공심사

교수채용심사의 평정 영역은 대학교수의 역할, 책무, 자질 등에 근거하여 이를 구체적으로 평가할 수 있는 영역이어야 하며, 평정점수는 이

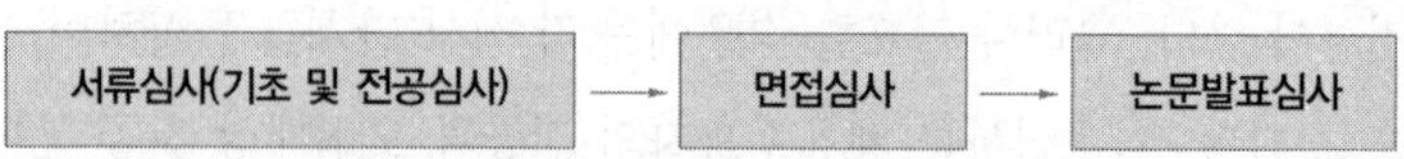

[그림 3-3] 심사의 과정

들 구체적 영역 간의 상대적 비중이나 우선순위가 합리적으로 반영되어야 한다(조광제, 2004: 328-332).

제1단계 서류심사에서의 주요 평정 영역은 학력, 경력, 연구실적의 세 영역으로서 이들 영역에 관련된 지원자의 제출서류를 검토 · 분석하여 해당 영역을 계량적으로 평정한다. 학력은 교수로서의 전문적 지식과 심오한 기술을 습득한 수학 과정과 그 결과인 학위 및 학위취득과정의 성적을 의미한다. 학력 영역의 하위 영역으로는 ① 학위(학사, 석사, 박사), ② 출신대학과 대학원(석 · 박사), ③ 각 학위과정별 성적, ④ 출신대학의 수준, ⑤ 학위와 채용 분야 세부 전공 간의 일치 정도, ⑥ 이공계열의 경우 박사취득 후의 연구경력(post doctoral course) 이수 여부, ⑦ 기타 특기사항 등이 포함된다.

경력은 타대학 교수, 강사, 연구원으로서 거친 교육, 사회봉사, 연구소 근무경력 등을 말하며 경력 영역의 하위 영역으로는 ① 교수 또는 강사로서의 교육경력, ② 연구경력, ③ 사회봉사, 학회경력, ④ 연구소경력, ⑤ 연령, ⑥ 기타 특이사항 등이 포함된다.

연구실적은 지원자의 학위과정 및 학위 후 과정에서 실천한 전공 분야에 대한 지적 탐구 과정의 산물인 과거의 연구실적의 양과 질을 말하는데, ① 최근 발표한 저서, 논문, 학위논문, 번역서 등의 양과 질, ② 기타 특기사항 등이 포함된다.

기초 및 전공심사는 대학교원 선발에 있어서의 기본이 되는 절차다. 따라서 이러한 과정은 충분한 시간을 가지고 공정한 기준을 통하여 합리적으로 이루어져야 한다. 그러나 각 대학에서 이루어지고 있는 교원채용의 실례를 보면, 이러한 기초 및 전공심사에서 특히 많은 문제점이 제기되고 있다. 전공이 일치하지 않음에도 어떤 이유로 채용하는가 하면, 전공이 명백히 일치함에도 특별한 이유 없이 채용을 하지 않는 경우도 있고, 경력과 연구실적이 모자라거나 적절하지 않는 경우도 많이 지적되고 있다.

사례

○○대학교 교수 신규채용 시 전공이수학과와 채용 분야 일치도(10점 만점) 심사에서 학사, 석사, 박사과정 전부 채용 분야와 일치하는데도 10점으로 채점하지 않고 1점으로 채점

사례

○○대학교 교수 신규채용 시 증빙서류가 없는데도 점수를 부여하거나, 실제보다 적게 또는 많이 부여하여 후순위자 임용

사례

○○대학교에서는 교수 신규채용 시 전공적부를 심사하면서 채용예정 전공 분야인 교육과정평가 및 교육심리와는 거리가 멀고 교육학개론에 근접하지만 동 대학 시간강사로서 채용예정 전공 분야 과목을 담당하고 있다는 사유만으로 전공 적합자로 심사 후 합격 처리

사례

○○대학교 신규교수 채용 시 경력평가를 평가 기준에서 정한 등급으로 평가하지 않고 높거나 낮게 평가함으로써 실제 취득할 점수보다 최고 30점, 최저 6점 많게 또는 최고 10점, 최저 6점 적게 반영

사례

○○대학교 교수 신규채용 시 수학전공 석사학위논문을 채용 분야인 산업공학 분야의 연구실적물로 잘못 인정

사례

○○대학교 교수채용 시 대학 자체 인사규정에서 정한 연구실적물 인정범위에 포함되지 않는 연구실적물은 인정하고, 포함되는 연구실적물은 인정하지 않음으로써 실제 취득점수보다 2~7점 많게 또는 4점 적게 채점

사례

○○대학 교수 신규채용 시 임용대상자를 선발한 후 연구실적을 심사하거나 발표되지 않은 연구실적물을 인정하여 임용

② 면접 및 논문발표

제2단계 면접심사는 서류심사로는 파악하기 힘든 교수로서의 자질과 태도를 평가하는 과정이다. 자질 영역에는 성실성, 진취성, 탐구성, 성격, 취미 · 특기 등이 포함되며, 태도 영역에는 용모, 교육관, 인품, 건강 등이 포함된다.

면접은 지원자의 정보를 확보하고 인간적인 특성을 확인하는 데 유용한 도구다. 그리고 지원서, 학력증명서, 경력증명서 등이 제공할 수 없는 유용한 정보들을 제공할 수 있고, 인간관계능력을 관찰할 수 있으며, 사고 과정을 검증하고, 가치와 야망을 확인할 수 있다. 면접은 지원자의 다양한 정보를 통합하는 데 가장 좋은 방법이며, 다른 자료로는 알 수 없는 지원자의 인간적 특성을 이해하는 데 매우 유용하다. 그리고 서류로는 파악하기 힘든 외모, 태도, 예절, 흥미 등을 파악할 수 있는 방법으로 적절하게 사용할 수 있다.

면접시험은 면접 기법의 구조화 정도 및 면접자의 수 등 면접의 방법에 따라 구조적 면접과 비구조적 면접, 집단면접과 위원회면접 등으로 나눌 수 있다. 구조적 면접은 직무에 관한 전문능력 파악을 위해 질문사

항을 미리 준비하는 면접이며, 비구조적 면접은 질문 내용이 미리 준비되지 않은 채 면접관이 중요하다고 생각하는 내용을 자율적으로 질문하는 면접 형태를 말한다. 구조화된 면접을 실시하기 위해서는 표준화된 질문목록을 작성하여야 한다. 체계적으로 작성된 질문목록은 면접을 체계적으로 실시할 수 있게 하고, 지원자들의 면접 결과를 비교하는 데 유용하게 사용할 수 있다. 질문의 업무관련성과 질문제시의 적합성은 면접 방법의 핵심적인 요소로서 반드시 확보되어야 한다.

집단면접은 여러 지원자를 함께 놓고 면접함으로써 시간을 절약하고 비교평가가 가능하도록 한 방법이며, 위원회면접은 면접관 여러 명이 한 명의 지원자를 놓고 집중적인 질문과 토론을 통하여 평가하는 방법을 말한다. 이 외에 지원자의 약점을 공개적으로 비난하는 등 많은 스트레스를 주고 그 반응 형태를 분석하는 스트레스 면접과, 회사생활을 하면서 일어날 수 있는 상황을 설정해 놓고 지원자의 대응능력을 살피는 방법인 상황면접 방법도 활용되고 있다.

장치로서의 면접은 면접자가 잘 훈련되지 않은 경우 결과의 타당성에 문제가 제기될 수 있다. 면접의 내용이 수시로 변화될 수 있고 질문의 다양성, 공평하지 못한 해석, 성급한 판단, 부정적 접근, 한 가지가 좋으면 다른 것들 모두가 좋게 보이는 후광효과, 면접자의 편견과 오해, 부정적 정보에 초점을 두려는 경향성과 같은 부정적인 측면도 있다.

면접 과정에서도 면접의 대상이 되지 않는 응모자를 면접대상에 포함시킨다든가, 면접에서 탈락한 응모자를 선발하는 경우가 있는가 하면, 당초 계획보다 면접대상자를 축소하여 면접을 실시하는 등 불합리한 면접 사례가 지적되고 있다.

사례

○○대학교 신규 교수채용 시 학과심사 성적순위별로 모집예정인원의 2배수를 면접대상자로 추천토록 한 원칙을 무시하고 3배수를 추천한 후 성적 3순위자를 합격으로 결정

사례

○○대학교 신규 교수채용 시 학과별 심사 성적 1순위자는 면접심사 대상자에서 제외하고 2순위에서 8순위자를 각각 추천, 최종 합격 처리 · 임용

사례

○○대학교 신규 교수채용 시 면접심사 및 공개강의 심사대상자 추천 배수에 해당하는 인원을 추천하지 않고 단수로 각각 추천하여 임용

다음으로 논문발표심사 단계는 교수의 직무수행에서 요구되는 표현능력 및 태도를 평가하는 과정이다. 직원과는 달리 교원의 경우에는 수업에 있어서의 표현능력과 태도가 매우 중요한 자질의 하나라고 할 수 있는데, 표현능력에는 언어의 유창성, 논리성, 학문적 수준 등이, 태도 영역에는 발표자세, 발표태도, 효과성 등이 포함된다 하겠다.

사례

○○대학교 신규 교수채용 시 규정상 3배수로 되어 있는 공개강의 심사대상자 3명을 선정하지 않고 2명만 선정하여 심사하면서 심사위원 간의 의견이 일치하지 않는다는 이유로 전원 불합격 조치, 미채용

‖ 표 3-3 ‖ 심사 단계별 평정 영역과 평정 내용

심사 단계	평정 영역	평정 내용
서류 심사	학력	① 학위(학사 · 석사 · 박사), ② 출신대학과 대학원(석 · 박사), ③ 각 학위과정별 성적, ④ 출신대학의 수준, ⑤ 학위와 채용 분야 세부 전공 간의 일치 정도, ⑥ 이공계열의 경우 박사취득 후의 연구경력 이수 여부, ⑦ 기타 특기사항 등
	경력	① 교수 또는 강사로서의 교육경력, ② 연구경력, ③ 사회봉사, 학회경력, ④ 연구소경력, ⑤ 연령, ⑥ 기타 특기사항 등
	연구 실적	① 최근 발표한 저서, 논문, 학위논문, 번역서 등의 양과 질, ② 기타 특기사항 등
면접	자질	① 성실성, ② 진취성, ③ 탐구성, ④ 성격, ⑤ 취미 · 특기
	태도	① 용모, ② 교육관, ③ 인품, ④ 건강 등
논문 발표	표현 능력	① 언어의 유창성, ② 논리성, ③ 학문적 수준 등
	태도	① 발표자세, ② 발표태도, ③ 효과성 등

③ 심사위원회의 심사

대학교원 선발에서는 무엇보다도 객관적이고 공정한 심사가 요청된다. 따라서 대학교원을 신규로 채용하기 위해서는 심사위원을 임명하거나 위촉하여 객관적이고 공정한 심사를 거쳐야 하며, 심사위원의 임명 또는 위촉 방법, 심사 단계, 심사 방법, 기타 심사에 관하여 필요한 사항도 대통령령으로 구체적으로 정하도록 하고 있다(교육공무원법 제11조 제5항 및 제6항). 심사위원을 선정함에 있어서는 모집대상 전공 분야와 관련이 있는 당해 대학 소속의 교원이나 학식과 경험이 풍부한 관련 전문가 중에서 대학의 장이 임명 또는 위촉하도록 하고 있다. 이 경우 채용후보자의 전공과 모집대상 분야와의 일치 여부 및 채용후보자의 전공에 대한 학문적 우수성을 심사하는 때에는 심사위원 3분의 1 이상은 당해 대학 소속의 교직원이 아닌 자로 하도록 하고 있다(교육공무원임용령 제4조의3 제4항). 사립대학 교원의 심사도 반드시 심사위원을 위촉하도록 함으로써 심사의 공정성과 객관성을 높이기 위한 노력을 하고 있다(사립학교법 제53조의4). 그러나 교원임용의 공정성을 위한 이러한 장치가 실제 교육현장에서 잘 지켜지지 않는 경우를 어렵지 않게 발견할 수 있는 게 현실이다.

사례

○○대학교에서는 학과 교수 신규채용 2차 심사위원 5명 전원이 모교출신자로 선발하자고 사전 담합하여 동일점수로 채점, 합격 처리

사례

○○대학교는 교수 신규채용 시 전공적부 심사위원을 위촉하면서 일부 위원을 채용 분야의 전공교수로 위촉하지 않고 비전공교수로 위촉하거나, 외부 심사위원 위촉 없이 내부 심사위원으로만 심사

④ 점수의 배분 방법

채용심사에 있어서는 합리적인 절차와 기준이 매우 중요하지만, 응모대상자의 평정에 있어 평정 영역을 어떻게 나누고, 또 나누어진 평정 영역별로 어떻게 점수를 배정할 것인가 하는 점도 매우 중요한 문제다. 물론 평정 영역별 배점은 각 학교가 지향하는 목표에 따라 비율을 달리할 수 있을 것이다. 일반적으로 각 영역별 배점과 하위 영역별로 점수를 배정하고, 하위 영역별로는 수준에 따라 '탁월, 우수, 보통, 미흡, 매우 미흡'의 5단계로 구분하여 각 영역별 점수의 100%, 80%, 60%, 40%, 20%의 점수로 평가하는 방법을 많이 사용하고 있다.

(2) 선발결정

지원자들에 대한 평가가 끝나면 지원자에 대한 선발 여부를 결정하여야 한다. 지원자들에 대한 최종 선발은 모집하려는 직위가 요구하는 자질과 기준을 가장 잘 충족시키는 응모자를 가려내는 것이다. 지원자들 가운데 일정수를 선정한 다음 그들 가운데서 최종적으로 적격자를 선발해야 할 경우에는 자격증 등 요구되는 조건을 다시 한 번 확인하여야 하며, 특히 이 과정에서 다음의 사례들과 같이 적당한 대상자가 탈락하고 부적절한 대상자가 보이지 않는 힘에 의하여 채용이 결정되는 일이 없어야 한다.

사례

OO대학교 신규교수 채용 시 당초 모집공고한 전공 분야 지원자를 채용하지 않고 학과 심사 과정에서 당초 모집 전공 분야를 임의 변경함으로써 지원자 전원이 불합격되는 결과 초래

사례

OO대학교에서는 교수 공채 시 당초 채용 요구한 학과는 제외하고, 채용요구하지도 않은 학과를 초빙 분야에 포함시켜 채용공고하여 채용

사례

OO대학교에서는 학과 교수 공채 시 학과에서 임용대상자를 미리 정하여 경쟁 없이 임용

(3) 임용

개인을 어떤 직위에 임용하기 위해서는 직위가 요구하는 조건과 개인의 특성을 정확하게 이해하고 양자가 조화를 이루도록 해야 한다. 잘

못된 임용은 조직 구성원의 불만을 야기하고, 사기를 저하시키며, 조직의 성취를 떨어뜨린다. 개인을 근무지에 배치할 때 고려해야 할 요소에는 선발된 자의 지도성과 협동성, 보고받을 자의 인간적 특성, 보고할 자들의 특성 등이 있다. 개인이 단위부서의 지도성 형태에 얼마나 적합한지, 단위부서의 과업환경에 개인이 얼마나 잘 조화를 이루는지, 과업집단 구성원들이 그를 얼마나 인정할지 등이 고려되어야 한다. 구성원이 신규직원을 방해자로 인식하거나, 신규임용자 자신의 기대 · 가치 · 목적이 조직의 실제와 조화를 이루지 못하면 문제가 야기될 수 있다. 이와 같이 근무지 배정이 잘못되면 개인의 조직에 대한 적응이 어렵게 될 수 있다. 이러한 문제는 대학 구성원 모두에게 중요한 요인이지만, 임용부서가 미리 결정되어 있는 교수보다는 직원임용에 있어서 더욱 중요하게 고려해야 할 요소다.

대학 교직원의 임용과 관련해서는 교원의 임용권자 문제, 교원임용의 자격요건과 임용제한 문제, 교원임용을 위한 절차적 필수기구인 대학인사위원회 문제 그리고 최근의 대학교원 임용 동향 등을 살펴볼 필요가 있다.

① 임용권자

㉠ 교원임용권자

- 국 · 공립대학(교) 교원: 대학교원의 임용권자는 설립주체 및 직급에 따라 달라진다. 우선 국 · 공립의 경우 대학의 장이 아닌 교원의 임용권자는 교수와 부교수는 대통령, 조교수는 교육과학기술부장관, 전임강사와 조교는 대학의 장이다(교육공무원법 제25조 및 제26조). 그러나 교육공무원임용령에서 대통령의 임용권을 교육과학기술부장관에게 위임하고, 교육과학기술부장관은 위임받은 교수 및 부교수 임용권과 조교수 임용권을 대학의 장에게 위임함으로써, 대학

의 장이 아닌 교원의 임용권은 실제적으로 대학의 장에게 있다고 할 수 있다(교육공무원임용령 제3조 제1항 및 제2항).

대학의 장이 소속교원을 임용하고자 할 때는 당해 대학인사위원회의 동의를 얻어야 한다.

- 사립대학(교) 교원: 사립대학의 교원임용권은 원칙적으로 당해 학교법인 또는 사립학교 경영자에 있다. 학교법인 및 법인인 사립학교 경영자가 설치 · 경영하는 사립학교 교원은 당해 학교의 장의 제청으로 이사회의 의결을 거쳐 임명하고, 사인인 사립학교 경영자가 설치 · 경영하는 사립학교 교원은 당해 학교의 장의 제청으로 임명한다. 그러나 대학교원의 임면권은 당해 학교법인의 정관이 정하는 바에 의해서 총장 또는 학장에게 위임할 수 있다(사립학교법 제53조의2)고 규정하고 있다. 따라서 사립대학의 교원도 원칙적으로 학교법인 또는 사립학교 경영자가 임용권을 가지고 있으나, 정관으로 대학의 총장이나 학장에게 위임할 수 있도록 함으로써 대학운영의 자율성이 좀 더 확대될 수 있도록 법령에서 배려하고 있다고 볼 수 있다. 사립학교법은 또한 대학교원의 임면 등 인사에 관한 중요사항을 심의하기 위하여 국립대학과 마찬가지로 당해 대학에 교원인사위원회를 두도록 하고, 교원인사위원회의 조직 기능과 운영에 관하여 필요한 사항은 학교법인의 정관이나 학교규칙으로 정하도록 하고 있다(사립학교법 제53조의3). 대학에서 교원의 인사에 관한 사항은 무엇보다도 중요한 대학운영의 요소라 할 것이다. 이러한 교원인사의 합리성과 공정성을 확보하기 위하여 교원인사위원회를 두고 여기서 중요한 인사사항을 심의토록 하는 것이다.

㉡ 대학의 장의 임용

국립대학의 장에 대한 임용권자는 대통령(공립대학은 지방자치단체의 장)이다. 국립대학의 장은 당해 대학의 추천으로 교육과학기술부장관의 제청을 받아 대통령이 임명한다. 다시 말하면, 국립대학의 장의 추천은 당해 대학, 제청권은 교육과학기술부장관 그리고 임용권은 대통령이 가지고 있다. 대학은 대학의 장을 임용추천하기 위하여 '대학의 장 임용추천위원회'를 구성하고 대학의 장 후보자 2인을 대학의 장 임기만료일 30일 전(사고의 경우에는 사유 발생한 날로부터 60일 이내)까지 교육과학기술부장관에게 추천하도록 되어 있다. 후보자는 동 위원회에서 직접 선정하거나, 당해 대학의 합의된 의사에 따라서 선정할 수 있다(교육공무원법 제24조, 교육공무원임용령 제12조의2 및 제12조의3). 그러나 현재 대부분의 국립대학에서는 교원 또는 일부 직원이 포함된 교직원이 직접선거에 의하여 추천후보자를 결정하고 있다. 이렇게 결정된 후보자는 선거에 의한 순위가 매겨져 복수 추천되고, 이러한 추천순위는 특별한 문제가 없는 한 임용순위로 지켜지기 때문에 선거의 순위는 대학의 장의 임용순위가 된다고 할 수 있다. 따라서 추천후보자 중 임용권자가 자유롭게 결정할 수 있다는 의미의 추천이라고 하기보다는, 도리어 선거 등을 통한 대학의 장 임용추천위원회의 후보자 결정이 대학의 장을 결정하는 중요한 요소라 할 수 있다.

표 3-4 대학교원의 임명권자 및 임명 절차

구분	국·공립대학	사립대학
일반 교원	• 교수·부교수: 대통령(→ 교육과학기술부장관 → 대학의 장에게 위임) • 조교수: 교육과학기술부장관(→ 대학의 장에게 위임) • 전임강사·조교: 대학의 장	• 학교법인 또는 학교 경영자 (→ 학교의 장에게 위임 가능) * 절차: 학교장의 제청 → 이사회의 의결 → 학교법인 임명
대학의 장	• 국립: 대통령 * 절차: 당해 대학의 추천 → 교육과학기술부장관의 제청 → 대통령이 임명 • 공립: 자치단체의 장	• 학교법인 또는 학교 경영자

대학의 장 임용추천위원회는 당해 대학이 정하는 바에 따라 10인 이상 50인 이하의 위원으로 구성하고, 위원은 당해 대학의 부교수 이상의 교원으로 하되, 필요하다고 인정하는 경우에는 당해 대학 외의 인사를 위원으로 할 수 있다(교육공무원임용령 제12조의3). 대학의 장은 단순히 그 당해 대학의 장에 그치지 않고 지역사회와도 밀접한 관련을 가져야 하고, 그러한 취지에서 대학의 장 임용추천위원회에 당해 대학 외의 인사를 위원으로 할 수 있도록 제도를 만들었지만, 실제 그 제도의 취지가 살려지고 있는 대학은 별로 없는 것 같다.

사립대학의 장은 당해 학교를 설치 · 경영하는 학교법인 또는 학교경영자가 임면한다(사립학교법 제53조). 사립대학을 운영하는 설립자의 입장에서 사립대학의 장의 임용권을 학교법인 또는 사립학교 경영자가 갖는다는 것은 매우 중요한 의미를 갖는다. 조직운영의 제일 중요한 두 가지 권한은 인사권과 재정권이라고 할 수 있는데, 인사권 중에서도 대학의 장의 인사권이 가장 중요한 요소이기 때문이다.

② 자격요건

대학교원의 자격은 나라와 대학에 따라 차이가 있으며, 교육, 연구, 봉사 등의 영역을 규정하고 있다. 신임교수의 임용은 전 과정에 투명성과 공정성을 확보하기 위한 노력과 함께 각 나라와 대학의 전통과 조화 속에 이루어지고 있다. 또한 교수의 연구 효율성 제고와 질적 향상을 도모하고자 교수 임용에 있어서 시장경제논리를 도입하려는 움직임이 강하게 나타나고 있다.

㉠ 교수 및 조교의 자격 기준

대학에서 교수의 역할은 수업, 연구, 학생지도, 사회봉사, 행정참여 등이라고 할 수 있다. 이러한 역할을 수행하는 교수의 자격요건은 이러한 역할을 수행하는 데 있어 적합하여야 하고, 채용 기준 역시 이러한

‖ 표 3-5 ‖ 교수 및 조교의 자격 기준

구분	대학졸업자 · 동등 자격자			전문대학 졸업자 · 동등 자격자		
	연구실적 연수	교육경력 연수	계	연구실적 연수	교육경력 연수	계
교수	4	6	10	5	8	13
부교수	3	4	7	4	6	10
조교수	2	2	4	3	4	7
전임강사	2	1	3	2	3	5
조교	근무하고자 하는 학교와 동등 이상의 학교를 졸업한 학력이 있는 자					

역할을 원만히 수행할 수 있는 능력과 자질을 갖추어야 한다. 좀 더 구체적으로 말하면 교수는 학력, 연구실적, 전공 분야에서의 경력, 교수(teaching)능력, 학생지도능력, 학자적인 자세와 인품 등을 갖추고 있어야 한다. 실정법상 교수의 자격요건은 고등교육법에 규정되어 있는데, 대학교수로 임용되기 위해서는 고등교육법상의 교수자격 기준을 갖추어야 하고 국가공무원법 제33조에 의한 결격사유가 없어야 한다. 교수의 자격 기준은 고등교육법 제16조 및 동법 시행령 제5조에 근거한 교수자격 기준 등에 관한 규정 제2조에 〈표 3-5〉와 같이 명시되어 있다. 예를 들면, 대학이나 전문대학 교수의 경우 대학졸업 이후 연구실적 연수 4년, 교육경력 연수 6년 등 최소 10년의 연구실적 또는 교육경력이 필요하다.

또한 〈표 3-5〉의 대학 및 전문대학 졸업자와 '동등 자격자'의 범위는 동 규정 제2조의 2에 자세히 명시되어 있다. 전문대학 졸업자와 동등의 자격이 있다고 인정되는 경우는 고등교육법 시행령 제71조 제1항 각 호의

① 종전의 관립 사범학교 연습과 졸업자

② 종전의 교육과학기술부 중등교원양성소 2년 수료자

③ 종전의 전문학교 제3학년 또는 제4학년을 졸업한 자

④ 종전의 대학 예과 수료자

⑤ 1922년 이전의 농림학교 전문과 제3학년 졸업자

⑥ 종전의 관립 사범학교 본과 3학년 졸업자

⑦ 종전의 대학 전문부 졸업자

⑧ 종전의 진해고등해원양성소 연습과 수료자

⑨ 종전의 간호학교 졸업자

⑩ 1965년 이후 종전의 실업고등전문학교 및 전문학교 졸업자

⑪ 종전의 초급대학 졸업자

등과 '외국에서 14년 이상 학교교육과정을 이수한 자로서 전문대학 정도의 전공과정을 2년 이상 전공한 자' 등이며, 대학졸업자와 동등의 자격이 있는 경우는 고등교육법 시행령 제71조 제3항 및 제4항의 '종전의 대학령에 의한 대학 제3학년 또는 제4학년을 수료한 자'와 '종전의 교원교육원령에 의하여 교원교육원 사범대학과정을 수료한 자' 그리고 '외국에서 16년 이상의 학교교육과정을 이수한 자로서 대학 정도의 전공과정을 3년 이상 전공한 자' 등으로 하고 있다.

또한 〈표 3-5〉의 '연구실적'은 대학 전문대학 또는 이와 동등 정도의 학교를 졸업하고 교수가 담당하는 학과목과 관련하여 대학, 기타 연구기관에서 연구한 실적과, 산업체에서 교수가 담당하는 학과목과 관련되는 직무에 근무한 경력을 말하며, 연구실적의 환산은 〈표 3-6〉과 같다.

대학은 원칙적으로 외국인도 교육 또는 연구를 위하여 교원으로 임용할 수 있다(교육공무원법 제10조의2)고 규정함으로써 외국의 선진학문을 도입하기 위한 조치를 마련해 놓고 있다.

‖ 표 3-6 ‖ 연구실적 환산비율

연구실적	비율
• 대학 · 전문대학 또는 이와 동등 정도의 학교의 장이 인정하는 학술연구를 대학 · 전문대학 또는 이와 동등 정도의 학교에서 행한 연구실적	100%
• 국가 또는 공공단체가 설치한 연구기관이나 교육과학기술부장관이 인정하는 연구기관 또는 시설에서 전임으로 연구에 종사한 실적	100%
• 국가 또는 공공단체의 기관이나 교육과학기술부장관이 정하는 기준에 적합한 기관 또는 시설에서 연구를 주로 하거나 전문학식을 필요로 하는 직무에 종사한 실적과 교육과학기술부장관이 정하는 기준에 적합한 산업체에서 전공학과 및 그에 관련되는 학과의 학문 분야에 해당하는 직무에 종사한 경력	30 내지 70%(단, 산업대학 및 기술대학의 경우는 50 내지 100%, 전문대학의 경우는 70 내지 100%)

사립대학 교원의 경우에도 사립학교법 제52조의 규정에 의거, 교원의 자격은 국 · 공립학교 교원의 자격에 관한 규정을 적용하도록 하고 있으므로 그 자격 기준은 국 · 공립학교 교원의 경우와 같다.

㉡ 자격 기준의 예외

그러나 교수의 경우는 동조 제2호에 의거, '교육공무원법 제5조의 규정에 의한 대학인사위원회 또는 사립학교법 제53조의 3의 규정에 의한 교원인사위원회'의 인정을 받은 경우 이러한 자격 기준을 갖추지 않아도 되는 예외를 인정하고 있다. 이러한 위원회에서 교원자격을 인정할 수 있는 경우(동 규정 제11조)는

① 대학, 전문대학 졸업자 또는 이와 동등 이상의 자격을 가진 자로서 그 졸업 또는 자격 취득 후 〈표 3-5〉의 직명별 연구실적과 교육경력의 합계연도의 2분의 1 이상의 경력을 가진 자

② 대학, 전문대학 졸업자 또는 이와 동등 이상의 자격을 가진 자로서 그 졸업 또는 자격 취득 후 〈표 3-5〉의 연구실적 연수와 대학 전문대학, 또는 이와 동등 정도의 학교 이외의 학교에서 〈표 3-5〉의 교육경력 연수에 해당하는 연수의 교육경력을 가진 자

③ 국내의 학교교육으로는 이수할 수 없었거나 곤란하였던 학과목을 담당할 자로서 연구실적이 〈표 3-5〉의 연구실적 연수에 해당하거나, 논문 저서, 기타 연구업적이 현저하나 학력이 〈표 3-5〉의 기준에 해당하지 아니한 자

④ 국가공무원법의 규정에 의하여 자연과학계의 연구관 또는 5급 이상의 농촌지도직 공무원으로 근무하고 있는 자 등이다.

대학의 비전임교원의 경우 겸임교원과 초빙교원은 '고등교육법 제16조의 규정에 의한 자격 기준에 해당하는 자' 로 그 자격 기준을 제시하고 있고, 명예교수는 '교육 또는 학술상의 업적이 현저한 자로서 교육과학기술부령이 정하는 자' 로 규정하고 있으나, 시간강사는 '교육과정 운영상 필요한 자' 로 규정(고등교육법 시행령 제7조)하고 있을 뿐 교수자격 기준을 따로 정하고 있지는 않다.

③ 대학교원의 임용제한

㉠ 교수의 임용제한

- 임용 결격사유: 대학교원을 임용함에 있어서는 일정한 결격사유를 제시함으로써 부적절한 교원의 임용을 제한하고 있다. 국가공무원법 제33조는 공무원 임용의 결격사유로

① 금치산자 또는 한정치산자

② 파산자로서 복권되지 아니한 자

③ 금고 이상의 형을 받고 그 집행이 종료되거나 집행을 받지 아니하기로 확정된 후 5년을 경과하지 아니한 자
④ 금고 이상의 형을 받고 그 집행유예의 기간이 완료한 날로부터 2년을 경과하지 아니한 자
⑤ 금고 이상의 형의 선고유예를 받는 경우에 그 선고유예기간 중에 있는 자
⑥ 법원의 판결 또는 다른 법률에 의하여 자격이 상실되거나 정지된 자
⑦ 징계에 의하여 파면의 처분을 받은 때로부터 5년을 경과하지 아니한 자
⑧ 징계에 의하여 해임의 처분을 받은 때로부터 3년을 경과하지 아니한 자

등을 들고 있는데, 국 · 공립대학의 교원도 교육공무원이기 때문에 당연히 이 규정의 적용을 받으며, 2005년 12월 29일 개정된 사립학교법은 사립학교의 교원도 이와 같은 공무원 임용 결격사유에 해당하는 자의 임용을 금하고 있다(사립학교법 제54조의3 제4항). 재산상 권리 의무의 주체로서 불완전한 자(①과 ②)나 형법에 의한 벌을 받고 일정한 기간이 경과하지 않은 자(③, ④ 및 ⑤) 또는 법원의 판결과 다른 법률에 의하여 자격이 상실된 자(⑥) 그리고 징계처분을 받고 일정한 기간이 경과하지 않은 자(⑦ 및 ⑧)에게는 교원의 임용자격을 제한하고 있는 것이다.

- **특정 대학 편중금지의 원칙**: 또한 앞서 말한 대로 대학의 교원을 신규 채용함에 있어서는 특정 대학에서 학사학위를 취득한 자가 일정한 비율 이상 임용되는 것을 금지하고 있다. 고등교육법에는 입학정원을 기준으로 하여 학칙이 정하는 모집단위별로 채용인원의 3분의 2를 초과할 수 없도록 제한하고 있으며(교육공무원법 제11조 제4항 및 교육공무원임용령 제4조의3, 고등교육법 시행령 제28조 제1항), 사립학교 교원의 임용에 있어서도 교육공무원법 제11조 제4항을 준용하도록 함으로써 특정 대학 편중금지의 원칙이 적용되고 있다(사립학

교법 제53조의4). 이는 소위 말하는 학문의 근친상간을 막기 위한 조치이나, 학사학위 전공 분야와 채용 후 교육연구할 전공 분야가 다를 경우 예외를 인정해 주고 있다는 점에서 우리나라의 경우 얼마만큼 제도의 취지가 살려지고 있는가는 의심스럽다. 김동훈(1999: 203)은 "동문교수 제일주의로 인해, 특히 상위권 대학들의 경우에는 타대학 출신으로 전임이 된다는 것은 바늘구멍에 들어가는 것과 같다. 그리고 그 정도는 갈수록 더 심해지고 있어 대학이라는 공적인 기구가 완전히 집안잔치로 전락하고 있다."고 비판하였다.

㉡ 사립대학의 장의 임명제한

사립학교법 제54조의3은 사립대학의 장의 임용에 일정한 제한을 두고 있다. 동조 제1항에서는

① 임원으로서 교육과학기술부로부터 임원 취임이 취소되고 5년이 경과하지 아니한 자

② 징계 해임되고 3년이 경과하지 아니한 자

③ 징계를 받아 파면되고 5년이 경과하지 아니한 자

④ 국가공무원법 제33조의 결격사유에 해당하는 자(금치산자, 한정치산자, 파산자로서 복권되지 아니한 자, 금고 이상의 형을 받고 집행이 종료되거나 집행을 받지 아니하기로 확정된 후 5년이 경과하지 아니한 자, 금고 이상의 형을 받고 그 집행유예의 기간이 완료된 날로부터 2년을 경과하지 아니한 자, 금고 이상의 형의 선고유예를 받은 경우에 그 선고유예 기간 중에 있는 자, 법원의 판결 또는 다른 법률에 의하여 자격이 상실 또는 정지된 자 등)는 학교의 장에 임명할 수 없도록 제한하고 있으며, 전항의 제1호 내지 제3호에 해당하는 자로서 5년이 경과한 경우에도 학교의 장으로 취임하기 위해서는 재적이사 3분의 2 이상의 찬성을 요하도록 엄격히 제한하고 있다(동조 제2항).

2005년 12월 29일 개정된 사립학교법은 학교법인 이사장의 ① 배우자, ② 직계존속 및 직계비속과 그 배우자는 당해 학교법인이 설치 · 경영하는 학교의 장에 임명할 수 없도록 하는 규정(동조 제3항)을 신설하였다. 족벌에 의한 사립학교의 운영을 막겠다는 취지이기는 하나, 사립학교 운영자들의 심한 반발이 초래되고 있는 대목이기도 하다.

④ 대학인사위원회

대학의 인사에 관한 중요한 사항은 대학인사위원회의 심의를 거쳐야 한다. 대학의 부총장, 대학원장, 단과대학장에 대한 보직동의 및 교수, 부교수, 조교수 전임강사에 대한 임용동의, 기타 대학교원의 인사에 관한 중요사항을 심의하기 위하여 대학에 인사위원회를 두도록 하고 있다(교육공무원법 제5조).

대학인사위원회는 교무처장(교무처가 없는 경우 교무과장), 학생처장(학생처가 없는 경우 학생과장)과 학칙이 정하는 바에 의하여 총장 또는 학장이 지명하는 5인 이상 33인 이내의 조교수 이상의 교원으로 조직하며, 위원장은 교무처장이 되고 부위원장 1인을 호선하도록 규정하고 있다(교육공무원인사위원회규정 제10조 및 제11조).

대학인사위원회는 다음 각호의 사항을 심의하도록 하고 있다(교육공무원인사위원회규정 제13조).

① 총장 또는 학장이 교수, 부교수 및 조교수의 임용제청을 하고자 하거나 전임강사를 임용하고자 할 때의 그 임용제청 또는 임용의 동의에 관한 사항

② 총장 또는 학장이 부총장, 대학원장, 단과대학장, 부학장을 보직제청하고자 할 때의 그 보직제청의 동의에 관한 사항

③ 교육공무원법 또는 다른 법령에 의하여 대학인사위원회의 심의를 요하

거나 총장 또는 학장이 필요하다고 인정하는 사항

대학인사위원회는 재적위원 과반수의 출석으로 개의하고 출석위원 과반수의 찬성으로 의결한다(교육공무원인사위원회규정 제14조 및 제5조). 이러한 의사정족수와 의결정족수는 다른 대부분의 위원회 운영 방법과 차이가 없다.

사립대학의 경우에도 교원의 임면 등 인사에 관한 중요사항을 심의하기 위하여 교원인사위원회를 두도록 하고 있으며, 인사위원회의 조직 기능과 운영에 관하여 필요한 사항은 학교법인의 정관 또는 규칙으로 정하도록 하고 있다(사립학교법 제53조의3).

⑤ 대학교원의 임용

㉠ 계약제 임용제도

- 기간제 임용의 문제점: 대학교원은 2001년 12월 31일까지는 기간제 형태로 임용되었다. 그러나 1999년 1월 29일 교육공무원법 제11조의2에 '계약제 임용'을 도입함으로써 종전의 기간제 임용 방법은 계약제 임용 방법으로 바뀌었다. 기간제 임용은 교원을 임용하면서 기간을 정하여 임용하는 것으로서, 종전의 교육공무원법은 "대학에 근무하는 교원은 대통령령이 정하는 바에 의하여 기간을 정하여 임용할 수 있다."(제11조 제3항)고 규정하였었다. 이에 따라 교육공무원임용령 제5조의2에서 교수와 부교수는 신규채용 시 1차에 한해서 기간을 정하여 임용하는 경우를 제외하고는 정년까지 임용하며, 조교수는 4년 이내, 전임강사는 2년 이내, 조교는 1년의 기간을 정하여 임용하도록 규정하고 있었다.

  사립대학 교원의 경우 사립학교법 제53조의2 제3항의 규정에 의거, 당해 학교법인의 정관이 정하는 바에 따라 기간을 정하여 임면

할 수 있다. 이 경우 국·공립대학의 교원에게 적용되는 임용기간에 관한 규정을 적용하였다. 그러나 기간제 임용제도가 원래 취지와는 달리 형식적으로 운용되어 과도한 신분보장과 자동승진이 이루어짐으로써, 교수들의 무사안일 풍토를 조성하여 교육 및 연구활동의 의욕을 높이는 데 저해요인으로 작용한다는 문제가 제기되었다.

- 계약제 임용제도의 도입: 기간제 임용제도의 이러한 문제점을 해소하기 위해서 신규채용 교수를 일정기간 동안 계약제로 임용하고 교육과 연구능력을 검증한 후 정규교수로 임용함으로써, 자기개발의 의욕을 고취하고 우수한 교수진을 확보하고자 하는 취지로 계약제 임용제도가 도입되었다. 1999년 1월 29일 교육공무원법 제11조의2(현 제11조의3)에 계약제 임용제도를 도입하면서 부칙에 동조항의 시행일을 2002년 1월 1일부터로 규정함으로써 2002년 1월 1일부터 대학교원의 임용 방법이 기간제에서 계약제로 변경되게 되었다.

계약에 의한 채용이 이루어지기 위해서는 공식적인 계약이 있어야 한다. 계약기간은 교직원의 자질과 직무의 성실한 수행을 통제할 수 있는 유용한 도구이며, 비효과적인 교직원을 대학에서 추방할 수 있는 통제장치다. 임용을 하기 이전에 선발된 교직원과 개인적으로 계약기간을 협의하여 계약하여야 하며, 이 외에도 보수, 의무, 권위, 근무공간, 지원인력, 초과수당 등에 대해서도 명확한 언급이 있어야 한다.

선발 과정이 완료되기 이전에 조직과 개인은 채용기간에 대해 협약을 하고, 채용조건에 대해 양자가 완전하게 이해하도록 하여야 한다. 계약 이후에 대학이 계약 내용을 준수하지 않으면 교직원의 불만을 야기할 수 있으므로 반드시 준수하여야 한다. 아울러 채용

시 계약과 관련하여 교직원이 계약사항을 정확하게 이해하고 있는지를 파악하기 위하여 체크리스트를 가지고 항목별로 확인할 필요가 있다.

국 · 공립대학의 교원은 교육공무원법(제11조의3)에 의하여 근무기간, 급여, 근무조건, 업적 및 성과약정 등 계약조건을 정하여 임용할 수 있도록 하였고, 동법에 근거하여 교육공무원임용령(제5조의2)에서는 계약조건의 범위를 〈표 3-7〉과 같이 규정하고 있다.

또한 대학의 장은 필요하다고 인정하는 경우 본인의 동의를 얻어 체결한 계약조건을 변경할 수 있으며, 대학의 장은 대학인사위원회의 심의를 거쳐 위 계약조건에 관한 세부적인 기준을 정하도록 하고 있다(교육공무원임용령 제5조의2).

사립대학의 교원은 정관이 정하는 바에 따라 근무기간, 급여, 근무조건, 업적 및 성과약정 등 계약조건을 정하여 임용할 수 있으며,

‖ 표 3-7 ‖ 계약사항과 계약조건

계약사항	계약조건
근무기간	• 교수: 정년(65세)까지로 하되, 본인이 원하는 경우 계약으로 정하는 기간 • 부교수: 정년(65세) 또는 계약으로 정하는 기간 • 조교수 및 전임강사: 계약으로 정하는 기간 • 조교: 1년
급여	공무원보수규정에 의한 보수 및 공무원수당 등에 관한 규정에 의한 수당
근무조건	연구실적, 논문지도, 진로상담 및 학생지도 등에 관한 사항
업적 및 성과	연구실적, 논문지도, 진로상담 및 학생지도 등에 관한 사항
재계약조건 및 절차	근무기간 종료 후 다시 임용되는 조건 및 절차에 관한 사항
기타	그 밖에 대학의 장이 필요하다고 인정하는 사항

이 경우 근무기간에 관하여는 국·공립대학의 교원에 적용되는 관련 규정을 준용하도록 하고 있다.
계약으로 임용된 교수가 일정 계약기간 동안 약정된 계약이행 상태를 심사하여 요건이 충족되면 새로운 계약조건을 정하여 다시 임용하는 것이 필요하다. 교수계약제도가 성공적으로 정착하기 위해서는 가장 먼저 교원의 신분불안을 해소할 수 있는 법적 장치가 강구되어야 한다. 기존의 기간제 임용제도 하에서도 재임용 탈락으로 인한 교수들의 신분불안이 있었으나, 계약제 임용제도의 도입으로 이러한 불안이 가중되고 있는 것이 현실이다. 계약제 임용은 우수한 교수진을 확보하는 데는 많은 도움을 주지만, 교수의 신분불안에 따른 문제점도 적지 않으므로 이를 위한 대비책이 마련되어야 한다.

- 임용기간의 계산: 대학교원의 임용기간은 경우에 따라서 매우 중요한 의미를 갖는다. 임용기간의 계산과 관련하여 교원과 학교당국간에 적지 않은 문제들이 발생하고 있으며, 임용기간은 교원의 권익보호와 함께 학생교육의 안정성과 관련해서도 중요한 문제다. 교육공무원임용령은 이와 관련하여 자세히 규정하고 있다. 계약제 임용에 의한 임용기간은 임용장이나 임용통지서에 기재된 임용일을 기준으로 계산하되, 재임 중에 승진, 전직 또는 강임된 경우에는 그때부터 다시 그 기간을 계산하도록 하고 있으며, 임용기간이 학기도중에 만료되는 경우에는 그 기간이 만료되는 날이 속하는 학기의 말일을 임용기간의 만료일로 보도록 함(교육공무원임용령 제5조의3)으로써 교원의 신분보장은 물론 학생의 수업권도 보호되도록 배려하고 있다.

㉡ 대학교수 임용 동향

- 교수임용 동향: 최근 우리나라 대학들의 교수임용 동향을 보면, 전임교원에 비하여 비전임교원의 비중이 상대적으로 높아지는 경향이 나타나고 있다. 한국대학교육협의회의 조사에 의하면, 최근 몇 년간의 대학교원 현황이 이를 잘 보여 주고 있다. 전임교원의 경우는 2001년에 45,921명, 2002년에 47,070명, 2003년에 48,553명으로 전년 대비 각각 2.4%, 3.1%씩 증가하고 있지만, 비전임교원의 경우는 2001년 33,718명, 2002년 37,603명, 2003년 40,679명으로 전년 대배 각각 11.5%, 8.2% 증가하는 추세를 보이고 있다. 따라서 전체 교원 중 비전임교원의 비율도 2001년의 42.3%에서 44.4%, 45.6%로 점점 증가하고 있음을 볼 수 있다.

  대학에서 비전임교원의 임용이 늘어나는 이유는, 대학의 학생 수 격감으로 대학에 대한 구조조정 논의가 점차 확산되고 있는 등 대학재정의 어려움을 겪고 있는 대학들이 교원의 확보율을 높이는 대신에, 인건비 절감과 교과과정의 유연성을 높이기 위한 방안의 하나로 이를 적극 추진하기 때문이다. 대학교원 임용에서 비전임교원이 증가하는 것은, 대학재정난 해소와 교수임용의 유연성 증가라는 점에서는 긍정적인 면이 없지 않으나, 대학교육의 질 저하나 불안정한 신분에 따른 또 다른 사회문제의 발생 등 적지 않은 부작용이 있음을 유의해야 한다.

  교육과학기술부는 대학정원의 자율책정 기준으로 교원확보율의 경우 2003학년도에는 재학생 기준 80% 이상, 2004학년도에는 90% 이상으로 매년 10%씩 상향조정하여 2005학년도에 100%에 도달하도록 하였다. 이러한 정원 자율책정 기준의 상향조정은 대학교육의 질을 높이기 위한 불가피한 정책이라고 보여지나, 학령인구의 감소로 대학의 구조조정이 요구되는 시점에서 여러 가지 고려해

‖ 표 3-8 ‖ 연도별 전국 4년제 대학 전임 및 비전임교원 현황

(단위: 명, %)

구분	2001년		2002년		2003년	
	인원	비율	인원	비율	인원	비율
전임교원	45,951	57.7	47,070	55.6	48,553	54.4
비전임교원	33,718	42.3	37,603	44.4	40,679	45.6
계	79,669	100	84,673	100	89,232	100

* 출처: 한국대학교육협의회 내부자료(2004).
* 비전임교원 수는 담당하는 주당 총수업시간을 9시간으로 나누어 환산한 것임.

보아야 할 점이 있다고 본다. 최근 각 대학에서 비전임교원의 비중이 높아지고 있는데, 비전임교원이 증가하면 교육의 질이 낮아질 수 있다는 점에서, 교육의 질을 높이려고 하는 교원확보율의 상향 조정이 도리어 질을 낮출 수도 있다는 점에서 신중한 검토가 필요할 것으로 보인다.

• 시간강사 처우문제: 대학교원의 임용과 관련한 또 하나의 커다란 문제는 시간강사의 문제다. 교육과학기술부의 시간강사 실태조사를 보면, 2002년 4월 1일 현재 전국 4년제 대학에 출강하고 있는 시간강사 연인원 수는 52,076명이고, 이 중 24.2%인 12,584명은 2개 대학 이상을 출강하고 있으며, 중복 출강을 하고 있는 강사들을 제외한 실제 시간강사는 39,487명으로 집계되고 있다. 이 중에서 다른 직업 없이 전업으로 강의만 하는 시간강사는 32,694명이 이르고 있다.

4년제 대학에서 시간강사들이 담당하고 있는 강의 비중은 전체의 약 37%에 달하고 있어 이들이 대학교육에서 차지하는 강의의 중요성은 매우 크다고 할 수 있으나, 이들이 받는 강사료를 보면 참으로

열악한 상황이다. 이들의 시간강사료는 적게는 시간당 15,000원 수준에서 많아도 39,000원 수준인데, 주당 10시간을 강의하는 경우 적게는 67만 원에서 많아야 175만 원에 불과하다. 이렇게 시간강사들의 불안정한 지위와 낮은 보수에 대한 처우개선 요구가 사회적인 문제로 제기되자, 정부는 시간강사에 대한 국민연금과 건강보험 직장가입자 혜택을 주는 방안을 검토하였으며, 국회에서도 의원입법으로 국가 및 지방자치단체가 예산의 범위 내에서 시간강사에 대해 지원할 수 있도록 고등교육법 개정안을 발의한 바 있다.

시간강사의 문제를 심각하게 제기하고 있는 김동훈(1999: 196-218)의 다음과 같은 지적은 이 문제의 심각성을 적나라하게 보여 주고 있다. "전임교수와 시간강사, 그들은 대학의 강단을 지키는 두 기둥이다. 시간강사들이 담당하는 부분이 강의의 절반을 차지하고 있으니 두 기둥이라는 말이 지나치지 않다. 강사들도 학기 중에는 열심히 강의하고 기말에는 채점하고 학생들에게 학점을 준다. 강사가 준 학점도 학생들에게는 동일한 효력을 가지며, 사실 학생들은 이 두 부류를 구분하지 않고 교수님이라고 부른다. 그러나 대학사회에서 이 두 집단 사이의 차이는 가히 하늘과 땅의 차이라 해도 지나치지 않다."

전임과 시간강사는 대학 내에서 역할의 분담으로 구분되는 것이 아니라 철저히 신분에 의해 구별된다. 따라서 신분사회의 원리가 그대로 적용된다. 전임이라는 신분으로 들어가는 과정이 투명하지 않고, 한 번 신분이 결정되면 변동되지 않으며, 그 신분 사이의 차별은 엄청난 것이다. 대학교수가 되는 것은 대학주변을 맴도는 낭인그룹에서 하루아침에 대학의 귀족이 되는 것이다. 신분의 수직상승에서 이만한 것이 없다.

강사들에게 있어 더욱 절망스러운 것은 현재의 경제적 궁핍이나 어려움이 아니다. 그들에게는 미래가 너무나 불안한 것이다. 대학원에서 청운의 꿈을 안고 국내에서 혹은 외국에서 인생의 황금기를 불태웠는데, 30대 중반이 되어 돌아와 몇 년 시간강사로 정신없이 내돌리다 보니 벌써 40을 바라본다. 그러나 대부분의 대학이 신임교수를 초빙할 때 연령을 40세 이하로 내거는 형편에서 1, 2년 안에 자리를 잡지 못하면 내 인생은 어떻게 되는가 하는 불안과 암담한 현실에 좌절하게 된다. 이곳저곳 응모는 해 보지만, 전혀 공정치 못한 교수임용 과정의 현실에 부딪히면, 인생의 마지막 돌파구로 돈을 주고라도 교수직을 사고 싶다는 유혹에 흔들리기 쉽다.

시간강사들의 희생과 착취의 반대편에는 이로 인해 득을 보는 측이 있다. 첫째는 학교의 경영자다. 학교예산의 가장 많은 부분을 차지하는 것이 인건비인데, 전임교수의 10분의 1의 인건비로 대체할 수 있으니 이런 누워서 떡 먹는 장사가 어디 있겠는가? 그러기에 여러 사립대학에서는 갖가지 편법을 써 가면서 전임교수의 숫자를 부풀리며 시간강사로 대체하는 수법을 쓰고 있고, 제법 큰 대학들의 전임교수 확보율도 교육과학기술부의 기준에 훨씬 못 미치는 것이다. 시간강사 희생의 수혜자는 물론 대학의 경영자만은 아니다. 아니 실제로 가장 큰 반사적 이익을 얻는 것은 전임교수집단이다. 대학의 예산 중 인건비로 쓰일 수 있는 가용예산이 한정되어 있다면, 시간강사와 전임교수의 처우는 제로섬 관계에 있다는 것이 자명하다. 게다가 시간강사의 임용에 대해서는 전적으로 학과장이나 전임교수의 재량에 달려 있는 경우가 많아 이러한 권한을 이용해 횡포를 부리거나 시간강사를 자신의 종처럼 부려먹는 못된 전임들에 대한 지탄의 소리도 만만치 않다. 대학사회 내에서 전임교수와 시간강사 사이에는 역할분담이라는 인식보다는 주종 간이라는 인식이 팽배하다. 한마디로 이러한 시간강사제도는 지성의 전당이라는 대학의 약육강식적 야만성을 극명하게 드러내고 있다.

조금 과격할지 모르겠지만 현재의 시간강사와 전임교수의 이원적 구조는 철폐해야 한다. 즉, 전임 여부라는 획기적 기준에 의한 차별 대우가 아니라 각자가 대학이라는 사회가 요구하는 경쟁력을 갖추었는지를 항시적으로 평가받아 능력에 따른 대우를 받도록 하는 시스템의 변화가 있어야 한다. 말하자면 '시간강사의 교수화' 가 아니라 '전임교수의 강사화' 가 이루어져야 한다. 최소한 전임과 시간강사 사이의 엄격한 신분적 차별 구조를 대폭 완화하여 다양하고 유연한 완충 구조를 만들어야 한다.

그리고 현재의 전임교수와 같은 특권을 누리는 교수의 비율은 현저히 줄어들어야 한다. 아마 대학 시간강사제를 계약교수제로 전환한다면 예산상의 이유 때문에라도 전임교수의 수를 줄일 수밖에 없을 것이다. 대학에서의 오랜 관찰 끝에 학자로서의 능력이 검증되고 학교의 명예가 되는 정도에 이른 사람들만을 외국대학의 석좌교수처럼 임명해 정년과 충분한 물질적 지원을 보장하여 장기적이고 일관된 연구에 몰두할 수 있도록 하자는 것이다.

(4) 선발 과정의 평가

교직원의 선발 과정이 효과적으로 이루어지고 있는지를 확인하기 위하여 선발 과정 자체가 주기적으로 평가되어야 한다. 평가의 내용은 임용된 교직원이 과업을 효과적으로 성취하는 정도, 대학 구성원들이 신임 교직원을 승인 또는 거절하는 정도, 신임 교직원 성취의 예언타당도 등이다. 선발 과정에 대한 평가는 대학이 유능한 인사를 모집하고 선발하는 정도를 확인하고 선발 과정을 개선하는 데 필요한 유용한 정보를 제공한다는 점에 있어서 매우 중요한 절차다.

교직원 선발의 과정을 평가하는 중요한 요소로 선발도구의 합리성을 살펴보아야 한다. 합리적인 선발도구로 평가했다면, 실력이나 인성이 더 좋은 사람들의 시험성적이 높아서 그들이 선발되어야 하고, 선발된 사람 중에서도 입사성적이 더 높았던 사람들이 차후의 직무성과도 더 높아야 할 것이다. 이를 위해서는 선발도구가 신뢰성, 타당성, 경제성을 가져야 한다. 선발도구의 신뢰도란 어떤 사람의 능력이나 태도를 측정할 때 정확하게 측정하였느냐의 문제다. 반복측정(test–retest) 결과가 항상 일정하다면 그 선발도구는 신뢰도가 높다고 할 수 있다. 다음은 타당도의 문제인데, 타당도란 선발도구가 정말로 평가해야 할 요소를 평가하였는가 하는 문제다. 다시 말하면, 직무와 직접 관련되는 내용을 묻는 시험이 타당성 있는 선발도구다. 또 하나의 기준으로 경제성을 들 수 있는데, 경제성이란 합리적인 선발도구의 선택을 수익과 비용의 측면에서 고려하는 것을 말한다.

제4장
배치 및 안내

배치는 모집 및 선발을 통하여 채용된 신규직원을 일정한 입직교육훈련을 거친 후 특정의 직무나 직위에 배속시키는 과정을 말하며, 이동이란 채용된 종업원을 특정 직무에 배치한 후 종업원의 능력이나 기업 내의 직무변화에 따라 수평적으로 배치상의 변화를 가져오게 하는 배치전환을 말한다. 직원배치의 주요한 목적은 직무분석 및 적성검사에 의한 직무와 사람과의 유기적인 결합과 노동력의 효율적 활용을 통한 생산성 향상에 있다.

새로운 직위에 배치된 대학의 교직원은 맡은 업무를 처리하는 과정에서 일정한 의무와 책임을 맡게 된다. 이 장에서는 대학의 구성원인 총·학장, 교원, 직원 및 조교가 어떠한 의무와 책임을 갖게 되는가를 알아보고, 이러한 의무와 책임을 제대로 이행하지 않을 경우 받게 되는 불이익을 살펴보고자 한다.

안내는 교직원이 직위의 만족도를 극대화하면서 과업성취에 효과적으로 기여할 수 있도록 현실에 적응하는 것을 돕는 조직의 체계적인 노력이다. 안내는 교직원의 모집과 선발 과정의 연장이며, 신임 교직원들의 직위만족을 극대화할 수 있게 한다. 그리고 대학의 목적을 성취하기 위하여 개인의 능력이 충분히 발휘되도록 하는 역할을 한다.

신임 교직원이 성취할 과업, 과업의 환경, 동료 등에 적응하지 못하면 조직에 효과적으로 기여할 수 없다. 안내는 신임 교직원이 지역사회, 대학, 직위, 인간, 개인문제를 해결할 수 있도록 돕는 활동이다. 대학에서 교직원의 부적응은 개인과 기관의 기대를 만족시킬 수 없으며, 개인과 대학 간의 사회화 및 인간화 과정을 저해할 수 있다.

1. 배치 및 이동

1) 배치 및 이동의 의의

(1) 배치 및 이동의 특성

배치는 모집, 선발활동을 통하여 채용된 신규직원을 일정한 입직훈련을 거친 후 특정의 직무나 직위에 배속시키는 과정을 말한다. 이러한 배치의 형태는 기업 내의 각 부문별, 계층별 업무량과 조업도, 여유인원, 부족인원 등의 현황을 감안하여 소요인원을 배치하는 양적 배치와 각 부문별 직무특성, 직무요건 등을 충분히 감안하여 적합한 인재를 적합한 곳에 배치하는 질적 배치로 구분할 수 있다. 특히, 질적 배치의 경우에는 신규직원의 교육훈련 과정을 통하여 나타난 적성 및 성적평가를 기준으로 일정의 직무와 직위에 대한 배치가 이루어지게 된다.

이동이란 일반적으로 채용된 종업원을 특정 직무에 배치한 후, 종업원의 능력이나 기업 내의 직무변화에 따라 수평적으로 배치상의 변화를 가져오게 하는 배치전환을 말한다. 기업 내 종업원의 수평적 이동을 인사이동, 배치전환, 전환배치 또는 직무순환 등의 다양한 용어로 사용하고 있으며, 수직적 이동인 승진 또는 승격 등과 구분된다. 인사이동은 실시시기나 실시목적에 따라 다양한 형태로 이루어지고 있으며, 종업원의 능력개발 및 인재육성, 기업의 생산성 향상 및 조직의 활성화, 경기의 변화 및 감량경영에 대응한 고용조정 등을 위하여 활용되고 있다(이원우, 2005: 142-148).

대학에서의 교직원의 배치 및 이동문제는 기업조직의 배치 및 이동과는 다소 차이가 있다. 대학교의 경우 직원의 배치는 기업조직과 마찬가지로 어느 정도 양적 및 질적 배치가 고려되지만, 교원의 경우는 채용계획의 수립 단계에서부터 배치할 부서가 미리 정해지고 그에 맞는 교수를 모집·선발한다는 점에서 일반기업에서 채용 후 근무할 부서를 결정하게 되는 배치의 형태와는 차이가 있다고 하겠다. 또한 이동의 경우에도 직원의 경우는 다른 기업조직과 유사하나, 교원의 경우는 대학 내에서는 학과 통폐합 등의 경우를 제외하고는 별로 없고, 다른 대학으로의 이동이 일반적인 형태이기 때문에 기업조직 내에서의 이동과는 차이가 있다. 따라서 여기서 설명하게 되는 배치 및 이동문제는 주로 일반직원을 대상으로 하고 있으며, 교원의 이동은 별도로 기술하고자 한다.

(2) 배치 및 이동의 목적

직원배치의 주요한 목적은 직무분석 및 적성검사에 의한 직무와 사람과의 유기적인 결합과 노동력의 효율적 활용을 통한 생산성 향상에 있다. 즉, ① 인재의 적정배치를 통한 노동력의 효율적인 활용, ② 인재의 실천적인 능력개발의 촉진, ③ 직장 분위기의 쇄신과 승진의욕의 증대, ④ 조직 활성화와 노동의욕 증대 등에 주요한 목적이 있다고 할 수 있다(이원우, 2005: 145-148).

다시 말하면, 직무와 사람과의 유기적 결합을 통하여 생산성을 향상시키고, 일정 기간 근무 후 재배치 및 이동을 통하여 조직 내의 다양한 직무에 대한 풍부한 경험을 축적하게 함으로써 직무수행능력을 개발하며, 조직 내의 인간관계 개선 및 동기부여를 통한 개인의 만족과 조직의 성과 향상에 기여할 수 있도록 한다는 점에서 직원의 배치 및 이동문제는 조직운영에 있어 중요한 요소라 할 수 있다.

2) 배치 및 이동의 원칙

조직 내 구성원의 적정한 배치 및 합리적 인사이동은 인사관리의 중요한 요소라 할 수 있으며, 배치 · 이동 과정에서 특히 고려해야 할 주요 원칙으로는 적재적소의 원칙, 능력주의원칙, 인재육성주의원칙, 균형주의원칙을 들 수 있다(이원우, 2005: 143-144).

적재적소의 원칙은 적합한 인재를 적합한 직무에 배치하는 원칙으로서, 종업원의 적정배치 및 배치전환을 위한 기본 원칙이다. 이 원칙은 직무와 인재의 유기적 결합관리를 통한 조직성과와 개인만족의 통합적 실현에 주요 목적을 두고 있다. 적재적소의 원칙을 실현하기 위해서는 무엇보다 기업 내의 직무분석 및 평가를 통한 직무의 특성, 내용, 요건 등에 관한 직무정보자료를 정확하게 정비하고, 종업원 개개인의 적성 및 태도와 직무수행능력의 수준에 대한 인사고과를 실시하는 등 인사정보자료의 확보가 먼저 이루어져야 한다. 이러한 직무정보자료와 인사정보자료에 기초한 종업원의 적정배치 및 인사이동의 실현이 배치 및 이동관리의 기본 과제라 할 것이다.

능력주의원칙은 종업원의 직무수행능력 및 실적을 기준으로 하여 일정한 직무나 직위에 배치하는 원칙을 말한다. 단순한 지연, 학연, 혈연 등의 연고관계나 학력, 연령, 성별, 근속연수 등의 속인요소를 중심으로 실시되는 연공서열주의 인사배치에 대응하는 것으로, 종업원의 현재 직무능력 및 장래의 잠재적 능력을 기준으로 인사배치를 실현하는 원칙이라 할 수 있다.

인재육성주의원칙은 기업 내의 직무수행요건에 적합한 종업원의 적정배치의 실현과 함께 기업 내의 모든 직무에 대한 정기적인 배치전환 및 인사이동을 통하여 풍부한 경험축적과 능력개발을 촉진하며, 미래 지향적인 인재육성을 이룩해 가는 배치이동의 원칙이다.

균형주의원칙이란 기업 내의 각 직무에 대한 종업원의 배치전환 및 인사이동이 조직 내의 각 부문, 계층, 직종 간은 물론 조직 전체 차원에서 균형을 이룰 수 있도록 적절하게 실시되어야 한다는 원칙이다. 즉, 어떠한 특정 부문이나 계층에 우수한 인재가 편중 배치되어 각 부문 간의 직무수행이나 조직 전체의 관리활동에 차질을 초래하지 않도록 조직 내의 전체적 균형을 충분히 고려하여 종업원의 배치이동이 이루어져야 한다는 원칙이다.

3) 교수의 이동

대학의 교수이동은 일반직원과는 그 양상을 달리한다. 직원의 경우 대학 내에서 근무부서를 옮기는 것이 일반적인 양태이나, 교수의 경우는 앞서 말한 대로 대학 내에서의 이동은 학과의 통합이나 신설 또는 폐지 등 특별한 경우이며, 대부분 타대학으로의 이동이 일반적 형태다.

대학 간 교수이동은 다양한 학문을 학생들에게 제공하는 것은 물론이고, 연령별로 서열화되어 있는 교수사회의 경직성을 완화시켜 학생과 교수의 교육 및 연구경험을 증진시킬 수 있는 유익한 제도라 할 수 있다. 이러한 대학 간 교수의 이동은 근무하던 대학을 옮겨서 다른 대학에 신규임용되는 경우와, 재직하던 대학의 교수신분을 유지하면서 타대학에서 일정기간 교육 및 연구활동을 하는 대학 간 교류에 의한 이동으로 구분할 수 있다.

(1) 신규임용의 대학교원 이동

우리나라의 신규임용에 의한 교수이동은 선진외국에 비하여 매우 적은 편이다. 그러나 최근에 와서 이러한 교수이동이 점차적으로 증가하고 있음을 볼 수 있는데, 이러한 교수이동의 특징 중의 하나는 수도권대학에서의 교수이동이 비교적 활발히 이루어지고 있다는 것이다. 그 이유는 바로 수도권대학에서 경력교수를 선호하는 현상이 있기 때문이다.

2004년 상반기 교수임용 현황을 보면 173개의 대학에서 총2,073명의 교수가 신규로 임용되었는데, 이 중 대학을 옮겨 신규임용된 교수가 230명으로 11.1%이다. 대학을 옮긴 교수 중 수도권으로 대학을 옮긴 경우가 78명(33.9%)이고, 여기에 수도권대학에서 수도권대학으로 옮긴 교수 64명(27.8%)을 합치면 수도권에서의 교수이동이 61.7%로서 비교적 활발함을 알 수 있다.

반면 지방에서의 경력교수 이동은 수도권에 비해 저조한 편이다. 신임교수 중 경력교수가 지방에서 지방으로 옮긴 경우는 58명(25.2%)이고, 수도권에서 지방으로 옮긴 경우는 8명(3.5%)에 불과하였다. 따라서 교수이동은 수도권대학 내에서만 비교적 활발히 이루어지고 있음을 알 수 있다.

(2) 교류에 의한 대학교원 이동

대학교수들은 대학에 재직하면서 다른 대학이나 연구소 또는 산업체와의 교류에 의한 이동이 있을 수 있다. 대학 간 교수 및 학생의 교류가 활발하지 못한 우리의 현실에서 교수이동을 촉진하는 교수교류사업은 교수와 학생의 교육 및 연구경험을 증진시킬 수 있는 좋은 제도다.

학술진흥법에 의하면, 교육과학기술부장관은 학술의 교류 및 협력을 위하여 교수 및 연구요원의 국내외 교류에 관한 종합계획과 기본 시책을 수립하고 조정 · 관리하도록 하고 있다(학술진흥법 제7조 제1항). 이에 따라 동법 시행령에 보면, 대학의 교원 중 정부의 재정지원을 받아 국내의 다른 대학 또는 학술연구기관 단체에서 6개월 이상 학술연구를 하고자 하는 자는 소속기관의 장의 추천을 받아 교육과학기술부장관에게 신청하면, 교육과학기술부장관은 교류대상기관의 장과 협의하여 교류 여부를 결정하고, 교류요원에 대하여는 예산의 범위 안에서 연구활동에 소요되는 연구비를 지급하도록 하고 있다(학술진흥법 시행령 제14조).

또한 대학의 교원 중 정부의 재정지원을 받아 외국의 대학 또는 연구기관에서 6개월 이상 학술연구를 하고자 하는 경우에는, 당해 외국의 대학 또는 학술연구기관의 장의 동의와 소속대학의 장의 추천을 받아 교육과학기술부장관에게 신청하면, 교육과학기술부장관은 연구수행능력 및 연구계획 등을 고려하여 연구비의 지급 여부, 지급금액 등을 결정하여 신청인에게 통보하도록 하고 있다(학술진흥법 시행령 제15조).

이와 같은 교수의 국내외 교류는 국내는 한국대학교육협의회가, 국외는 학술진흥재단에서 그 업무를 주관하고 있다. 또한 대학의 총장은 그 업무수행과 관련된 연구 및 교육훈련, 자문 등 사회와 대학의 발전을 위하여 필요한 때에는 교원을 다른 국가기관, 공공단체, 국내외의 교육기관 등에 일정기간 동안 파견근무하게 하거나 상호 교류하게 할 수 있도록 교원인사규정에 명시하고 있다. 이 경우 근무조건 및 처우 등에 대하여는 대학마다 따로 정하도록 하고 있고, 협정 등에 의하여 교원을 파견하거나 교류할 경우에는 당해 협약이 정하는 바에 따르고 있다.

4) 대학 교직원의 복무

(1) 교직원의 의무

국가공무원인 국립대학의 교직원은 국가공무원법 제55조 내지 66조에 의한 복무를 진다. 동법 제55조에 의하면, 공무원은 취임할 때 소속기관장 앞에서 선서를 하여야 하며, 법령을 준수하고 성실히 직무를 수행하여야 하고(동법 제56조, 성실의무), 직무를 수행함에 있어 소속상관의 직무상의 명령에 복종하여야 한다(동법 제57조, 복종의 의무). 또한 소속상관의 허가 또는 정당한 이유 없이 직장을 이탈하지 못하고(동법 제58조, 직장이탈 금지), 국민 전체의 봉사자로서 친절하고 공정하게 업무를 집행하여야 하며(동법 제59조, 친절공정의 의무), 재직 중은 물론 퇴직 후에도 직무상 알게 된 비밀을 엄수하여야 한다(동법 제60조, 비밀준수의 의무).

아울러 직무와 관련하여 직접 또는 간접을 불문하고 사례 증여 또는 향응을 받아서는 안 되며, 직무상의 관계여하를 불문하고 소속상관에 증여하거나 소속공무원으로부터 증여를 받아서도 안 된다(동법 제61조, 청렴의 의무). 뿐만 아니라 직무의 내외를 불문하고 그 품위를 손상하는 행위를 해서는 안 되며(동법 제63조, 품위유지의 의무), 공무 이외의 영리를 목적으로 하는 업무에 종사할 수 없고, 소속기관의 장의 허가 없이 다른 직무를 겸할 수 없도록(동법 제64조, 영리업무 및 겸직금지) 규정하고 있다. 또한 정당 또는 정치단체의 결성에 관여하거나 가입할 수 없으며, 선거에 있어 특정 정당 또는 특정인을 지지하거나 반대하는 행위를 해서는 안 되고(동법 제65조, 정치운동의 금지), 노동운동, 기타 공무 이외의 일을 위한 집단행위를 해서도 안 된다(동법 제66조, 집단행위의 금지).

이와 같이 국가공무원인 국립대학의 교직원은 복무와 관련하여 여러 가지 의무가 있으며, 복무에 대한 세부적인 사항은 국가공무원복무규정에 별도로 만들어져 있다. 또한 사립학교의 교원도 국·공립학교의 교원과 같은 의무를 지고 있다. 사립학교법 제55조는 사립학교의 교원도 복무에 관해서는 국·공립학교 교원의 규정을 준용하도록 하고 있기 때문이다.

(2) 교직원의 임무

대학의 구성원인 총·학장, 교원, 직원 및 조교는 각각의 맡은 바 직분에서 필요한 일정한 임무를 갖는다. 고등교육법 제15조에 의하면, 총장 또는 학장은 교무를 통할하고, 소속교직원을 감독하며, 학생을 지도해야 하는 임무가 있고, 교원은 학생을 지도교육하고, 학문을 연구하도록 하며, 직원은 학교의 행정사무와 기타의 사무를 담당하도록 규정하고 있다. 또한 조교는 교육연구 및 학사에 관한 사무를 보조한다고 임무를 규정하고 있다.

교원의 임무 중 제일 중요한 것은 학생을 가르치는 일이다. 그런데 이러한 수입은 법령에 일정한 기준이 제시되어 있다. 고등교육법 시행령에 보면, 대학교원의 수업시간 수는 매 학년도 30주를 기준으로 매주 9시간을 원칙으로 하고 있다. 다만, 학교의 장이 필요하다고 인정하는 경우에는 학칙으로 다르게 정할 수 있도록 하고 있다(동 시행령 제6조). 대학교원의 수업시간을 적정하게 하여 연구 및 학생지도 등 다른 업무를 원활히 할 수 있도록 하려는 배려이긴 하나, 실제로 많은 대학에서는 단서규정을 이용하여 더 많은 수업을 교원에게 부담시키는 것이 현실이다.

겸임교원의 경우는 본직을 가지고 교수활동을 하게 되므로 교육의 질을 고려하여 주당 9시간 이내로 제한하되, 9시간이 초과되는 경우는 일정한 비율로 교수확보율에서 삭감하는 방법으로 통제를 가하고 있다.

5) 교원에 대한 불이익한 처분

(1) 징계제도

① 징계의 사유

국립대학 교원이 〈표 4-1〉의 징계사유에 해당하는 경우에는 대학의

‖ 표 4-1 ‖ 교원의 징계사유

국립대학 교원	사립대학 교원
국가공무원법 및 국가공무원법에 의한 명령에 위반하였을 때	사립학교법, 기타 교육관계법령에 위반하여 교원의 본분에 배치되는 행위를 한 때
직무상의 의무에 위반하거나 직무를 태만히 한 때	직무상의 의무에 위반하거나 직무를 태만히 한 때
직무의 내외를 불문하고 그 체면 또는 위신을 손상하는 행위를 한 때	직무의 내외를 불문하고 교원으로서의 품위를 손상하는 행위를 한 때

총·학장은 지체 없이 당해 징계사건을 관할하는 징계위원회에 징계의결의 요구를 하고, 그 결과에 따라 징계처분을 행하도록 되어 있다(교육공무원법 제51조 및 국가공무원법 제78조). 사립대학의 교원도 〈표 4-1〉의 징계사유에 해당하는 때에는 당해 교원의 임면권자는 징계의결 요구를 하여야 하고, 징계의결 결과에 따라 징계처분을 하도록 하고 있다(사립학교법 제61조). 여기서 보면 국립대학 교원과 징계사유는 같지만, 국가공무원과 사립학교 교원이라는 신분의 차이에서 오는 적용법규의 차이만 있을 뿐이다.

다시 말하면, 대학의 교원이 법령을 위반하거나 직무위반 또는 태만히 하는 경우 그리고 품위를 손상하는 행위를 한 경우에는 징계처분을 하도록 규정하고 있는데, 경우에 따라서는 이러한 사유가 있음에도 징계처분을 이행하지 않거나, 소정의 절차를 거치지 않고 징계를 함으로써 감사의 지적을 받는 경우도 있다.

사례

○○대학교는 법률위반으로 공무원범죄 처분 결과 통보를 받은 자에 대해 사안의 경중에 따라 징계 등의 적정한 조치를 취하지 않고 공람·종결 처리

사례

○○대학교는 총장 해임 시 징계 절차 등 소정의 과정을 거쳐 행하여야 하나, 그 절차를 무시하고 총장을 해임한 후 총장 직무대행과 후임총장을 임명

② 징계위원회의 구성 및 관할

교육공무원의 징계업무를 처리하기 위하여 교육공무원징계령이 마련되어 있다. 이러한 교원의 징계처분을 의결하기 위하여 교육과학기술부에는 대학의 장 징계위원회와 특별징계위원회를, 각 대학에는 일반징계위원회를 둔다. 대학의 장 징계위원회는 교육과학기술부장관이 위원장, 교육과학기술부차관이 부위원장 그리고 법무부차관, 행정안전부차관, 문화체육관광부차관, 법제처차장이 위원이 된다. 특별징계위원회 위원장은 교육과학기술부차관이 되고, 위원은 교육과학기술부 실장, 국장 또는 감사관 중에서 교육과학기술부장관이 임명하는 5인 이상 9인 이하의 위원으로 구성한다. 각 대학에 두는 일반징계위원회의 위원장은 대학의 장의 차순위자가 되고, 위원은 그 설치기관의 조교수 이상의 교육공무원과 5급 이상의 일반직 공무원 중에서 대학의 장이 임명하는 5인 이상 9인 이하의 위원으로 구성한다(제2조 내지 제4조).

대학의 장 징계위원회는 대학의 장과 부총장의 징계사건을 심의 · 의결하며, 특별징계위원회는 대학의 단과대학장, 국립의 전문대학장 및 전문대학에 준하는 각종 학교의 장의 징계사건을 심의 · 의결하고, 일반징계위원회는 일반교원의 징계사건을 심의 · 의결한다. 다만, 상위 지위자와 하위 지위자가 같이 관련된 징계사건은 상위 지위자의 관할 징계위원회에서 심의 · 의결하도록 하고 있다(제2조).

사립학교 교원의 징계사건을 심의 · 의결하기 위하여 그 임면권자의 구분에 따라 학교법인 사립학교 경영자 및 당해 학교에 교원징계위원회

를 둔다. 징계위원회는 5인 이상 9인 이하의 위원으로 구성하되, 그 위원은 당해 학교의 교원 또는 학교법인의 이사 중에서 당해 학교법인 또는 사립학교 경영자가 임명한다. 다만, 학교법인인 경우는 당해 학교법인의 이사인 위원의 수가 전체위원의 2분의 1을 초과할 수 없도록 하고 있으며(사립학교법 제62조), 이 경우 교원징계위원회의 위원장은 위원 중에서 호선하도록 하고 있다(사립학교법 시행령 제24조의3).

③ 징계의결의 요구 및 의결기한

대학의 장(국립) 또는 교원임명권자(사립)가 교육공무원법 제51조 또는 사립학교법 제61조의 규정에 의하여 징계의결을 요구하는 때에는 징계사유에 대한 충분한 조사를 행한 후에 입증에 필요한 관계자료를 징계위원회에 제출하여야 하며, 징계위원회가 징계의결 요구를 받은 때에는 그 요구서를 접수한 날로부터 60일 이내에 의결하도록 하고 있다. 교원의 불안정한 신분 상황을 가능한 한 조속히 종료하기 위한 조치이나, 부득이한 사유가 있을 때에는 위원회의 의결로 30일의 범위 내에서 기간을 연장할 수 있도록 하고 있다(교육공무원징계령 제6조 및 제7조, 사립학교법 제64조 및 동법 시행령 제24조의4).

④ 징계혐의자의 출석과 심문 진술

교육공무원징계위원회가 징계혐의자의 출석을 명할 때에는 일정한 서식의 출석통지서에 의하되, 징계위원회 개최 3일 전까지 혐의자에게 도달되어야 하며, 징계혐의자가 출석통지서의 수령을 거부한 경우에는 징계위원회에서의 진술권을 포기한 것으로 볼 수 있도록 하고 있다(교육공무원징계령 제8조 제1항 및 제7항). 또한 징계위원회는 징계혐의 내용에 대한 심문을 행하되, 혐의자에게 충분한 진술을 할 수 있는 기회를 부여하도록 하고 있는데(교육공무원징계령 제9조), 가능한 한 징계혐의자

‖ 표 4-2 ‖ 징계위원회의 구성 및 관할

구분	구성	관할사항	비고
대학의 장 징계위원회	• 위원장: 교육과학기술부장관 • 부위원: 교육과학기술부차관 • 위원: 법무부차관, 행정안전부차관, 문화체육관광부차관, 법제처차장	대학의 장과 부총장의 징계사건	교육과학기술부
특별징계 위원회	• 위원장: 교육과학기술부차관 • 위원: 교육과학기술부 실장, 국장 또는 감사관 중에서 교육과학기술부장관이 임명하는 5인 이상 9인 이하의 위원	대학의 단과대학장, 국립의 전문대학장 및 전문대학에 준하는 각종 학교의 장의 징계사건	교육과학기술부
일반징계 위원회	• 위원장: 대학의 장의 차순위자 • 위원: 조교수 이상의 교육공무원과 5급 이상의 일반직 공무원 중에서 대학의 장이 임명하는 5인 이상 9인 이하의 위원	일반교원의 징계사건	각 대학(국립)
교원징계 위원회	• 5인 이상 9인 이하의 위원으로 구성 • 당해 학교의 교원 또는 학교법인의 이사 중에서 당해 학교법인 또는 사립학교 경영자가 임명	사립학교 교원의 징계사건	각 대학(사립)

의 신분을 보호하기 위한 조치다.

사립학교 교원의 징계의결 요구권자가 징계의결을 요구할 때에는 징계의결 요구와 동시에 징계대상자에게 징계사유를 기재한 설명서를 송부하도록 하고 있다(사립학교법 제64조의2). 또한 징계위원회는 징계사건을 심리함에 있어서 진상조사와 본인의 진술 청취를 의무화함으로써 징계혐의자의 진술권을 보호하기 위한 조치를 하고 있다. 다만, 2회 이상 서면으로 소환하여도 불응한 때는 예외를 인정하고 있다(사립학교법

제65조). 아울러 징계사건을 의결함에 있어서는 징계대상자의 소행, 근무성적, 공적, 개전의 정, 징계요구의 내용 등의 정상을 참작하도록 함으로써(사립학교법 시행령 제24조의5) 징계혐의자의 권익보호를 위한 여러 가지 장치를 도입하고 있다.

⑤ 제척 및 기피

징계의결의 공정을 기하기 위해서 징계혐의자와 특수한 관계에 있는 자의 관여를 배제하는 규정이 있다. 교육공무원징계령은 징계위원회의 위원 중 징계혐의자의 친족이나 그 징계사유와 관계 있는 자는 그 징계사건의 심의 · 의결에 관여할 수 없도록 규정하고 있으며, 사립학교법도 징계위원회 위원은 그 자신에 대한 징계사건이나 피징계자와 친족관계에 있을 때는 당해 징계사건에 관여하지 못하도록 하고 있다. 또한 징계혐의자는 위원장 또는 위원이 불공정한 의결을 할 우려가 있다고 인정할 만한 상당한 사유가 있을 때에는 그 사실을 서면으로 소명하고 기피를 신청할 수 있으며, 위원회는 기피 여부를 의결하도록 하고 있다. 이 경우 기피신청을 받은 위원은 그 의결에 참여할 수 없도록 함으로써(교육공무원징계령 제13조 및 사립학교법 제64조 및 동 시행령 제24조의6) 징계의결의 공정성을 확보하기 위한 조치를 마련하고 있다.

⑥ 징계의결 및 징계처분

교육공무원징계위원회는 위원장을 포함한 위원 4인 이상의 출석과 출석위원 과반수의 찬성으로 의결하며, 의견이 나뉘어져 어느 의견도 출석과반수에 달하지 못하는 때에는 출석위원 과반수에 이르기까지 징계혐의자에게 가장 불리한 의견에 차례로 유리한 의견을 더하여 그 가장 유리한 의견을 합의된 것으로 보도록 하고 있다(교육공무원징계령 제10조). 이는 징계의결과 관련하여 위원 간에 의견이 갈리는 경우에는 가

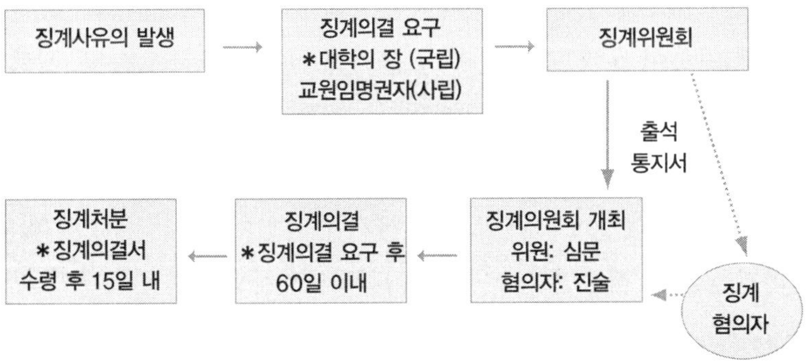

[그림 4-1] 징계의 절차

능한 한 징계혐의자에게 유리한 결정을 하고자 하는 취지다. 그리고 징계위원회가 징계의결을 한 때에는 지체 없이 징계의결서의 정본을 첨부하여 징계의결 요구자에게 통고하도록 하고, 징계처분자는 징계의결서를 받은 날부터 15일 이내에 이를 집행하도록 함(제16조 및 제17조)으로써 불안정한 상태가 조속히 종료되도록 하고 있다.

사립학교 교원에 대한 징계의결은 재적위원 3분의 2 이상의 출석과 재적위원 과반수의 찬성으로 행하도록 의사정족수와 의결정족수를 까다롭게 하고 있다. 징계위원회에서 징계를 의결한 때에는 주문과 이유를 기록한 징계의결서를 작성하고 이를 임명권자에게 통고하도록 하고, 통고를 받은 임명권자는 15일 이내에 의결 내용에 따라 징계처분을 하도로 규정하고 있다(사립학교법 제66조).

(2) 면직 및 직위해제

국립대학의 교원은 형의 선고, 징계처분 또는 교육공무원법에 정하는 사유에 의하지 아니하고는 본인의 의사에 반하여 휴직, 강임 또는 면직을 당하지 아니하며, 권고에 의해 사직을 당하지 않도록 되어 있다(교육공무원법 제43조 제2항 및 제3항). 사립대학의 교원도 형의 선고, 징계처분 또는 사립학교법에 정하는 특별한 사유에 의하지 아니하고는 본인의 의사에 반하여 휴직 또는 면직 등 불리한 처분을 받지 않으며, 권고에 의한 사직을 당하지 않도록 되어 있다(사립학교법 제56조).

그러나 대학의 교원도 경우에 따라서는 본인의 의사와는 관계없이 임용권자가 직권으로 휴직조치를 하거나 당연퇴직되는 경우가 있고, 불가피한 경우 직권면직시키거나 직위해제조치를 취하는 경우가 있을 수 있다.

① 직권휴직

국립대학 및 사립대학의 교원은 다음의 ① 내지 ⑤와 같은 경우에는 임용권자는 교원 본인의 의사에 관계없이 휴직을 명하여야 하며, ⑥의 경우에는 당연히 휴직이 된다(동법 제44조 제1항 및 제2항). 신체적 또는 정신적 장애가 발생하거나, 군복무를 위하여 소집되거나, 천재지변 또는 전쟁의 발발로 생사나 소재가 불명하거나, 기타 법률의 규정에 의하여 직무에 임하기 곤란할 때는 휴직을 명함으로써 업무의 공백을 메꿀 수 있도록 하기 위한 규정이다.

① 신체 · 정신상의 장애로 장기요양을 요할 때

② 병역법에 의한 병역의 복무를 위하여 징집 또는 소집된 때

③ 천재지변 또는 전시사변이나 기타의 사유로 인하여 생사 또는 소재가 불명하게 된 때

④ 기타 법률의 규정에 의한 의무를 수행하기 위해 직무를 이탈하게 된 때

⑤ 교원의 노동조합 설립 및 운영 등에 관한 법률 제5조의 규정에 의하여 노동조합 전임자로 종사하게 된 때

⑥ 정당법 제6조의 규정에 의하여 정당의 당원이 될 수 있는 교원이 국회의원으로 당선된 때

② 당연퇴직

대학의 교원은 다음의 경우 당연퇴직하도록 되어 있다(국가공무원법 제69조 및 제33조, 사립학교법 제57조). 다만, 국립대학 교원은 ⑤의 경우 사립대학 교원과는 달리 당연퇴직 사유는 아니다. 앞서 대학교원의 결격사유에서 설명한 대로 법에 의하여 개인의 의사표시에서 제한을 받거나 여러 가지 자격요건에 장애가 있는 경우에는 교원으로 임용에 제한이 있는 것과 마찬가지로, 이미 임용된 교원의 경우에도 이러한 조치를 받으면 그 직을 당연히 퇴직토록 함으로써 장애 있는 교원의 업무수행으로 인한 문제점을 사전에 예방하고자 하는 의도다.

① 금치산자 또는 한정치산자
② 파산자로서 복권되지 아니한 자
③ 금고 이상의 형을 받고 그 집행이 종료되거나 집행을 받지 아니하기로 확정된 후 5년을 경과하지 아니한 자
④ 금고 이상의 형을 받고 그 집행유예의 기간이 완료한 날로부터 2년을 경과하지 아니한 자
⑤ 금고 이상의 형의 선고유예를 받은 경우에 그 선고유예기간 중에 있는 자
⑥ 법원의 판결 또는 다른 법률에 의하여 자격이 상실되거나 정지된 자
⑦ 징계에 의하여 파면의 처분을 받은 때로부터 5년을 경과하지 아니한 자
⑧ 징계에 의하여 해임의 처분을 받은 때로부터 3년을 경과하지 아니한 자

③ 직권면직

국립대학의 교원이 다음의 경우에 해당될 때는 임용권자는 직권에 의하여 면직시킬 수 있도록 하고 있다(국가공무원법 제70조 제1항 및 교육공무원법 제53조 제3항). 조직의 변경 또는 예산의 삭감으로 당해 직원을 계속 근무시키는 것이 불가능하거나, 직무능력의 부족 등으로 그것이

비효율적인 경우 직원을 면직시키는 경우다.

① 직제와 정원의 개폐(학교, 학과 또는 학부의 폐지를 포함한다) 또는 예산의 감소 등에 의하여 직위가 없어지거나 과원이 되었을 때
② 휴직기간의 만료 또는 휴직사유가 소멸된 후에도 직무에 복귀하지 아니하거나 직무를 감당할 수 없을 때
③ 국가공무원법 제73조의3(직위해제)의 규정에 의하여 대기명령을 받은 자가 그 기간 중 능력 또는 근무성적의 향상을 기대하기 어렵다고 인정된 때
④ 전직시험에서 3회 이상 불합격한 자로서 직무수행능력이 부족하다고 인정된 때
⑤ 징병검사, 입영 또는 소집의 명령을 받고 정당한 이유 없이 이를 기피하거나 군복무를 위하여 휴직 중에 있는 자가 군복무 중 군무를 이탈하였을 때
⑥ 당해 직급에서 직무를 수행하는 데 필요한 자격증의 효력이 상실되거나 면허가 취소되어 담당 직무를 수행할 수 없게 된 때

다만, 위와 같은 사유로 직권면직시키는 경우에도 미리 관할 징계위원회의 의견을 들어야 하며, 특히 ③항의 경우는 징계위원회의 동의를 얻도록 하고 있다(국가공무원법 제70조 제2항).

사립대학의 경우에도 ① 신체 또는 정신상의 장애로 1년 이상 직무를 감당하지 못할 만한 지장이 있거나, ② 근무성적이 극히 불량하거나, ③ 정부를 파괴할 목적으로 하는 단체에 가입하고 이를 방조하거나, ④ 정치운동을 하거나, 집단적으로 수업을 거부하거나 또는 어느 정당을 지지 또는 반대하기 위하여 학생을 지도 · 선동하거나, ⑤ 인사기록에 있어 부정한 채점 기재를 하거나 허위의 증명이나 진술을 한 때

는 임면권자가 면직시킬 수 있도록 하고 있다(사립학교법 제58조).

④ 직위해제

국립대학의 교원이 다음과 같은 사유에 해당되는 경우에는 임용권자는 직위를 부여하지 않을 수 있다(국가공무원법 제73조의3).

① 직무수행능력이 부족하거나 근무성적이 극히 불량한 자

② 파면, 해임 또는 정직에 해당하는 징계의결이 요구 중인 자

③ 형사사건으로 기소된 자(약식명령이 청구된 자는 제외)

사립대학 교원 경우에도 ① 직무수행능력이 부족하거나 근무성적이 극히 불량한 자 또는 교원으로서 근무태도가 심히 불성실한 자, ② 징계의결이 요구 중인 자, ③ 형사사건으로 기소된 자(약식명령이 청구된 자는 제외)에게는 직위를 부여하지 않을 수 있다(사립학교법 제58조의2).

2. 안내

1) 안내의 의의

안내(induction)는 구성원이 직위의 만족도를 극대화하면서 과업성취에 효과적으로 기여할 수 있도록 현실에 적응하는 것을 돕는 조직의 체계적인 노력이라고 할 수 있다. William B. Castetter(2000: 141)는 잘 계획된 안내의 과정은 구성원이 신속하고 효과적으로 새로운 업무에 적응하도록 함으로써 개인적 만족과 함께 업무에도 만족하면서 조직의 목표에 최대한 기여할 수 있도록 하는 체계적인 조직의 노력이라고 정의하고 있다.

신임 교직원은 대개 대학의 문화나 목적, 책임이나 풍토 등을 잘 모르고 부임하게 마련이다. 이러한 교직원을 대상으로 효과적인 안내를 통하여 개인의 조직적응에 기여할 수 있고, 직위와 조직의 환경에서 인간적 발달과 소속 및 안정에 대한 욕구를 충족할 수 있게 함으로써 개인은 물론이고 조직의 목적을 성취하는 데 기여할 수 있게 한다. 안내는 단기적으로는 교직원이 새로운 역할에 적응할 수 있도록 하고, 장기적으로는 직위요건에 적절하도록 자질을 개발하고 성취를 증대하도록 한다.

안내는 대학의 성취에 관련된 행위를 측정 · 분석 · 예언하고, 목적지향적인 성취활동을 증가시키며, 협조적이지 않은 행위들을 제거하는 과정이다. 안내는 신규직원이 익숙하지 않은 환경에서 편안하게 느끼도록 하는 것에 그치지 않고, 좀 더 넓은 의미에서는 직원의 모집과 선발과정의 연장이며(Castetter, 2000: 143), 신임 교직원들의 직위만족을 극대화할 수 있게 한다. 그리고 대학의 목적을 성취하기 위하여 개인의 능력이 충분히 발휘되도록 하는 역할을 한다.

이러한 안내에 대한 정의와 관련하여서는 많은 문헌에서 배치(placement), 조직진입(organizational entry), 임명(assignment) 등의 용어가 안내와 동의어로 사용되고 있다.

2) 안내의 절차

안내는 ① 안내의 목표 설정, ② 안내의 조직화, ③ 안내의 실시, ④ 안내 과정의 평가라는 네 가지 과정으로 이루어진다.

(1) 목표의 설정

첫째, 안내의 목표를 설정하는 단계다. 안내의 목표는 정보의 제공, 욕구의 만족, 직위조화, 도움제공, 개발, 승인, 동화, 적응, 장기근무 등을 들 수 있으며, 이의 구체적 내용을 기술하면 〈표 4-3〉과 같다(권기욱, 1996: 122-123).

‖ 표 4-3 ‖ 목표의 구체적 내용

목표	구체적 내용
정보제공	지역사회와 직위의 관계성, 직무, 책임, 대학의 목적 · 정책 · 절차 · 관습 · 역사, 근무하게 될 시설 등에 대한 이해
욕구만족	신임 교직원이 소속대학의 구성원이라는 감정을 갖도록 하는 것. 대학에서 자신의 존재를 확인하고, 소속 · 안정 · 인정의 욕구 충족
직위조화	개인과 직위의 조화. 주어진 역할에의 적응. 장기적으로는 개인의 성취를 증대
도움제공	신임 교직원에게 기술적인 도움을 제공. 개인이 가질 수 있는 성취의 실패나 부적응의 가능성 제거. 기관의 인적 · 물적자원을 충분히 활용할 수 있도록 지원
개발	지위의 만족과 효과성을 도모하는 데 기여. 개인의 성취 수준을 확인하고, 성취를 승인할 수 있는 기준을 설정하고, 개인의 행위를 측정, 성취를 개선해야 할 영역을 확인하고, 성취목표를 설정하며, 성취에서 변화를 측정하여 성취목표를 다시 설정
승인	신임 교직원이 조직과 집단으로부터 승인될 수 있도록 구성원들에게 신임교직원에 대한 정보를 제공하고, 신임 교직원에게 갖는 배타적인 감정 등 부정적인 생각을 제거
적응	신임 교직원이 대학의 목적, 정책, 절차, 인사에 대해 긍정적인 감정과 태도를 갖도록 정보를 추가로 제공
동화	적응하고 대학에 대해서 올바른 견해를 가질 수 있도록 대학이 신뢰할 만한 정보와 지식들을 직접 제공하는 것이 바람직함
장기근무	대학은 신임 교직원이 대학에 오래 남아 직무에 긍정적인 태도와 효과적으로 성취하도록 하기 위하여, 대학에 대한 기대와 실제가 불일치함으로써 오는 좌절감 등 신임 교직원의 어려움을 감소시킴

(2) 안내의 조직화

안내는 다양한 활동들로 수행되며, 활동별로 책임자를 배정하는 등 업무분담을 체계적으로 추진하여야 한다. 이를 위하여 안내의 활동들을 조직할 때에 다음의 사항을 고려하여야 한다.

- 안내에 영향을 미치는 변인으로 고려할 사항에는 안내를 실시할 대상, 인간적응의 다양성 등이 있다. 적응에 대한 요구는 개인에 따라 다를 수 있기 때문에 전근, 승진, 신임 등 대상에 따라 안내의 접근 방법은 달라야 한다.
- 신임 교직원은 기관과 직위의 목적과 임무를 명확하게 이해하지 못하는 경우가 있다. 따라서 직위가 요구하는 임무를 명확히 제시하고 이의 성취 정도를 평가하여 개선하도록 해야 한다. 신임 교직원은 자질이 부족한 직무를 담당하지 않도록 하고 개인과 직위가 조화를 이룰 수 있도록 정보를 제공하여야 한다.
- 신임 교직원에게 대학의 목적, 정책, 절차 등을 이해시켜야 한다. 신임 교직원은 대개 대학의 본질적인 구성요소, 대학체제의 성과에 기여할 수 있는 방법, 역할기대 등을 이해하기를 원한다. 따라서 모든 신임 교직원들에게 기관의 가치, 전통, 관습, 신념, 목적 등을 교육하여야 한다. 이것은 신임 교직원이 대학의 구성원으로서 정착할 때까지 효과적으로 적응하는 데 기본적인 요소다.
- 인간관계의 개발은 신임 교직원에게는 매우 중요하다. 신임 교직원은 개인 및 집단에서 효과적으로 일하는 방법, 비공식 조직에서 가장 영향력이 있는 자, 조직에 대한 동료들의 태도, 관련된 사회집단의 본질 등을 이해하여야 한다.
- 신임 교직원은 지역사회의 주거, 교통, 자녀교육, 생활, 문화, 오락

시설 등 주변환경에 적응하여야 한다. 대학은 신임 교직원의 이러한 문제를 해결할 수 있도록 도와주어야 한다. 이를 위한 프로그램은 교직원이 새로운 환경에서 정서적 안정을 통하여 성취를 증대하고 스스로 자신을 개발하고 적응하도록 도와야 한다.

(3) 안내의 실시

안내를 효과적으로 실시하기 위해서는 목표를 성취하기 위한 활동, 활동의 시간계획, 활동을 실천하기 위한 책임 등이 명확하게 규정되어야 한다. 안내에 포함될 활동은 안내의 과거 경험, 신임 교직원의 요구, 지역사회의 특성, 교직원의 규모 등 여러 가지 요소의 영향을 받는다. 안내는 대개 모집기간부터 시작하여 시보기간의 완료와 함께 종료된다. 이 기간에 안내의 목적에 따라 다양한 활동들이 제공될 수 있다. 시보기간에 실시되는 안내활동은 전임으로 채용을 계약하기 이전에 이루어져야 한다.

교직원의 모집 · 선발을 담당한 자들도 모집할 직위의 역할, 책임, 의무 등에 대한 정확한 이해가 있어야 한다. 직위가 요구하는 사항들은 모집활동에서부터 소개되어야 하고, 선발을 위한 면접 시에도 지원자가 대학의 다양한 특성을 이해할 수 있도록 하기 위해서는 면접자도 지위의 요구사항을 잘 알아야 한다.

교원과 직원의 오리엔테이션은 서로 달라야 하며, 이를 위해서는 다양한 안내 프로그램이 준비되어야 한다. 안내는 대학의 상황과 여건에 적절한 기법과 활동을 개발하여 적용할 때 효과적일 수 있고 영화, 테이프, 카세트, 기록, 차트, 비디오테이프, 대학안내서, 팸플릿 등과 같은 기자재를 활용하는 것도 효과적일 수 있다.

신임 교직원은 과중한 업무부담을 지양하고 개인의 관심을 반영하여 업무를 담당할 수 있도록 하는 것이 바람직하다. 대학은 그들에게 규정 등 관련 자료를 제공하여 채용조건 및 복무규정 등을 이해할 수 있도록 해야 한다. 안내에서 실시되는 활동별로 체크리스트를 사용하여 문제점을 확인하고 개선하여야 한다. 임용 전후의 교직원회의는 신임 교직원과 기존 교직원이 서로 알도록 하고, 교육 프로그램 등에 대한 이해를 돕는 데 유용하다.

안내는 교직원의 모집에서 정년을 보장할 때까지 이루어져야 한다. 모집 단계에서 이루어지는 안내활동은 지원자들의 질을 확보할 수 있고, 선발 과정에서는 개인과 직위 간에 조화를 유도한다. 실제 현장에서 신임 교직원의 적합성을 확인할 때까지는 신임 교직원을 평가하여야 한다. 신임 교직원에 대하여 단위부서 최고책임자의 추수적인 면접 등은 직장근무 초기에는 매우 중요하다. 신임자가 직장근무 초기에 과업을 이해하고 성취하는 데 있을 수 있는 여러 어려움을 해결할 수 있기 때문이다.

단위부서 행정가는 추수면접의 수, 빈도, 본질, 단계 등을 구체화하고, 추수면접의 실시 결과를 본부 행정가에게 보고하여야 한다. 신임 교직원 성취의 질, 직면한 어려움 등의 확인은 직무성취의 효과성을 도모하는 데 기여할 수 있다. 시보기간 동안에 이루어지는 평가는 신임 교직원의 능력을 개발하도록 도와주고, 무능력자 및 조직에 적절하지 않은 자를 찾아내는 데 기여할 수 있다. 만족할 만한 성취를 할 수 없는 자는 다른 부서로 재배치하거나, 더 많은 감독을 하거나, 어려움을 극복하기 위한 훈련 기회의 제공 등이 필요하다. 적절하지 못한 신임 교직원에 대해 신속하게 조치하는 것이 경비를 줄이고 보다 효율적일 수 있기 때문이다.

(4) 안내 과정의 평가

신임 교직원이 성취할 과업이나 환경 또는 직장동료 등에 적응하지 못하면 조직에 효과적으로 기여할 수 없다. 안내는 신임 교직원이 지역사회, 대학, 직위, 인간, 개인문제를 해결할 수 있도록 돕는 활동이다. 대학에서 교직원의 부적응은 개인과 기관의 기대를 만족시킬 수 없으며, 개인과 대학 간의 사회화 및 인간화 과정을 저해할 수 있다.

대학에서 신임 교직원의 모집, 선발, 안내활동에 투입되는 경비는 결코 적지 않다. 그들의 능력이 최대로 발휘되지 못하거나 조기에 퇴직하면 손실 또한 막대하다. 대학은 교직원의 시보기간에 그들을 관리할 책임을 성실하게 수행하여야 한다. 이를 위하여 교직원의 모집, 선발, 안내에 대한 주기적인 평가를 실시하여 바람직한 결과를 얻지 못한 활동은 계속적으로 개선하여야 한다.

안내에 대한 평가는 유능한 교직원의 이직을 최소화하고 교직원의 요구를 만족시키는 데 중요한 정보를 제공할 수 있다. 그리고 안내를 받은 신임 교직원들로부터 안내 프로그램에 대한 귀중한 정보를 획득할 수 있다. 그러한 정보는 다음에 제공할 안내 프로그램을 개선하고, 기관에 대한 신임 교직원의 태도를 개선하며, 안내의 내용을 균형 있게 함으로써 대학의 인사정책과 절차를 이해하는 데 활용될 수 있다.

제5장

교수평가

1. 평가에 대한 기초지식

1) 교직원평가의 목적

한 조직의 교직원평가는 그 구성원을 평가하는 활동인데, 비용과 노력과 시간도 들어가고 부작용과 잘못될 위험도 많다. 그럼에도 불구하고 평가는 반드시 해야 하는 것인가? 다음의 몇 가지 이유를 검토해 봄으로써 대학에서 교직원평가가 얼마나 중요한 것이며, 그것이 인적자원관리활동 중 필수적인 과정임을 실감할 수 있을 것이다. 교직원평가의 목적은 교직원의 성과 향상, 교직원의 능력개발, 공정한 보상, 효과적인 인력계획과 배치 등이다.

(1)교직원의 성과 향상

학교 내의 모든 관리활동은 학교의 성과를 조금이라도 높이기 위한 것이며, 평가업무도 대학 목적에 해가 되거나 무익하다면 실시할 필요가 없다. 그 성과가 학생의 성적 향상이든, 대학의 발전이든, 학생을 위한 서비스 향상이든, 비용의 절약이든 간에 대학 구성원을 평가하는 것은 의미가 있는 것인가? 교직원을 평가해서 그 결과를 당사자들에게 피드백시킬 경우 과연 그들의 실력과 태도가 개선되어 성과 향상에 도움이 되는가? 이는 상식적으로 맞는 말이지만 연구조사 결과도 있다. 평가가 없다면 당사자는 물론 다른 사람들도 잘못된 행동을 모르고 지날 수 있으며 그 행동은 계속 반복될 것이다.

(2) 교직원의 능력개발

교직원평가가 교직원 능력개발에 공헌한다는 의미는 크게 두 가지 측면에서 그렇다. 첫째는 교직원에 대한 동기부여다. 학생들에게 열심히 학과를 가르쳐도 시험을 보지 않으면 학습효과가 크지 않다. 학교에서 때때로 시험을 치르는 이유는 학생을 평가하여 장학금도 주고 포상도 하기 위해서이지만, 사실은 공부를 유도하기 위함이 더 큰 이유다. 사람들은 어떤 행동을 하고 그 행동이 타인에 의해서 평가받는다고 생각되면 더 열심히, 더 성실하게 하지만, 아무런 평가나 후속조치가 없으면 흥을 잃을 뿐만 아니라 아무렇게나 처리하여 업무성과도 나빠지고, 결국 본인의 능력 신장을 방해하게 된다. 또한 더 배워서 더 잘해야 한다는 의무감이 없어져서 더 배우려고 노력하지 않게 된다.

교직원평가가 교직원 능력개발에 공헌하는 두 번째 이유는 교직원들의 개발노력을 헛되지 않게 한다는 데 있다. TOEIC, TOEFL 영어실력을 향상시키기 위해서는 가끔 시험을 치러서 자신의 영어실력이 단어보다 독해력이 약한지, 듣기능력보다 작문능력이 강한지 평가한 후에 부족한 부분에 집중 투자하는 것이 효율적이다. 물론 이러한 효과를 얻으려면 요소별 교직원평가 결과를 피드백시켜 주면서 본인이 깨닫게도 하고 어떠한 능력을 더 키우라는 자세한 충고가 뒤따라야 한다.

(3) 보상의 공정성

대학을 비롯한 대부분의 조직은 인적자원에 대해 비용(대가)을 지불하고 그들로부터 공헌을 얻는다. 비용보다 얻는 공헌이 더 큰지 작은지를 파악하여 그 자원을 계속 사용해야 할지를 판단해야 한다. 뿐만 아니라 더 많이 공헌한 사람에게 더 많은 보상(성과급, 보너스, 포상, 칭찬 등)을 주고, 그렇지 못한 사람에게 더 작은 보상(봉급삭감, 강등, 문책 등)을 하는 소위 공정한 보상을 하기 위해서도 성과 측정이 필요하다. 보상이 공정하지 못하면 교직원들로부터 불평이 늘어나고 그들의 행동을 공헌 쪽으로 유도하기가 어려워진다. 공헌을 많이 해도 보상이 적다면 구태여 공헌을 많이 하려고 애쓸 필요가 없기 때문이다. 그러므로 승진과 봉급 결정 시에 평가 결과를 기준으로 판단하는 능력급제도와 능력별 승진제도의 도입이 함께 고려되어야 하는데, 요즘 우리나라 기업들에도 연공과 나이에 따른 자동승급이 점차 후퇴하면서 능력 중시의 인사제도가 확산되고 있는 만큼, 대학도 이를 받아들여 교수와 직원의 보상체계를 혁신적으로 개선할 필요가 있다.

(4) 인력활용의 효율화

대학 구성원의 평가는 인력운영자에게 대학이 가지고 있는 인적자원의 가치, 능력, 특기 등의 정보를 제공한다. 교수는 전공별로 배치될 학과나 학부가 정해지지만, 보직을 부여하거나 특수과업을 시키거나 조언을 받기 위해 어떤 특기를 가졌는지 미리 알고 있다면 이러한 자료를 토대로 대학에 어느 정도의 인력이 더 필요한지, 남아도는지를 알 수 있어서 어느 종류의 사람을 얼마만큼 더 채용해야 하는지 아니면 누구를 내보내야 하는지 인력수급계획을 세워 효율적인 선발과 방출을 할 수 있다.

이러한 필요성은 직원들에게는 더욱 크다. 업무의 성격과 난이도에 따라서 직원들의 배치가 이루어진다면 구성원과 대학 모두에게 만족을 줄 것이다. 그리고 기존 인력들의 능력과 적성과 특기 등에 대한 정확한 평가가 이루어졌다면, 이를 토대로 능력과 특기에 맞게 적재적소에 배치할 수 있기 때문에 대학은 효율적인 인력활용을 할 수 있고 교직원은 적성과 능력에 맞는 직무를 담당할 수 있다. 물론 교직원평가 후에 적성과 능력이 변했든지 잘못 배치되었다면 다시 승진 혹은 보직이동 시에 평가 결과를 참조하게 된다.

2) 교직원평가의 관리 기준

교직원평가 역시 교직원활동의 안내지침이 되어야 제 역할을 다한 것이다. 그런데 피평가자, 즉 교직원들이 평가 자체를 신뢰하지 않고 무시하거나 거부한다면 교직원평가는 무용지물이요 시간과 비용만 낭비한 셈이다. 그러므로 교직원들이 평가를 받고 나서 무슨 일을 어떻게 하는 것이 대학을 위해 바람직한 것인가를 깨닫도록 하는 평가가 올바른 평가활동이다. 교직원평가가 원래 생각했던 소기의 목적을 달성하기 위해서는 다음과 같은 몇 가지 요건을 갖추어야 한다. 그리고 인적자원 관리자는 다음을 기준으로 삼아 교직원평가제도를 마련하고 실천해 나가야 목적을 달성할 수 있다.

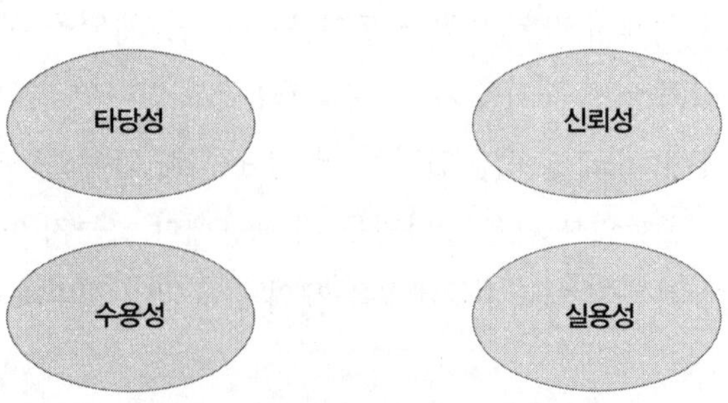

[그림 5-1] 교직원 평가의 관리 기준

(1)수용성

교직원평가의 제도, 절차, 결과에 대해 피평가자들이 인정하지 않는다면 그 역시 무용지물이 될 뿐만 아니라 교직원들의 불만이 높아지기도 한다. 그러나 평가제도나 절차가 합리적이며 공정하다고 느껴지면 피평가자인 교직원들은 결과에 쉽게 승복하고 평가 결과에서 지적된 내용을 받아들여 자기 행동을 반성하고 개선하려고 힘쓸 것이다.

또한 학교가 만든 평가요소에 대해 교직원들이 통제 가능한 요소인지 아닌지에 대한 평가자와 피평가자의 인식이 매우 다를 수 있다. 예를 들면, 평가자인 상사는 부하의 노력과 능력에 관련되는 요소로 인식하고 부하들이 고칠 수 있다고 판단하는 데 반하여, 피평가자인 부하는 대학의 지원과 시장환경에 직결되는 요소이기 때문에 자신들로서는 어쩔 수 없다고 판단할 수 있다. 이들 간의 괴리가 크면 클수록 교직원평가를 통한 대학의 성과 향상이나 개인의 능력개발은 기대하기 어렵기 때문에 피평가자들과의 사전합의가 필수적이다. 평가를 받은 교직원들이 평가 결과에 승복하도록 하기 위해서는 우선 평가요소를 선정할 때나 평가 방식을 만들 때 교직원들을 참여시키고, 전부 확정된 다음에는 이를 공개하여 공론화할 필요가 있다. 그리고 교직원들이 이해하지 못하는 부분이나 새로운 제도는 교육을 통해 설명하고, 정확한 평가를 할 수 있도록 평가자들을 훈련시켜 평가오류가 발생하지 않도록 하는 것이 상책이다.

(2)타당성

평가가 타당해야 한다는 말은 평가목적에 맞도록 평가가 이루어져야 한다는 뜻인데, 그러기 위해서는 평가요소 선정이 평가목적과 일치해야 한다. 평가목적, 즉 바로 위에서 보았듯이 교직원평가를 하는 목적이 보상을 위함인지, 교육개발을 위함인지, 이동배치를 위함인지를 분명히 하고 그것을 위한 평가요소를 선정하여 관리해야 한다. 교직원들의 협조관계, 학생 서비스 정도를 평가하기 위해서라면 서류작성능력, 재무관리능력을 평가할 필요는 없다. 또는 금년도 업적 보너스를 주기 위해서 평가가 필요하다면 평가요소는 당연히 개인들의 업적이어야 하는데, 그게 아니라 그들의 미래 잠재력이나 자격증 등을 평가하여 보너스 기준으로 삼는다면 타당성이 적다고 볼 수 있다.

평가의 타당성을 증대시키려면 우선 평가를 하되 평가목적이 무엇인가를 먼저 정하고 평가해야 한다. 평가의 목적은 봉급책정, 교육 · 훈련, 승진 · 이동, 동기유발 등 여러 가지가 있을 수 있는데, 그때그때의 목적에 맞는 요소를 찾아내어 평가해야 한다. 그리고 부서별, 직급별, 전공별로 평가집단을 세분화할 필요가 있다. 소속집단의 특성에 따라서 상황이 다르기 때문이다. 대학의 전체 교직원을 평가하기 위한 공통항목도 필요하지만 때로는 직종별, 직급별로 세분화하여 각 집단에 알맞는 차별화된 평가요소를 찾아서 사용해야 한다. 그러므로 평가업무를 각 학부장 혹은 각 부서장에게 위임할 필요가 있다. 나중에 평가 결과를 종합하여 가중치를 감안한 평균점수를 내는 업무는 교무처나 인사담당자가 하면 된다.

(3) 신뢰성

일단 평가요소가 정해지면 그 요소들을 얼마나 정확하게 측정하느냐가 중요한 문제다. 영어회화 발음실력을 평가하는데 시험관의 청력에 문제가 있다면 정확한 평가를 하기 어려울 것이다. 평가자들의 능력도 매우 중요하지만 편견을 갖지 않고 객관적으로 평가할 수 있어야 한다. 뿐만 아니라 교직원평가 방식이나 평가표가 어떻게 작성되었느냐에 따라 평가의 정확성이 좌우된다. 예를 들면, 수우미양가의 5등급으로 하면 거의가 수, 우에 치중되지만, 1점부터 10점까지 등급을 정하면 중간

점수 혹은 그 이하도 많이 나온다.

이러한 오류와 편견에 주의하여 평가하도록 평가제도의 개선과 평가자의 교육이 필요하다. 신뢰성을 증대시키기 위한 방안으로는 상대평가와 절대평가의 적절한 배합이 필요하다. 평가목적에 따라 상대평가와 절대평가를 알맞게 선택 또는 적절히 배합하여 사용해야 한다. 그리고 평가 결과를 공개하는 것도 신뢰성을 높이는 방법이다. 평가 결과를 피평가자에게 피드백시키면 그 평가가 정실이나 연고에 따라 편파적으로 행해지지 않았음을 어느 정도 입증하는 셈이다.

(4) 실용성

평가의 목적은 봉급책정, 능력개발, 승진 · 이동 · 배치 등이라고 했다. 평가의 결과는 이처럼 여러 곳에 유용하게 쓸 수 있지만 평가 결과를 얻기까지 들어가는 비용은 만만치 않다. 예를 들면, 교직원평가표 개발비, 평가방식 훈련비, 평가시간의 낭비, 평가요소 측정과 계산에 들어가는 비용과 시간 등의 유형비용뿐만 아니라 평가로 인한 교직원들의 긴장과 스트레스, 잘못된 평가로 인한 상 · 하급자 간의 갈등과 교직원 간의 경쟁 등 보이지 않는 비용이 있다.

이러한 유형 · 무형의 비용을 무릅쓰는 것이기 때문에 교직원평가로 얻는 이득이 더 많아야 한다는 것이 실용성의 문제다. 공정한 평가를 위해서 두세 시간이나 걸리는 많은 항목을 평가요소로 정하고, 이를 측정하기 위해 한 사람을 놓고 십여 명이 평가한다면 정확도는 모르겠지만 시간과 인력의 낭비가 매우 크다. 성과나 업적의 차이가 외부환경이나 기계시설에 따라 오르내리고, 인력의 영향은 아주 적음에도 불구하고 약간의 인력편차를 측정하기 위해서 교직원평가에 너무 많은 투자를 한다면 어리석은 짓이다.

3) 교직원평가의 향후 방향

그동안 일반대학의 교직원평가는 단순한 설문 형식으로 구체화되어 있지도 않았고 평가요소가 너무 한정되어 있었다. 그리고 평가요소와 등급의 추상성이 높아 평가자의 자의적 해석에 의한 평가가 우려되었으며, 이러한 상황은 평가자로 하여금 자연적으로 연공서열에 의지하여 평가하도록 유도한 것이나 마찬가지였다. 또한 연공서열에 따른 역산제로서 직무분석이 선행되지 않은 상태에서 목표설정은 임의적이 되기 쉽고, 목표달성도 역시 측정하기 어려웠다. 직무수행능력이나 태도 등에 대한 평가도 객관성과 일관성이 부족하고, 동양적 온정주의에 따라 평가의 관대화 경향을 띠게 되는 것이 보통이었고, 교직원평가의 신뢰성을 높여 보려고 가장 확실한 연공서열만을 중요시해 왔다.

특히, 교수에 대한 평가는 일단 교수임용을 받으면 일정기간만 지나면 자동적으로 승진할 수 있었기에 이렇다할 평가가 이루어지지 않았다. 연구업적을 평가한다고 했지만 그 기준이 지나치게 하향평준화되어 있어서 선진국에 비해 한국의 교수들은 놀고 먹는다고 할 정도로 평가가 부진한 상태였다. 평가 방식은 동일전공의 선임교수들 각자가 연구

‖ 표 5-1 ‖ 바람직한 평가방향

Evaluation	Assessment
사정형(did)	능력개발형(can)
상사 중심	본인 참여
포괄, 추상	객관, 구체
성격, 인물	성과, 직무
상대평가	절대평가
감점주의	가점주의
정기적, 비공개	수시평가, 공개

업적을 중심으로 평가하는 것이지만, 다른 언급이나 다른 특정 요소를 평가할 기회도 권한도 없는 실정이었다.

그리고 현행 평가법에 의한 불완전한 평가 결과가 승진과 직결되어 있어 개개인의 능력평가보다는 승진의 정당성을 부여하기 위한 부수적 역할에 그치게 되고, 이는 평가제도의 형식화를 초래하여 교직원들의 성취의욕을 저하시키고 대학운영의 효율성이 떨어지는 결과를 초래하였다.

교직원평가제도의 새로운 흐름은 기존의 신상필벌주의, 연공주의에서 가점주의, 능력(실적)주의로 변화되고 있으며, 상급자 혼자 일방적으로 평가하던 것에서 동료, 부하, 학생이 시행하는 다면평가 또는 집단평가로 다양화되고 있다. 평가횟수도 승진이나 이동배치를 위하여 일과성으로 평가하고 그 결과는 사장시키는 것이 아니라, 평가 결과를 누적시키고 빈번히 평가하여 변화 추세 및 개인정보로 활용하려는 추세다.

요약하면 과거의 교직원평가는 통제 관점에서 교직원을 평가하여 상벌을 주면서 그들을 감독하여 통제범위에 가두어 놓기 위해서였다면, 현대의 평가목적은 그 이상이다. 즉, 단순한 감독이 아니라 그들의 능력을 개발하고 지원하기 위한 평가로서, 부모가 자식을 관찰하여 잘잘못을 깨우쳐 주는 것과 비슷한 취지에서 실시되는 것이 바람직하다는 것이다. 따라서 과거의 교직원평가가 과거 중심의 사정형(evaluation) 평가였다면, 현대의 교직원평가는 미래 중심의 능력개발형(assessment) 평가라고 보아야 한다.

2. 교직원평가의 실제

1) 교직원평가의 주체와 시기

(1) 누가 평가할 것인가?

그동안 한국 대학에서 교수평가는 선임교수들이, 직원평가는 교수인 처장과 부처장 그리고 직속상사가 평가하는 것이 전부였다. 그러나 적어도 교직원평가가 제대로 행해지기 위해서는 다음 사항이 고려되어야 한다.

- 관찰이 가능한 자: 오늘날은 학교의 직무가 복잡해지고 부서의 형태도 팀 조직이니 프로젝트 조직이니 하면서 수평화, 중복화되었기 때문에 상급자가 부하들의 직무행동이나 성과에의 공헌도를 정확히 관찰하기 어렵게 되었다. 그러므로 팀 동료들이 다른 동료의 업적평가와 승진을 결정하기도 하며 팀장의 관리능력평가를 부하들이 하도록 해야 한다. 이 모든 조치들은 피평가자의 업무행동을 가까이서 자주 볼 수 있는 사람들에게 평가권한을 주는 것이 타당하다는 근거에서 출발하였다.
- 평가능력과 자격이 있는 자: 과일이나 옷 같은 사물을 평가하기는 쉽다. 그러나 사람이 사람을 평가하는 일은 매우 복잡 미묘하다. 성실하기는 한데 실력이 부족해서 마음에 안 드는 경우도 있고, 실력은 부족하지만 성실해서 마음에 들 때도 있다. 그뿐인가? 어떻게 보면 성실한 것 같기도 하고 그렇지 않은 것도 같다. 그러므로 평가자의 자격과 실력은 매우 높은 수준을 요구한다.

고과 방식의 예

① 정기평정

- 매년 4월 1일자로 전 교수와 직원에 대하여 정기평정을 실시한다.
- 근무성적평정표에 인적사항을 기재하여 1차 평정자에게 배부한다.
- 1차평정 및 2차(확인)평정을 하여 밀봉 후 인비로 사무처장에게 제출한다. 이때 1차평정은 과장(과장이 없는 부서는 차상급자)이 하며, 2차(확인)평정은 부서장이 한다.
- 평정 결과는 보고서를 작성하여 보고한다.

② 수시평정

- 직급 또는 보직승진 시 후보자를 대상으로 수시 근무성적평정을 실시한다.
- 수시평정은 행정과장 전원이 평정자가 된다.
- 근무성적평정표에 인적사항을 기재하여 평정자에게 배부한다.
- 평정 결과는 밀봉하여 인비로 이사장에게 평정자가 직접 제출한다.

(2) 언제 평가할 것인가?

평가를 일 년에 한 번 하느냐 수시로 하느냐의 결정은 수익 · 비용 측면에서 생각해 볼 일이다. 직원의 평가는 대개의 대학이 일 년에 한 번 정도 하고 교수평가는 재임용이나 승진시기에 한 번 하는 것이 고작이다. 요즘 와서 교수의 연구업적평가는 대개 일 년에 한 번 하는 대학이 늘고 있다. 일 년에 한 번 정기적으로 한다면 지난 해 초의 일은 모두 잊고 올 가을과 연말경에 행한 잘잘못만 기억될 수 있다. 그렇다고 빈번하게 수시로 한다면 평가비용이 더 든다. 평가대상자의 중요한 행동이 있을 때마다 수시로 하든지 분기별로 하든지 평가횟수는 증가하는 경향이다. 그러나 대체로 다음의 필요에 따라 평가한다면 평가목적에 알맞게 대처할 수 있을 것이다.

- 정기평정: 1차평정(과장) → 2차평정(부서장) → 결과집계 및 보고 → 기록관리
  *과장이 없는 부서는 차상급자가 1차평정을 한다.
- 수시평정: 평정대상자 선정 → 평정(전원) → 평정 결과 제출(밀봉) → 이사장

2) 교직원 평가요소

대학이 교직원들에게 바라는 것은 딱 한 가지다. 잘 가르치고 업무를 잘해서 학교의 목표를 최대한 달성시켜 달라는 것이다. 그러므로 교직원을 평가할 때도 무엇을 평가할 것인지가 분명해진다.

물론 누가 평가하느냐에 따라서 평가요소는 달라져야 한다. 예를 들면, 학생이 교수를 평가할 때는 학생과 면담을 잘해 주는지를 평가할 수 있지만 교수의 연구논문의 질은 평가하기 어렵다. 결국 다방면의 평가요소가 따로 마련되어야 한다.

- 교수평가요소
  - 연구업적은?
  - 대외활동과 지역사회 봉사?
  - 학교발전에 공헌 정도는?
  - 수업과 교수활동은?
- 직원평가요소
  - 업무처리실력
  - 성실도와 애교심
  - 동료와의 협조력과 인성

– 대 교수, 대 학생 서비스 정도

위의 사항을 평가하는 것이 교직원평가다. 즉, 교직원들이 업무를 수행한 결과와 업무수행능력을 평가하는 것이다. 그러나 대학의 성과(목표달성)가 교직원에게 달려 있기는 하지만, 교직원이 가지고 있는 한두 가지 특성의 영향을 받는 것이 아니라 무수히 많은 요소로부터 영향을 받는다. 그 많은 요소들은 결국 교직원의 머리(지식 · 능력), 가슴(태도 · 행동), 손(기술 · 재능)으로 요약된다고 볼 수 있다. 성과평가는 주로 지금까지 무엇을 했느냐에 관심을 두고 평가하는 것이고, 능력평가와 태도평가는 앞으로 얼마나 할 수 있느냐에 관심을 두고 평가하는 것이다. 그러나 이 많은 요인 중 무엇이 성과에 직접 연결되고 무엇이 방해가 되는지 구분하기도 쉽지 않다.

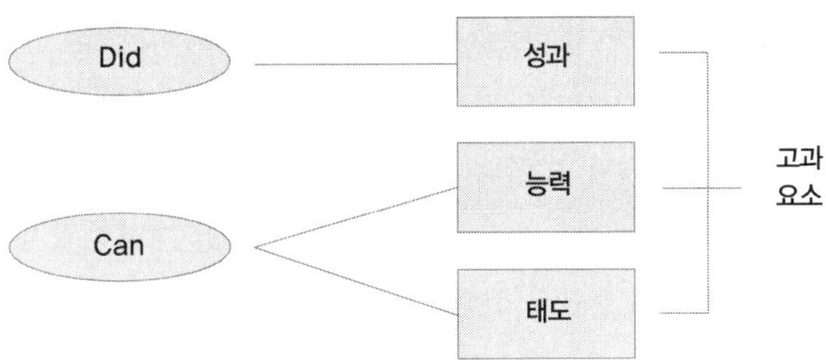

[그림 5-2] 교직원 평가요소

(1) 성과평가

대학은 어떤 의미에서 교직원이 가진 백의 지식이나 능력보다도 하나의 성과를 중시하는 사회적 집단이다. 더구나 오늘의 대학은 서로 경쟁하고 존속과 발전을 위해 저마다 정성을 쏟고 있기 때문에 능률과 효

▌표 5-2▌ 교수평가요소(예)

평가요소		가중치(%)	
교육	강의평가	9	30
	학생지도	6	
	강의시수	15	
연구	논문	30	60
	저술	20	
	수상	5	
	기타	5	
봉사	교내보직	3	10
	학회활동	3	
	대외활동	2	
	지역사회봉사	2	

율을 강조하지 않을 수 없다. 그러므로 성과와 업적이 가장 중시되는 평가요소가 된다. 업적은 개인업적과 집단업적으로 이루어지지만 집단업적도 개인들의 노력과 능력의 결과이므로 함께 생각해도 무난하다. 그러나 업적에도 양적으로 계량화되는 것이 있지만 계량화될 수 없는 것도 많다. 예를 들어, 어떤 직원이 좋은 아이디어를 제안했다면 제안 횟수는 양적인 업적이지만 그 내용에 얼마나 좋은 아이디어가 숨어 있느냐는 아무도 함부로 말할 수 없다. 그러므로 질적, 양적 모든 측면의 업적을 제대로 평가하려면 평가 방법이 타당하고 신뢰성 있는 것이어야 한다.

(2) 능력평가

인간의 능력도 여러 분야로 나누어지지만 무엇보다도 직무와 직접 관련되는 특수능력과 그렇지 않은 기본능력으로 나누어 평가할 수 있다. 어떤 직무는 특수능력 없이 기본능력만 갖추면 되고 어떤 업무는 특수능력이 요구된다. 또한 어떤 업무는 기본적 능력과 특수능력 모두를 필요로 한다. 예를 들어, 글자 맞추기 퍼즐 게임을 하기 위해서는 기본적인 정신능력이 필요하지만, 글자를 찾아내어 꿰어 맞추는 재치와 순발력도 필요로 한다. 그러므로 교수는 전문 혹은 특수능력을 더 중시해야 하고 직원의 경우 기본능력이 더 중시될 것이다.

‖ 표 5-3 ‖ 연구업적 세부 요소별 평가점수 비중(예)

연구 내용		점수
논문	국제 저명 전문 학술지	8
	국제 전문 학술지	6
	국내 전문 학술지	4
	대학 학술지(논총, 연구소 논문집)	3
	기념논문집	2
	연구보고서	1
	박사학위논문	5
	국제 학술회의 논문발표 및 게재	3
	국내 학술회의 논문발표	1
	국책연구소 발간 논문집 게재	2
	전문 학술지 평론 및 서평	1
저술	국내외 전문 학술서적 출판	5
	전문서적 번역	4
	전공교재	3
	국가기관에서 의뢰한 전공기초도서	2
	사전	1
수상	연구업적에 의한 학술상 및 논문상 수상	5
기타	외부 수탁과제 수, 건당(1년간 최대 3.0)	0.5
	실용화된 특허 및 국제특허	3

물론 모든 사람에게 두 가지 능력 모두를 요구하는 것은 타당치 않다. 교직원평가 관점에서 볼 때 개인능력의 우열이 중요한 것이 아니라 사람마다 무엇이 어떻게 다른가를 파악하여 더 잘 관리할 수 있는 방법을 찾아내는 것이 중요하다. 제조기술이 뛰어난 사람을 영업 팀에 배치한다든가, 기억력이 약한 사람에게 암기를 강요하는 것은 비효율적이라 볼 수 있다.

그렇다면 능력이란 무엇일까? 어떤 일을 최대한 잘해낼 수 있는 광범위하고 안정적인 특징이라고 할 수 있다. 직무를 잘해낼 수 있는 가능성을 능력이라고 할 때 능력은 지적 능력과 육체적 능력으로 나누어진다. 그러나 최근에는 감정적 능력(emotional intelligence)의 개념도 대두되고 있다. 직원이 교수를 대하고 학생을 대할 때 특히 감정적 능력이 풍부해야 질 좋은 서비스를 제공할 수 있다.

(3) 태도 · 행동평가

많은 대학들이 채용이나 승진 시에 교직원의 업적과 능력 이외에도 태도, 인품, 성실한 행동 등을 평가항목에 넣고 있다. 대학의 성과와 직접 관련이 없을 것 같은 교직원들의 태도가 그들의 지식과 능력보다 성과에 미치는 영향이 더 클 수도 있다. 예를 들면, 누가 교내에서 부도덕하고 좋지 않은 행동을 한다고 윗사람에게 밀고하는 행동은 대학의 성과와 무관한 것 같지만, 결국 그런 밀고행위는 대학 분위기를 정직한 분위기로 바꾸어서 성과를 향상시키더란 것이다.

물론 어떤 행동이 학교성과에 긍정적인 영향을 주는지 안 주는지는 판단하기 쉽지 않다. 남자 교수가 목걸이나 귀걸이를 하고 학생을 가르쳐도 더 인기가 있으며 학생지도를 잘하는 경우도 많다. 헤드폰을 끼고 일하는 행동, 학교의 문제점을 자주 상사에게 하소연하는 행동이 결과적으로 성과에 좋은 영향을 주기도 한다. 때로는 교직원의 실수도 좋은 학습의 기회가 될 수 있다. 그러나 조직절도, 상해폭력행위 등은 분명히 대학의 성과에 악영향을 끼친다.

3) 교직원평가 방법

평가 방법은 다양하지만 점차 과거의 전통적인 방식을 피하고 새로운 기법들이 개발되어 사용되고 있는데, 이를 요약하면 [그림 5-3]과 같다.

(1) 전통적 방법

① 관찰법

상급자가 그냥 부하의 일하는 모습을 관찰하는 것이다. 사실 이 방법은 다른 어느 최신 기법보다 정확할 수 있는데, 좀 더 자세히 관찰하자면 컴퓨터 작업실이라면 불필요한 사이트를 몇 번이나 방문하는가, 누구와 무슨 메시지를 주고받는가를 관찰할 수 있다. 담배나 피고 있는지, 신문을 펴고 있는지, 부지런히 손놀림하는지, 책상에서 졸고 있는지, 지각하는 날이 많은지는 모두 관찰 가능하다. 어떤 직원이, 어떤 교수가 자주 휴강하는지 결근을 자주 하는지를 관찰로써 얼마든지

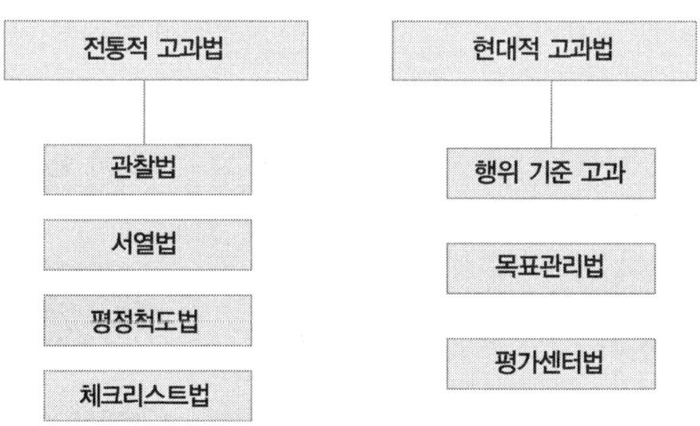

[그림 5-3] 교직원 평가의 다양한 방법들

가능하다.

② 서열법

능력, 업적 등을 종합하여 피평가자들 간에 서열을 매겨서 승진 시에 활용한다. 평가요소별로 평가하여 각 요소별로 서열을 매기지만, 요소들 간의 가중치를 어떻게 배분하느냐에 따라서 서열이 뒤바뀔 수 있기 때문에 주의해야 한다. 그러나 이는 평가가 용이하기 때문에 비용과 시간이 덜 들고 평가오류도 적다.

표 5-4 서열법의 예

평가요소	현재능력	잠재력	태도	업적	순위합계	최종순위
김지영	3	3	4	4		
박미나	1	2	3	2		
홍기철	4	1	1	1		
유민식	2	4	2	3		

③ 평정척도법

피평가자 한 사람을 두고 각 평가요소들에 대해 단계별 차등을 두고 성실성은 우수, 정확성은 보통, 창의성은 최우수와 같이 평가하면 평가 목적에 맞는 평가요소만 평가할 수 있고, 점수가 등급별로 매겨져서 서열법의 단점을 피할 수 있으나 평가자의 관대화, 가혹화 오류 등을 피하기 어렵다.

‖ 표 5-5 ‖ 평정척도법의 예

평가요소	매우 부족	부족	중간	많음	매우 많음
창의성	1	2	3	4	⑤
근면성	1	②	3	4	5
신뢰성	1	2	3	④	5
리더십	1	②	3	4	5
합계	13점(2+2+4+5)				

④ 체크리스트법

평가요소를 대변하는 직무 관련 구체적인 사례들을 여러 개 제시하고 그중에서 피평가자의 행동이라고 여겨지는 것을 있는 대로 표기하여 체크된 개수와 그들의 가중치를 추가하여 점수화하는 방법이다.

‖ 표 5-6 ‖ 체크리스트법의 예

가중치: 홍길동의 리더십은?		
4	☑	부하들에 대한 공정한 인사를 한다.
4	☐	부하들의 신망이 두텁다.
2	☑	문제에 부딪치면 결단력 있게 해결한다.
2	☐	다른 부서장들과 좋은 관계를 갖는다.
1	☑	부하들의 감정까지 읽으면서 통솔한다.
5	☑	부하들로부터 실력 있다는 평을 많이 듣는다.
총점: 12점(4+2+1+5)		

(2) 현대식 방법

① 행위기준평가법

이는 직무와 관련되는 중요한 행동이나 사건들을 나열해 주고 각각의 행동들에 대하여 '자주' 하는지 '전혀' 안 하는지의 척도를 매기게 하여 총점을 계산하는 방식이다. 업무와 직결되는 구체적 행동이기 때문에 평가하기도 쉽지만, 이 방법의 장점은 피평가자가 좋은 점수를 받기 위해 다음 번에 구체적으로 어떤 행동을 해야 하는지를 제시해 줄 수 있다는 점이다. 좋은 점수를 받기 위해 계속 평가표에 제시된 행동을 하다보면 점점 그런 쪽으로 개발될 수도 있다.

표 5-7 행위 기준 고과의 예

요소	대학직원의 기준행동	전혀 아니다	아니다	중간	그렇다	매우 그렇다
친절성	학생과 자주 싸운다(R).	1	2	3	4	5
	교수의 질문에 대답을 잘해 준다.	1	2	3	4	5
	항상 웃는 낯이다.	1	2	3	4	5
	교수 전화를 받으면 얼굴을 찡그린다(R).	1	2	3	4	5
근면성	지각을 자주 한다(R).	1	2	3	4	5
	동료 대신 휴일 근무를 할 때가 많다.	1	2	3	4	5
	입시 등 바쁠 때는 남의 일을 기꺼이 돕는다.	1	2	3	4	5
	남보다 더 많은 학생을 상대한다.	1	2	3	4	5
	자주 의자에서 쉬고 졸며 앉아 있다(R).	1	2	3	4	5
⋮	⋮			⋮		

※ R은 반대설문임.

② 목표관리법

이는 MBO(Management By Objectives)라고도 하는데, 미리 상급자와 상의하여 달성할 목표를 정해 놓고, 일정기간이 지나고 나면 이룩한 성과와 계획했던 목표를 비교하면서 초과 달성했는지, 미완성으로 부족한지를 평가하는 제도다. 평가자는 수시로 목표와 비교하면서 피평가자의 행동을 수정해 줄 수 있으며, 나쁜 결과가 나오기 전에 미리 올바른 방향으로 유도할 수 있다는 장점이 있다. 다만, 모든 직무성과를 계량화할 수 없다는 것이 한계점이다. 교수들에게 적용하기는 좀 어렵다. 특히, 장기적으로 연구업적이나 연구주제를 미리 정해서 관리해 나가기가 어렵다.

③ 평가센터법

평가센터(assessment center)는 장소가 아니라 특정 평가 팀이 승진대상, 선발대상을 평가하기 위해 마련한 평가 방법들의 집합이다. 때로는 피평가자들을 특정 장소에 모아놓고 관찰하며 평가만 전문적으로 하기도 한다. 그곳에서는 과거에 실제로 대학에 있었던 곤란했던 문제를 제시해 주고 어떻게 해결하는지 관찰하고, 서로 싸우도록 만들어 어떻게 갈등을 해결하는지 보고, 고객이 불평할 때 어떻게 대처하는지 알아보는 등 갖가지 방법으로 피평가자의 능력을 전문가들이 관찰하여 토론하면서 적임자(승진 적임자, 채용 적임자)를 선별하는 방식이다. 많은 인력, 시간, 비용이 드는 것은 사실이지만 비교적 정확하기 때문에 선진국의 대학교에서 많이 사용한다. 평가센터법으로 피평가자의 의사소통 방식, 부하에게 업무배분, 부하활용능력, 주도권과 판단능력, 적응력과 인내력, 스트레스 관리능력, 갈등해결 방식 등을 주로 관찰한다.

(3) 최선의 방법은?

앞에서 살펴본 바와 같이 평가 기법은 한두 가지가 아니며 그중 어떤 것이 가장 좋다고 결론 내리기도 어렵다. 결국 상황을 고려하여 학교와 교직원, 직무의 성격과 평가비용, 전통과 가치관 등을 모두 검토한 다음에 평가 방법을 선정해야 한다. 또한 한 가지 방법만을 사용할 필요는 없다. 예를 들어, 행위기준평가법의 행위 기준을 나열한 다음 평정척도를 매길 수도 있으며, 목표관리법을 체크리스트와 연합하여 서열법으로 서열화할 수도 있다. 그러나 몇 가지 상황을 고려하여 적절한 평가 방법을 선택하는 원칙을 제시한 표가 있다. 이때 고려할 상황요소는 다음과 같다.

- 상황 1(직무): 직무가 매일 반복되는 일상적인 것인가, 아니면 매일 새롭게 바뀌고 예외도 많은 직무인가?
- 상황 2(교직원): 교직원들이 독립적 · 자율적으로 일하려 하는가, 아니면 지시대로, 규정대로만 일하려고 하는가?
- 상황 3(환경): 학교의 모든 여건과 상황이 고정되어 있는가, 언제 어떻게 변할지 모르는 불안정한 상황인가?

위의 세 가지 상황을 고려하여 일상적인 직무이며 환경도 안정적이고 교직원들의 자율과 독립성을 그리 크게 주장하지 않는 상황에서는 직무에 필요한 행위 기준을 미리 정해 놓고 그 기준에 얼마나 부합되는지 실제치와 기준치를 비교하는 평가 방식이 알맞다. 반대로 미리 요구할 행위의 기준을 설정하기도 애매하고 미리 짜여진 행동 기준을 교직원들에게 강요할 수도 없다면 상황이 발생할 때마다 자유롭고 유연하게 평가하는 방식을 택하는 것이 좋다.

3. 다면평가제도

1) 의미와 목적

다면평가(多面評價: 360 평가 피드백)의 핵심적 특성은 두 가지로 요약할 수 있다. 하나는 평가자를 관찰하고 있는 주변의 모든 사람이 평가한다는 점이다. 다른 하나는 이들이 평가한 내용은 직접적이든 간접적이든 평가의 결과를 당사자에게 피드백해 준다는 데에 있다. 직원의 경우 종래에 해 오던 상사만의 평가는 우선 관대화 경향이 짙었다. 함께 데리고 일하는 부하직원에 대해 정(情)이 없을 수 없고 혹시 나쁘게 생각되더라도 사실대로 평가할 수 없었다. 평가의 비밀이 비공식 채널을 통해 새어나간다면 매일 얼굴을 마주 대하기 어려울 것이다. 설령 비밀이 보장된다고 해도 나쁜 평가를 할 수 없다. 자신의 부하가 능력이나 애교심 면에서 뒤지게 평가된다면 그를 지도한 상급자 자신의 지도력도 의심된다. 이래저래 직속 상급자로부터는 정확한 평가를 기대하기가 어렵다.

그리고 사람마다 신분과 처지에 따라서 보는 눈과 평가능력이 다르

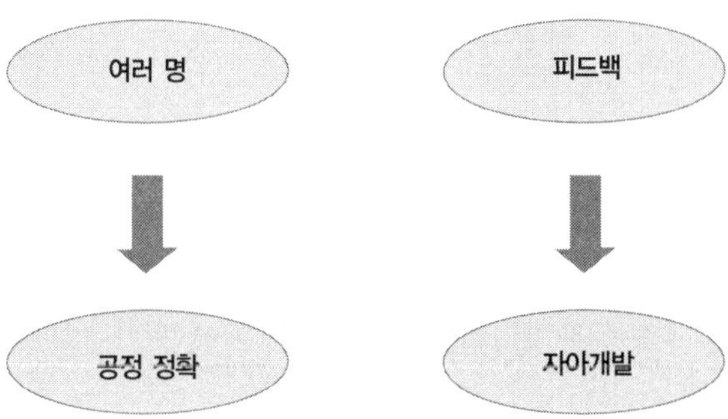

[그림 5-4] 다면평가의 의미

기 때문에 다면평가는 의미가 크다. 이를테면 교무처 김주사에 대해 교무부처장은 김주사의 잠재력과 능력은 알 수 있지만 그가 다른 능력을 얼마나 가지고 있는지의 판단은 어렵다. 또 윗사람에게 잘 보이려는 김주사의 노력을 처장은 충성스런 것으로 평가하지만 동료가 볼 때는 아첨으로 보인다. 또한 김 씨의 업적 부진에 대해서는 능력 탓인지, 노력 탓인지, 외부 환경 탓인지 처장보다는 김 씨 자신이 정확히 판단할 수 있다. 그러므로 여러 각도에서 여러 사람이 평가하는 것이 이상적이다. 과거에는 이를 보완하는 방식으로 차상급자의 2차평가 혹은 당사자 자신의 자기평가를 추가했으나, 차상급자와 직속상사의 평가 결과에 차이가 별로 없으며, 비밀유지가 더욱 어려워 정확한 평가를 기대하기 어려웠다. 자기평가보고서의 내용도 과대평가 경향이 있으며, 장점과 잘한 내용은 기록해도 단점과 실수는 모르고 지나는 경우가 많다. 반대로 스스로를 낮게 평가하는 경우도 있다.

미국의 한 대학에서 학장이 교수들의 업적을 단독평가하는 것보다 동료교수 여러 명으로 하여금 평가하도록 한 후에 비교해 보니, 더 객관적이고 합리적인 결과를 얻었다는 자료가 발표된 적이 있다.

그러므로 평가대상자를 가까이서 정확히 관찰할 수 있는 많은 사람들로부터 강·약점을 정확히 진단받아서 당사자에게 알려 준다면 자아개발에도 효율적이고 정확한 평가를 할 수 있다는 주장이 증가되어, 오늘날에는 우리나라 대학들도 다면평가제의 필요성을 인식하기 시작했다. 그러나 아직도 다면평가 방식의 여러 가지 난제와 부작용, 그 효과에 대한 정확한 근거의 부족 그리고 무엇보다도 평가권한의 축소를 우려하는 상급자들의 부정적인 태도 등으로 도입이 지연되고 있는 실정이다.

2) 다면평가제도, 왜 필요한가

(1) 대학 구조와 보상제도의 변화

우리나라 대학은 과거에는 높은 피라미드 조직으로서 한 사람의 상관이 서너 명의 부하를 통솔하였다. 그러나 점차 팀 중심 구조로 축소되면서 조직 구조는 낮아지고 처장 중심의 수평조직으로 변하고 있기 때문에 한 사람의 상급자가 관찰 · 평가해야 할 인원이 증가하였다. 그리고 과거에는 직원의 직무가 단순직무라서 업적 · 성과의 크기를 비교적 쉽게 파악할 수 있었으나, 이제는 점차 전문화되고 있기 때문에 혼자서 관찰하고 평가하기가 더욱 어려워졌다. 직무도 대개 팀 같은 네트워크 집단에 의해서 수행되기 때문에 직속상사보다는 팀원들이 서로의 행동과 성과를 잘 알고 있으며, 따라서 상급자 단독평가에 의하던 과거보다 동료평가가 더 정확하게 된 것이다.

또한 봉급 · 승진결정 근거가 과거에는 연공서열 위주였지만, 점차 능력과 직무성과 위주로 변하면서 개인노력보다 팀 노력에 의존한다. 그런데 연공서열로 평가한다면 상급자 혼자서도 쉽게 우열을 가릴 수 있으나, 능력과 성과평가는 그리 쉽지 않다. 따라서 여러 사람이 측정한 평가치가 좀 더 정확하다고 볼 수 있으며, 팀 평가야말로 팀원들 간의 상호 평가가 당연히 필요하다.

(2) 교직원 개인의 변화

과거에는 교직원평가 결과는 상사만 알고 비밀에 부쳐졌다. 교직원 입장에서는 자신의 근무업적이나 능력이 어느 정도 사용됐는지 알고 싶기도 하고, 잘못된 점을 깨우쳐 고치면서 성장하고 싶어 함에도 불구하고 평가 결과를 볼 수 없어 답답하기만 했다. 당사자의 단점, 약점을 지적해서 고쳐 주고 싶어도 평가자가 유일하기 때문에 자신이 없는 상사라면 함부로 단점을 지적하기도 어렵고 낮은 점수를 주기도 어렵지만, 다수에 의한 무기명 평가는 과감하게 잘못된 점을 지적해 줄 수 있다. 평가 결과의 피드백은 그래서 필요하기도 하지만, 사실 평가는 인간이 하는 것이므로 실수와 오해가 있을 수도 있기 때문에 평가 결과를 피드백해 주면 이러한 실수나 억울함에 대해 해명할 수 있는 기회를 주는 셈이다. 피드백이 없을 경우 대개의 피평가자는 스스로 잘했다고, 최선을 다했다고 생각하는 경향 때문에 좋은 결과를 기대하고 있다가 결정적인 시기에 많은 오해를 하게 된다. 오래된 자신의 잘못과 부족에 대해서는 더욱 무감각하기 때문이다.

(3) 대학 분위기의 변화

과거의 수직적 권위주의에서 수평적 민주주의가 대학에도 불어닥쳤다. 평교수나 직원들의 발언권이 늘고 상급자의 결정에 자신도 참여하려는 의도가 강해졌다. 특히, 자신에 대한 교직원평가를 속수무책으로 앉아서 기다리려고만 하지 않게 되었다. 그뿐인가? 고객 중시 필요성도 경쟁시대에 더욱 높아졌다. 상급자 혼자서 해바라기형 아첨 교직원만 좋게 평가한다면 그 대학은 학생들로부터 불만을 얻기 쉽다. 왜냐하면 교직원들이 학생이나 교수 중심으로 직무를 수행하는 것이 아니라 상급자 중심으로 할 것이기 때문이다. 그러므로 교수와 학생에게도 평가권한을 주어야 할 필요가 있다. 그들로부터 좋은 평가를 받으려면 업무 프로세스상의 내부고객에게 잘해야 하므로 관련되는 동료나 다른 부처의 평가도 중요해진다.

3) 다면평가제도의 설계

(1) 평가문항과 척도

대학의 직무목적에 따라 필요한 능력과 태도, 역할에 맞는 업적과 성과, 직급에 따라 요구되는 자격과 역량 등을 고려하여 평가항목을 구성하게 되므로 다양한 문항이 가능한데, 평가항목별로 가중치를 부여할 수 있고 또는 중요한 측정치는 항목 수를 세분화하여 질문을 구성하기도 한다. 평가요소는 실적, 능력, 리더십, 태도 등으로 구성하되 능력, 리더십, 태도요소는 다시 세부 평가항목으로 나누어 평가한다. 척도는 보통 3~10점 척도로 하는 것이 유리한데, 왜냐하면 척도구간이 적을수록 최우수쪽 한 곳에 몰리기 때문에 변별력이 없다. 그러므로 각 평가항목당 척도를 폭넓게 정하는 것이 합리적이다. 각 평가항목별로 매겨진 점수에서 피평가자가 받은 평균 기준보다 지나친 상 · 하의 점수는 배제하는데, 그 이유는 담합이나 갈등관계로 너무 높거나 낫은 점수를 매긴 평가자를 배제하기 위해서다.

(2) 평가자 선정 및 가중치

다면평가의 경우 평가자를 누구로 선정하느냐의 문제는 피평가자와의 업무연관성, 피평가자의 희망, 일방적인 지명, 무작위 추출 등 다양하나 대학의 상황, 분위기, 평가목적 등에 따라 여러 가지 방법이 있다. 교수의 경우라면 당연히 해당 학과 동료교수일 것이다. 다만, 이들 중 누구를 지명하느냐는 당사자의 의견을 고려하는 것이 타당하다. 직원의 경우 상급자는 직속 상급자와 관련 부서의 상급자로 하되, 직속 상급자의 평가비중은 여타 평가자들 것보다 높게 반영하는 것이 보통이다. 대개 동료 및 부하는 소속 팀, 업무관련자 또는 전임자와 본인이 지명하는 사람 그리고 무작위 추출에 의해 임의로 선정된 자로 정한다. 그리고 고객의 평가는 대 고객 서비스 성격이 강한 업무일 경우 가점 형식으로 추가가 가능하도록 한다. 평가자 규모는 교수의 경우 3~4명이 적당하고, 직원의 경우 직속 상급자와 차상급자가 및 직속 하급자와 차하급자가 포함되는 것이 원칙이며, 1인당 5~8명 정도의 평가자가 적당하다.

평가자별 점수 가중치 계산은 평가목적과 대학 상황 등에 따라 상급자–동료–부하–관련 학생이나 교수 등 평가자 그룹의 비중을 달리 정함으로써 다양한 활용이 가능한데, 시행 초기의 다면평가제도가 인기투표로 변질될 우려 때문에 상급자평가의 비중을 높였다가 점차 안착되는 대로 동료와 부하들의 평가 가중치를 높이는 것도 한 방법이다. 어떤 대학에서는 초기에는 동료 및 하급자의 평가비중을 전혀 반영하지 않거나 극히 낮게 반영하면서 정착을 시도한다.

다면평가는 그동안의 교직원평가와 다르기 때문에 구성원들의 다면평가에 대한 이해와 훈련이 필요하다. 특히, 하급직은 상급자평가에 익숙하지도 않고 상급직은 온정주의적 관행에 젖어 있는 경우가 많기 때문에 평가문항의 의미, 평가척도의 활용법, 보완장치에 대한 충분한 설명을 통하여 담합이나 평가 성향의 편차 발생을 사전에 예방해야 한다.

(3) 평가의 실시

평가자가 정해지면 편견, 온정주의, 고의성이 있는 악의적인 평가가 최대한 차단될 수 있도록 평가자에 대한 교육을 철저히 실시한 후 평가를 개시한다. 평가자들은 피평가자들의 업무추진 실적, 의사전달능력, 조직관리능력, 발전 가능성, 근무태도 등을 감안하여 제시된 평가법에 의해 평가를 실시한다. 평가는 실명으로 하는 방법과 익명으로 하는 방안이 있으며, 실명의 경우 책임감을 갖게 함으로써 평가를 보다 객관적으로 할 수 있을 것으로 볼 수 있으나, 일반적인 관념과는 달리 눈치를 보게 되어 평가가 왜곡되는 경우가 있다. 따라서 다면평가는 비밀이 보장될 수 있도록 익명으로 하는 것이 효과적이다.

평가는 평가요소를 기초로 이루어지기도 하지만 평가받는 당사자가 제출한 기초자료를 이용하도록 하면 시간도 절약하고 정확성을 기할 수 있다. 즉, 피평가자 본인이 개인별 인사기록 및 업무실적기술서를 작성하여 평가자들에게 제출하고, 평가자는 이를 토대로 검증하되 사실과 다른 실적을 기술한 자에 대하여는 1차경고 및 정정을 요구하는 절차를 만든다.

결과의 분석 시에는 담합 가능성, 평가 성향의 편차, 특이응답에 대한 검토가 필요한데, 예를 들면 응답 패턴을 조사하여 예외적 응답횟수가 있는지, 효율적 척도를 이용하였는지, 평가자 간 평가 내용이 일치하는지를 검토한다. 또한 부처 간 과도한 편차가 있는지도 분석한다.

(4) 평가 결과의 활용

과거에는 원만한 대학운영을 위하여 평가 결과를 공개하지 않았지만 개인의 능력개발과 신뢰성 확보를 위하여 평가 결과를 개인에게 피드백시키는 것이 다면평가의 또 다른 장점이다. 상급자 한 사람으로부터 나쁜 점수를 받으면 평가 결과를 신뢰하지 않거나 평가자와 개인적인 감정을 가질 수도 있지만, 많은 사람으로부터 잘못을 지적받으면 이를 인정하고 수정하려고 노력할 것이기 때문이다.

한편, 당사자에게 피드백시키는 것 이외에도 다면평가 결과는 교직원 평가자료로서 승진, 보상, 보직이동 등 인적자원관리 전반에 유효하게 사용될 것은 물론이요, 사용폭을 확대할수록 구성원들의 태도변화와 인간관계의 재정립을 가져올 것이다. 이렇게 다면평가 결과가 대학 구성원의 인사관계 전반에 지대한 영향을 미치게 됨을 감안하여 다면평가 결과에 대한 신뢰성이 높아져 가는 대로 그 활용 정도를 점차 늘려나가는 것이 바람직하다.

제6장 교수개발

1. 교직원개발의 이론적 접근

1) 교육환경의 변화와 개발의 필요성

대학은 인재육성의 산실이다. 제품의 생산이 아닌 인재의 육성은 기계나 시설이 아닌 100% 사람에 의해서 생산된다. 제품을 생산하는 일반 기업에서도 오늘날에 와서는 원료, 설비, 기계, 자금 등과 같은 물적자원보다 창의력, 기획력 같은 무형자산이 기업성장에 기여하는 핵심 역량으로 부상한다. 인재를 길러내는 대학에서는 그들을 길러내는 교직원의 중요성이 과거보다 훨씬 더 중요해졌다. 그러므로 앞서가는 대학일수록 교수채용과 교수개발 노력을 더 많이 하고 있다.

교수들의 연구활동은 그 자체로서 중요한 일이다. 교수들이 수행한 연구 결과는 사회에 환원되어 산업발전을 가져오며, 자연스럽게 교육으로 이어진다. 다만, 최근에 대학교육의 초점을 연구와 강의 중 어디에 맞추어야 할지에 대한 논쟁이 제기되고 있다. 또한 앞으로 대학에서 연구와 강의라는 이중적 역할에 대한 요구가 점증할 것이다. 이는 대학교육 주체인 교수에게 요구하는 기대와 역할이 더욱 확대되고 있음을 시사해 준다.

아울러 현대는 지식정보화의 시대이며 고객만족의 시대다. 직원 간, 교수 간 그리고 직원과 교수의 협동과 교류가 적으면 그만큼 발전의 속도도 느려진다. 교수는 학생과의 생활 일선에서, 직원은 행정과 지원에서 상호 교류가 필수적이다. 학교라는 울타리 안에서 교수와 직원 간에 담을 쌓고 서로 무관한 듯이 지내던 과거의 관습을 타파하지 않는다면 교육경쟁사회에서 뒤쳐질 수밖에 없다.

(1) 지식의 반감기 속도

교수와 대학의 생명은 지식이다. 그런데 산업화의 진전으로 과거보다 지식과 정보와 기술의 반감기가 훨씬 빨라졌다. 과거에는 한 가지 지식으로 10년 동안 사용해도 가치가 있었으나, 오늘날에는 모든 분야의 지식이 4~5년 지나면 무용지물이 될 수 있기에 계속해서 새로운 지식을 습득해야 하는 평생교육의 시대가 되었다. 직원도 마찬가지다. 사무자동화와 대학생활의 현대화는 교직원들로 하여금 개인적으로 갖춰야 할 전문능력을 요구한다.

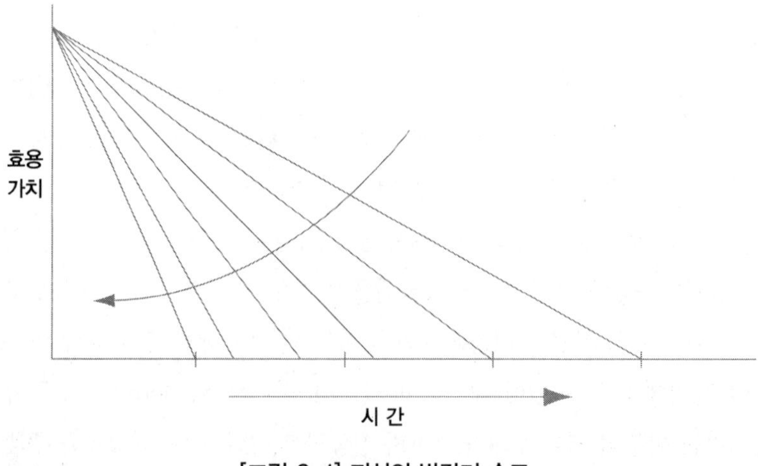

[그림 6-1] 지식의 반감기 속도

(2) 지식사회의 전문가

오늘날과 같은 정보사회에서는 단순한 개인의 노력과 획일화된 지식보다는 독특한 창의력과 전문적 지식이 요구되는데, 이러한 전문가는 꾸준한 개발로 공급이 가능하다. 즉, 과거에 필요했던 교수나 직원들의 성실성과 노력은 교육하거나 개발하기 어렵지만, 전문지식은 교육으로 향상시킬 수 있기 때문에 오늘날에는 교육과 개발이 더 중요해진 것이다.

(3) 교육환경의 변화

기술의 발전은 대학직원들로 하여금 사무자동화, 기계화, 정보화의 혁신을 강요하며 대학은 여기에 맞추어 인력을 준비시켜야 한다. 기술발전뿐만 아니라 경쟁의 심화, 학교조직의 구조와 제도, 관리 방식의 변화도 필요하기 때문에 교직원을 여기에 맞추기 위해서는 그들의 기존의식과 태도를 변화시켜야 하는데, 이는 개발로 가능한 것이다.

학생을 수요로 하는 사회와 일반기업의 수준은 몰라보게 변하고 있다. 흔히들 대학은 첨단지식을 연구하면서 대학 자체의 발전속도는 가장 느리다고 한다. 기업은 졸업생을 채용해서 다시 교육시켜야 한다고 아우성이다. 또한 학생들은 물론 학부형들의 수준은 극적으로 변화하고 있다. 그래서 오늘의 대학 경영자와 교수들은 더 이상 '상아탑' 에 안주할 수 없게 되었다. 교수들이 제 역할을 수행하기 위해서는 자신의 전공학문 분야에 대하여 끊임없는 학문연찬에 힘써야 함은 물론이고, 관련분야의 지식과 정보를 효율적으로 가르칠 수 있는 교수 기법을 개발해야만 하는 상황이다.

(4) 연구풍토의 변화

세계적으로 교육 개방화의 물결과 온라인 세상으로 변함에 따라서 교수들의 연구경쟁도 심화되고 있다. 그러므로 대학의 주체인 교수개발은 교수 개인의 입장에서도 중요하고, 대학 차원에서도 매우 중요한 화두가 되고 있다. 또한 대학당국도 교수들의 학문연찬과 교육활동 전개에 필요한 인적·물적조건을 적극적으로 마련해 주지 않으면 대학 간 경쟁력에서 뒤로 밀려날 수밖에 없는 실정이다. 최근 대학들이 교수-학습센터를 설치하여 교재개발에 필요한 기술을 지원하고, 교수들의 교수 기법 개발에 필요한 정보와 더불어 교육의 기회를 제공하고 있는 것도 이러한 현실을 반영하는 것이다.

2) 교직원개발의 목적과 효과

(1) 교육과 개발에 대한 대학과 교직원의 입장

교직원개발은 첫째는 대학의 발전이요 둘째는 구성원의 발전이다. 그러나 구성원의 발전을 통해서만 대학의 발전이 가능하다. 그러므로 대학당국은 구성원인 교직원의 개발에 우선 시동을 걸고 박차를 가해야 한다.

① 교직원개발과 대학의 입장

- 교직원들의 교육, 훈련으로 유능한 인재가 된다면 대학의 교육성과가 오를 것이다.
- 교직원들이 교육을 받아 자아성장감을 느낀다면 사기가 증대되고 만족 수준이 높아져 강의나 연구활동, 직원들의 행정과 서비스 활동이 향상될 것이다.
- 급속하게 변화하는 교육환경에 대비하려면 기존 구성원들을 훈련시켜서 학교 안에 필요인력을 미리 확보해 놓아야 한다.
- 교직원들의 실력과 능력이 점점 감소하고 노후화되기 때문에 재훈

련과 재교육으로 교육의 질을 유지시켜야 한다.

② 교육개발과 교직원의 입장

- 자신의 자질과 특성을 개발하여 키워 갈 수 있다.
- 대학으로부터 받는 보상 수준이 증가한다.
- 학교생활과 강의와 보직, 행정업무활동에 대한 만족도가 향상된다.
- 자아개발의 성장욕구를 충족시킨다.
- 자신의 능력 향상을 자아만족뿐만 아니라 승진 기회로 활용한다.
- 환경과 기술변화에 적응할 수 있다.

(2) 필요성 분석

교육 니즈(needs) 분석이라고도 하는데, 교육 · 훈련 이전에 교직원들에게 부족한 점, 그들이 교육받으려는 욕구 내용 등을 파악하는 것을 필요성 분석이라고 한다. 영어독해력과 단어실력은 좋지만 회화에 약한 학생들을 모아 놓고 독해력만 교육시킨다고 영어실력이 증가되는 것은 아니다.

교직원들에 대해서도 기능과 기술(손)을 가르쳐야 할지, 창조력이나 지식(머리)을 증대시켜 주어야 할지, 대학에 대한 충성심 · 성실성 · 인간성(가슴) 교육이 더 필요한지를 파악한 다음에 교육에 임해야 한다. 물론 그 필요성은 대학 입장과 교직원 입장으로 나누어 조사해 봐야 할 것이다. 서로의 필요가 다를 수 있기 때문이다.

① 대학의 필요성

대학에 문제가 많거나 대학 간 경쟁이나 대교협의 평가 기준에 현저하게 미달했을 때는 그것이 교직원의 능력과 태도의 부족에서 비롯될 수 있기 때문에 교육의 필요성을 느낄 것이다. 반드시 그렇지 않더라도 주변의 교육환경이 모두 바뀌어서 구성원의 기능과 의식이 바뀌어야 할 필요가 있을 때도 마찬가지다. 학교방침의 현저한 변경이나 새로운 제도나 학과의 신설 등으로 직무 자체가 바뀔 때도 개발은 필요하다. 물론 현재에는 변동이 없더라도 미래에 있을 전략변화에 대비하여 미리 교육시켜야 할 필요가 대두되기도 한다.

② 교직원의 필요성

교직원 개인의 신분과 욕구 수준에 따라 교육받고 싶은 내용이 다를 수 있다. 물론 능력이 충분하다고 생각하는 사람도 있겠지만 대부분은 현재 수준보다 높은 자격과 지식을 소유하려 한다. 어떤 사람은 당장 오늘 필요한 능력보다 미래에 요구되는 능력을 더 원하기도 한다.

이들의 교육 니즈를 파악하기 위해서는 직접 당사자들과 인터뷰해 보든지, 교수들이라면 각 학과의 책임자들의 견해를 수집해야 할 것이다.

3) 교육의 내용

개발의 내용은 한두 가지가 아니지만 목적과 대상이 누구냐에 따라서 달라질 수 있다. 교수의 경우 강의와 연구실력을 개발시켜야 하지만, 직원의 경우는 직무 내용 이외에도 대학의 상황과 내력을 알려 줘야 하고, 보직교수나 행정관리자라면 새로운 리더십 능력을 강조해야 할 것이다. 또는 교직원들의 불만이 많아서 정신교육이 필요한 경우에는 직무만족도를 높이는 태도변화교육이 요구된다.

그러므로 교직원개발의 경우 교수개발과 직원개발은 궤를 달리할 수밖에 없다. 우선 교수의 강의와 연구를 위해서는 무엇을 교육해야 할까?

(1) 전문적 능력

대학에서 일하기 위한 전문능력은 어느 분야에 근무하느냐에 따라 다르겠지만 지위계층에 따라서도 많이 다르다. 상위 관리층이라면 기획력, 의사결정능력이 더 필요하지만 일반 실무층에게는 실무 기능과 작업지식이 더 필요하다. 그러므로 대개 대학의 교육은 직급별로 나뉘어져서 행해지는 것이 보통이며 실무자교육, 4급 기능직 교육, 팀장교육, 임원교육 등으로 불린다.

(2) 태도 · 정신교육

지식과 능력이 많다고 해도 의욕이 없으면 자신의 공헌도 줄지만 괜한 불평불만으로 주변인들과 갈등을 일으켜서 옆사람의 사기도 떨어뜨릴 수 있다. 그러므로 직무몰입도를 높이기 위해 필요한 교육 내용을 개발하는 것이 필요한데, 주로 대학정책의 이해, 타인과의 커뮤니케이션 능력, 자긍심 등을 심어 주어야 한다. 그리고 때로는 순전히 개인적인 원인으로 사기가 저하되는 경우도 있으므로 인생관, 가치관, 자신감, 건강교육, 자녀교육 방법, 부부생활에 관한 지식까지 교육 내용에 포함시키기도 한다.

(3) 대학 상황

교직원교육에는 대학 비전과 경영 전략, 더 나아가 대학의 전통, 교풍, 제도, 실태가 포함되어야 한다. 대학의 실태나 분위기를 모르면 사사건건 시행착오를 겪든지 다른 사람과 부딪치게 된다. 사전에 대학의 상황을 교육하여 서로 협조하고 대학의 방침을 수용하기 쉬운 분위기를 만들어 놓을 수 있다. 그뿐만 아니라 각 교직원들이 대학에서 맡은 역할을 제대로 이해하고 그들이 받을 처우와 앞으로의 진로에 대해 미리 교육시키는 것이 바람직하다. 각자의 임무와 범위 등을 명확하게 해 주면 그만큼 공헌도를 높일 수 있다.

(4) 교수자질 향상

- 교육의 질 관리를 위하여 교수에게 기대되는 역할 수행
- 교수능력의 향상
- 교수가 수행하는 연구와 교육에 대한 역량 강화와 태도 개선
- 교육활동에 관련되는 지식, 기술, 자질개발 및 태도 개선
- 교육의 질을 제고시킬 수 있는 교수 기법 향상
- 한 인간으로서 또 전문인으로서 교수의 총체적 발전 도모
- 대학행정 및 대 사회봉사에 효율적으로 참여할 수 있는 전문성 신장

4) 교육개발의 기법

교직원을 개발시키는 방법은 그 유형이 너무나 많고 지금도 계속 새로운 방법들이 시도되고 있다. 교육의 유형은 대상이 누구인가? 교육이 어디서 이루어지는가? 기법이 무엇인가?에 따라서 여러 가지 명칭으로 불리고 있다.

(1) 교육개발의 장소가 어디인가에 따라

교육 · 훈련은 학교 내 교육과 학교 외 교육으로 구분해 볼 수 있는데, 학교 외 교육은 외국의 전문기관이나 타대학 또는 학원 같은 외부 교육기관에 위탁해서 하면 되므로 대학이 평판도와 비용만 고려하여 선택하면 되지만, 문제는 교내교육이다.

대학의 사내교육 프로그램은 교육을 주도하는 담당자가 누가 되느냐에 따라 업무와 병행하는 교육(On the Job Training: OJT)과 업무를 떠난 프로그램 교육(Off the Job Training: Off JT) 그리고 당사자 중심의 자기개발(Self Development: SD)이 있다. OJT는 교육이나 행정업무 현장이나 강의실이나 사무실에서 업무를 실행하면서 선임자나 상급자로부터 배우는 것이고, Off JT는 강의실이나 연구실을 잠시 떠나서 전적으로 교

육만 받는 것이다. 물론 SD는 퇴근 후 혹은 별도의 시간을 내어 스스로의 계획과 비용으로 자기 개발을 해 나가는 방식이다. 물론 교수들은 대부분 SD 방식을 따를 것이다.

① 업무와 병행하는 OJT

업무를 실행하면서 받는 훈련이므로 교육담당은 직속상사와 선배 교직원이다. 물론 스태프의 지원을 받기는 하지만 책임자는 직속상사가 된다. 대학의 업무를 교육 때문에 멈춰서는 안 되기 때문이기도 하지만, 어떤 교육은 직접체험 없이 책상에 앉아 교육만 받는다고 되는 것이 아니다. 그리고 이미 배치된 교직원의 실무능력이 미약하다고 해서 별도의 연수원이나 교육원에 보낼 수는 없을 것이며, 직접 현장에서 일을 처리하면서 그때그때 상급자의 충고와 가르침이 필요할 수 있다.

표 6-1 OJT 교육의 장단점

장점	단점
• 대단위 교육 • 전문적 지도와 교육 • 참가자들의 동기부여	• 작업시간 감소 • 고비용

② 업무 외 장소에서 Off JT

연수원이나 교육원에서 행해지는 대부분의 교육은 직무현장을 떠난 곳에서 이루어지는 학교 외 교육이 되는데, 피교육자들을 직무현실과 떼어놓기 때문에 현실감이 없을 수도 있지만 반대로 현장에서는 보기 드문 예외, 사건, 돌발상황 등의 교육환경을 만들어서 실험해 볼 수도 있으며, 교육만 하기 때문에 교육효과가 높을 수 있다.

③ 외부에 위탁교육

선진국의 대학이나 기타 교육전문 컨설팅 단체 등에 단기 코스 혹은 장기 코스로 아예 맡기는 것이다.

(2) 교육 기법이 무엇인가에 따라

대학에서의 개발 기법은 학교에서 활용되는 기법과 다를 바 없다. 일반적으로 흔히 쓰이는 방식이 강의식, 사례연구, 회의 · 토론 등이다. 그러나 이들 기법은 교육만 전문으로 하는 직장 외 교육 시에만 사용될 수 있으며, 업무현장의 OJT 교육에서는 상급자의 직접지도 이외에도 특별지도, 직무순환을 통한 훈련, 보조자로서 근무 등을 통하여 본 업무에 숙달되기도 한다.

① 강의식

일시적으로 대단위 피교육자에게 똑같은 내용을 교육시킬 때에는 일방적으로 강의하는 것이 비용과 시간이 절약된다. 신입 교직원을 대상으로 한 오리엔테이션, 태도변화, 협동심 제고 등을 위한 학습법이다.

② 참여식

교육자는 안내만 하고 피교육자 스스로 의견을 내고 시행착오를 느끼면서 상호 토론과 회의를 계속하여 문제를 해결하면서 배운다.

③ 시뮬레이션

현장 상황과 똑같이 만들어 놓고 실제로 조작하면서 스스로 학습하는 것으로서 기계 다루는 법, 항공기 조정훈련 등에 효율적이다.

④ 사례연구

실제 대학업무나 학생 서비스와 관련하여 문제가 되었던 실례들을 처음 일어난 일로 간주하고, 실제 상황에서 해결했던 방식을 따르면서 배우고 비판하면서 더 좋은 해결점을 찾아낸다.

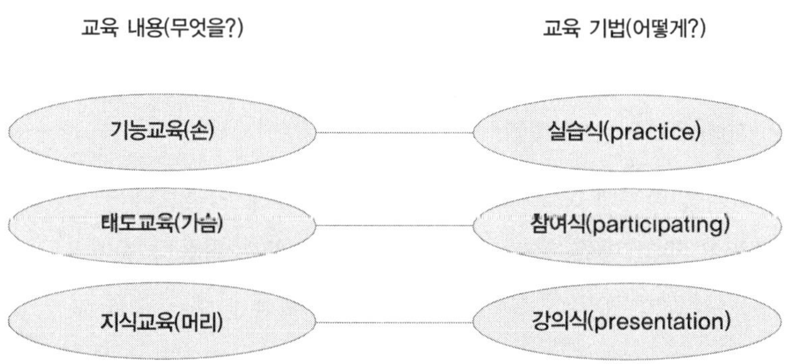

[그림 6-2] 교육 내용별 교육 기법

2. 교수개발

1) 교수개발의 의미

대학에서 가장 중요한 것은 무엇보다도 대학교수들의 실력 향상이다. 회사로 말하면 생산과 판매기술이다. 월급계산을 하는 경리부서나 인사부서보다도 우선 좋은 제품을 값싸게 만들고 많이 팔면 그 회사는 잘나가게 된다. 학교에서는 교수가 연구를 잘해서 좋은 학생을 많이 교육시킬 수 있으면 그만이요, 나머지 행정활동은 이러한 주요 기능을 지원하기 위함이다. 그러므로 대학의 가장 중요한 핵심 과제는 교수들의 실력 향상이라고 할 수 있다.

선진국에서 교수개발에 관심을 갖기 시작한 것은 30여 년 전부터다.

이들 국가에서 교수개발에 관심을 갖게 된 이유는 고등교육의 기회가 보편화된 이후 대학교육의 수월성과 책무성에 대한 사회적 요구가 증대하였기 때문이다. 즉, 안식년제도와 전문 학술단체에 참여지원과 같은 전통적인 교수지원 프로그램으로는 대학교육의 수월성과 책무성을 담보할 수 있는 교수개발이 어렵다고 보고, 그보다 더 계획적이고 의도적인 교수개발 프로그램의 개발에 관심을 갖게 된 것이다.

2) 교내에서의 교수개발

국내외를 막론하고 교수개발 내용 영역은 주로 연구보다는 수업개발에 중점을 두고 있다. 특히, 수업개발 프로그램은 학습자 동기유발, 교수화법, 강의평가 및 피드백, 교육기자재 활용 등을 주요 교육 내용으로 편성하고 있다. 몇 가지 대학별 교수개발 프로그램을 검토해 보자.

(1) 아카데미 프로그램

미국의 NTL(National Training Lab)에서 이루어지는 교수개발 워크숍과 같이 고도의 전문성 있는 교수개발 프로그램을 장기합숙 워크숍의 형태로 제공하는 방법이다. 그 내용과 학습기간, 학습비, 운영 방식은 다음과 같다.

- **교육목적**: 교수로서 역할수행에 필요한 교육, 연구, 사회봉사 등의 제반 분야에 대한 전문성을 확장할 수 있는 교수개발을 목적으로 한다.
- **교육 내용의 구성**: 실질적인 교수로서의 역할수행에 직접적인 도움을 줄 수 있는 내용으로 30과목 정도로 구성한다.
- **학습기간 및 학습시간**: 여름과 겨울방학을 이용하여 10일간 약 60시간

- 학습비: 학습기간, 학습시간 등을 고려하여 책정
- 학습대상: 현직 대학 전임교원 및 비전임교원, 시간강사, 대학부설 평생교육기관 관계장 및 교수요원
- 운영상의 유의점: 질적으로 고도화하고 새로운 교수개발 모델을 추구함으로써 프로그램 수료증을 대학뿐만이 아니라 국제적으로 인정받을 수 있도록 함

(2) 상호협력 프로그램

교수-학습센터와 유사한 교수개발 프로그램의 장점과 단점을 상호 보완하여 교내 확장 교수개발 프로그램 혹은 교내 단기 교수개발 프로그램을 제공할 수 있다.

① 교내 단기 프로그램

교내 단기 프로그램은 일상적인 교육활동 중에 제공하는 교수개발 세미나다. 예컨대 '선다형 출제 기법' 등의 간단한 주제를 선정하여 이에 대한 집중적인 정보를 교환하고 토론하는 것이다. 이 기법을 활용하는 근본 취지는 참여 교수들의 상호 정보교환과 집중토의를 하며 이를 종합하여 나름대로의 대안을 찾는 데 있다.

② 교내 확장 프로그램

전통적으로 3~12시간 정도로 진행되는 교수개발 프로그램이다. 대개의 경우 수업에 지장이 없는 토요일에 실시되며, 교내에 광고를 통해 공지되고 패널 토의와 질문 응답의 순서로 운영된다. 이러한 형태의 교수개발 프로그램은 경비와 시간, 수업 등을 감안하여 많은 대학이 선호하고 있다.

3) 학교 밖에서의 교수개발

(1) 단기합숙 워크숍

장기합숙 워크숍과는 달리 특수한 주제에 초점을 맞추어 교수개발 전문가에 의해 기획되고 운영되는 교수개발 워크숍이다. 단기합숙 워크숍은 참여 교수들이 보통 2~4일간 합숙하며 진행한다. 일정은 매우 빡빡한 편이며 새로운 정보와 강의기술 개발에 큰 비중을 두는 프로그램이라고 할 수 있다.

현재 우리나라에서 단기합숙 워크숍의 형태로 운영하고 있는 프로그램으로는 신임교수개발 워크숍과 보직교수 워크숍이 있다. 신임교수개발 워크숍은 전통적으로 대교협이 제공하는 교수개발 프로그램이다. 단위대학 교수-학습센터 교수개발 프로그램과 주요 내용은 비슷하나, 차별화 전략이 필요한 실정이다.

한편, 현재의 보직교수 워크숍은 학 · 처장, 실장, 학과장 등 다양한 보직자들이 참여하는 프로그램으로 운영되고 있다. 그 내용을 살펴보면 다양한 보직자들의 역할수행에 필요한 전문적인 내용보다는 보직자들이 공통적으로 관심을 가질 수 있는 내용으로 된 프로그램을 제공하고 있다. 그 대상을 학 · 처장, 실장, 학과장 등 다양한 보직자를 대상으로 하기보다는 보직자별로 프로그램을 분리하여 해당 보직별 워크숍 프로그램을 개발하여 제공하는 것이 바람직할 것이다.

(2) 교수-학습센터 운영

우리나라 대학에서 교수-학습센터는 1997년 인하대학교에서 시작된 이후 이제는 수십 개 대학이 센터를 개소하여 운영하고 있다. 교수-학습센터가 나날이 증가하는 것을 볼 때 우리나라 대학들이 연구와 마찬가지로 학생들을 교육하는 데에도 관심을 기울이고 있음을 알 수 있다. 그러나 이러한 현실에도 불구하고 센터 운영이나 효과 면에서 성공한 대학은 많지 않다. 강의실 안에서 행해지는 교수와 학생 간 활동을 중요하게 인식한 대학들이 교수-학습센터 건립 및 운영에 전폭적인 인적·재정적인 지원을 아끼지 않음으로써 괄목할 만한 성장을 이룬 반면, 일부 대학들은 타대학의 수준에 부응하기 위해 센터를 만들었거나 또는 재정적·행정적 지원이 미약한 실정이다.

4) 교수개발 사례

(1) 국내사례

우리나라 대학들은 대학평가에서 교직원개발에 대한 평가가 실시되고 대교협의 교직원개발 프로그램에 자극을 받아 서서히 인지되기 시작했다. 한편, 대학입학 자원의 감소와 구조조정의 필요성 등이 제기된 2000년대로 접어들면서 대학들은 인적자원개발부, 교수개발부, 직무개발부, 교수-학습센터와 같은 교직원개발 전담부서를 두고 교직원개발에 관심을 갖기 시작하였다. 특히, 최근 들어서는 대학 내에 교수-학습센터를 설치하는 대학들이 급속하게 늘어나고 있으며, 저마다 본격적으로 교직원개발 프로그램을 개발하고 운영하는 추세다. 우리나라 대학의 교수개발활동을 살펴보자.

① A대학교 신임교수 워크숍

대학 내 교수-학습센터가 신임교수 5명을 대상으로 워크숍을 하루 정도 실시한다.

② B대학교 교수 워크숍

재직교수 중 36명을 대상으로 3개월에 걸쳐 매달 셋째 주 월요일 총

3회 총 6시간에 걸쳐 소규모의 교수 워크숍을 실시하였다. 이 대학의 소규모 교수 워크숍에서는 참석교수들이 화상회의 시스템과 강의 촬영에 높은 관심을 보였으며, 웹 클래스에 대한 구체적인 지원을 요구했다고 알려졌다. 하지만 1,000여 명의 교수 중 교수 워크숍 참석자는 36명에 불과해서 교수개발 의지가 있는지에 의심을 갖게 한다. 동시에 참석률 저조와 교수를 대상으로 한 교육에 강한 거부감이 있어 프로그램의 존폐에 대한 논의도 있었다고 한다.

③ C대학교 신임교수 오리엔테이션

이 대학에서는 신임교수를 대상으로 오리엔테이션을 실시했는데, 주요 내용은 다음과 같다.

- 기존 교육 프로그램과 달리 체계적인 Teaching Portfolio를 구성하여 가공된 교육 내용을 일방적으로 전달하기보다는 학습자 스스로 주어진 학습과제 해결에 필요한 학습자원을 활용, 자신만의 교수(teaching) 노하우를 창출할 수 있는 학습 방식으로 설계
- 모듈 중심으로 교육과정 개발: 교육과정을 단대별 공통/선택 모듈로 개발함으로써 개발기간의 단축과 타과정과의 연계성 및 효용성 제고
- 학과 고유의 특성을 반영한 맞춤형 컨텐츠 제공: 학과별 성격에 따라 학습 키트화하여 신임교수의 필요에 맞는 컨텐츠의 지속적인 제공
- 자기주도학습 방법으로 설계
- 다양한 멀티미디어 사용
- 사례/스토리텔링 기법을 통한 교육효과 극대화 추구

(2) 외국사례

미국에서는 하버드대학과 스탠포드대학 등 유수의 대학들이 교수-학습센터를 설립하는 등 1970년대부터 교수자질 향상을 위한 활동이 활발하게 진행되었다. 미국의 경우 교수개발은 이미 정착되었다고 볼 수 있으며 교수개발의 기회를 제공하는 형태도 다양하다. 즉, 단위대학별 교수개발 프로그램이 제공되고 있는가 하면, 대학 간 컨소시엄 형태로 협력적으로 이루어지기도 하고, 전문기관 위탁 형태로 이루어지기도 한다.

미국의 교수연수체제는 위와 같은 목적에 따라 단위대학 내의 프로그램으로부터 컨소시엄 형태에 이르기까지 비교적 체계적이고 구체적인 내용을 담고 있다. 미국 교수개발의 특징 중의 하나는 개인의 차원이나 학과의 차원에서도 교수개발이 이루어질 수 있도록 네트워킹되어 있으며, 교수개발과 관련된 정보와 교재 등이 다양하게 활용되고 있다는 점이다.

① 연구중심대학 사례

연구중심대학은 일반적으로 상위 그룹의 대학이기 때문에 이들 대학의 교수개발은 강의에 치중되어 있기보다는 논문과 연구에 관련된 경우가 많다. 대학부설 연구개발부에 의해 교수개발이 이루어지는 경우와 단과대학의 교수개발센터에 의해 주도되는 경우가 대부분이다. 예를 들어, 버클리대학의 사례를 보면 비교적 전 대학 차원에서 교수개발이 이루어지지만, 위 어느 기관에서든 개발 · 운영하는 프로그램은 개별교수 혹은 그룹 차원으로 이루어지고 있다. 이 대학의 교수연수체제와 관련된 기본 목표는 교육자료 및 정보의 활용, 각 연구소의 연구과제와 연구물의 습득 및 이해, 단위대학 내의 교수협동 그리고 교수의 자기 개발과 관련되어 있다.

이처럼 연구중심대학의 교수개발은 대부분 연구 기법과 연구에 필요한 자원의 활용 등에 치중되어 있기 때문에 교수개발 프로그램 자체가 연중 지속적으로 진행되고 있을 뿐만 아니라 단과대학단위, 학과단위, 연구소단위 그리고 인접 학문 영역 간의 단위로 분권화되어 있다.

② 강의중심대학 사례

강의중심대학의 경우는 연구중심대학의 교수개발 프로그램보다 훨씬 체계적이며 비교적 활성화되어 있는 편이다. 강의중심대학의 프로그램은 주로 도서관 부설 교육기자재센터를 중심으로 이루어지는 경우가 많다. 강의매체센터의 교수개발에서는 주로 동료 간의 교수 기법 개발과 신임교수가 수업에서 활용할 수 있는 다양한 매체에 대한 안내와 효율적인 강의를 전개하는 데 필요한 수업 기법 개발을 위한 프로그램을 제공하고 있다. 특히, 미국의 강의중심대학의 교수복지부서에는 임용 직후 또는 직전 신임교수를 대상으로 대학 전반에 대한 오리엔테이션을 실시한다. 이 프로그램은 대학 차원 교수개발 프로그램과 학과단위 자발적 프로그램으로 구분할 수 있다. 운영 방식은 일정기간 소규모 세미나 형식을 취하는 경우가 대부분이다.

③ 전문대학(2년제) 사례

소규모 대학들은 소규모대학증진협회(The Council for the Advantage of Small Colleges)에서 교수개발요람을 발간하고, 이를 토대로 소규모 대학 소속교수들의 질적 향상을 위한 교수개발을 도모하고 있다. 이러한 소규모 대학 교수개발 프로그램은 IAS(Instructional Assessment System) 체제에 따라 비교적 체계적으로 이루어지고 있다. 물론 소규모 대학들의 경우는 자체 내의 연수체제를 운영할 만한 자원과 역량이 미흡하기 때문에 주로 자기 개발 차원에서 개인별 교수개발이 이루어지기도 하고, 지역사회의 인근 대학들이 공동으로 제공하는 교수개발 프로그램에 해당 대학의 교수들이 참여하는 형태를 띠기도 한다. 특히, 소규모 대학의 교수개발 프로그램으로 주목할 만한 것은 수업기법훈련 프로그램으로, '마이크로티칭(micro-teaching)과 교수법 실습' 등의 기회를 제공한다는 점이다. 이 기법은 1960년대부터 스탠포드대학에서 실시한 교사교육 프로그램이다.

5) 외국대학의 교수-학습센터 운영사례

(1) 하버드대학교

하버드대학교의 데렉복센터는 교수, 강사(teaching fellows), 학생, 외부 방문자 등을 위해 프로그램을 제공하고 있다. 데렉복센터는 교수와 강사들에게는 필요한 경우 상담 또는 자문을 하고, 필요한 자료와 정보를 제공할 뿐만 아니라, 학생들에게는 강의평가를 실시하고 효과적인 학습을 위한 자원을 제공하며, 센터 홈페이지를 방문하는 이들에게는 제작한 각종 비디오 자료나 교수-학습 관련 문서들을 검색하고 다운로드받을 수 있게 하거나 구입할 수 있게 하고 있다.

센터의 구성은 1명의 director, 8명의 associate director, 3명의 postdoctoral fellow, 1명의 consultants, 2명의 support staff, 1명의 program coordinator, 1명의 technical supervisor와 graduate student teaching consultant로 구성되어 있다. 주요 사업은 다음과 같다.

① 교수를 위한 사업

㉠ **강의지원(lecturing)**

- 수업관찰 및 강의 촬영

- 강의구성을 위한 자문
- 강의 실습(피드백이 제공됨)
- 강의에 관심 있는 동료교수들의 비디오테이프 대여
- 강의 관련 팁 제공(tip–sheets)

ⓛ 강의의 체제 구성 및 운영

- 강사 교육개발, 성적평가의 공정성, 학생작문에 대한 대처 방법 등에 대한 자문
- 강사교육 프로그램, 외국인강사 교육개발, 강의 촬영을 통한 강의에 대한 조언
- 학생들의 기대, 과제, 수업계획서 등에 대한 자문
- 수업에 도움이 될 수 있는 정보를 얻기 위한 강사교육 프로그램에 참가
- 문제중심학습에 대한 정보를 얻음
- 강의평가에 대한 자문

ⓒ 교수법에 대한 세미나

- Discussion Leading Skills Seminar: 수업 진행의 역학성, 수업기술에 대한 사례 중심의 토론
- Junior Faculty Luncheons: 교수법의 이론과 실제를 토의하기 위한 모임
- Fall and Winter Teaching Conferences: 다양한 교수법에 관한 주제로 워크숍 개최
- 신임교수 오리엔테이션: 신임교수들은 노장교수 및 행정가와 식사함과 동시에 하버드대학교에 대한 다양한 관련 사항들을 조언 받음

② 강사(Teaching Fellows)를 위한 사업

- Fall and Winter Teaching Conferences
- 마이크로티칭: 기존 수업의 축약된 형태로 진행해 봄으로써 교수(teaching)기술을 개선하는 것
- 외국인 강사를 위한 교수법 코칭
- 수업관찰, 학생평가, 강의자격증 및 포상 등을 통한 강의에 대한 조언
- 티칭 포트폴리오 작성, 매체를 이용한 강의 방법 등에 관한 조언 제공
- Walk-in Clinic 운영
- Teaching Fellow Luncheons
- 강의경력을 축적하게 됨에 따라 Senior Teaching Fellows Seminar, 대학원생 작문지도강사 프로그램, 토의법 지도향상 프로그램 등에 참여

③ 외부 방문자를 위한 자료 및 정보 지원

- 센터에서 준비한 다양한 세미나 및 워크숍 자료를 제공하고 여기서 만든 각종 자료집, 비디오, 책 등을 공유

(2) 스탠포드대학교

스탠포드대학교의 교수-학습센터는 교수, 교수가 되기 위한 과정을 밟는 대학원생, 학부학생들의 효율적인 의사교류와 학습에 대한 열정을 지지 및 지원하기 위하여 운영되고 있다. 좀 더 구체적으로 설명하면 센터의 목적은 가르치는 면에 있어서의 우수성을 진작시키고, 강의시간 및 강의 외의 시간에 학생의 뛰어난 학습능력을 유도하기 위해 설립된 것이다. 그리하여 센터는 교수와 교육조교들의 전문 영역으로서 학

생교육과 연구를 모두 중요한 부분으로 생각하여, 이들에게 우수한 강의를 할 수 있도록 훈련 과정과 자료들을 제공하는 데 목적을 두고 있다. 이러한 가르치는 것에 수반하여 학생들의 효율적인 학습에 대한 지원도 센터 기능의 중요한 부분을 차지하고 있다.

센터의 구성은 1명의 센터director, 1명의 oral communication program director, 3명의 assistant director, 1명의 academic technology specialist, 3명의 lecturer, 1명의 manager, 1명의 program manager로 구성되어 있다. 주요 사업은 다음과 같다.

① 교수를 위한 사업

- 소그룹 평가(small group evaluation): 학기 중간 즈음에 교수 자신이 어떻게 나머지 후반기 수업을 효과적으로 진행할 수 있는지에 대해 학생들로부터 피드백을 제공받음
- 교수법 관련 평가 및 자문
- 신진교수 지원
- 강의 촬영
- 교수매체 지원
- 전공별 또는 소그룹 워크숍, 교수법 강의, reading groups 실시
- 강의 우수(award wining)교수 선정 및 포상
- 자료집, 비디오테이프, 책 발간
- 강의평가 및 결과활용 방법 지원

② 학생을 위한 사업

- 교수법 향상에 도움이 되는 자료집 또는 팁 제공
- 책, 비디오테이프, 자료집 발간
- Oral Communication Program: 학부 및 대학원생들의 의사소통능

력을 향상시키기 위한 프로그램을 제공. 이를 위해 강좌와 워크숍이 열림

(3) 미시간대학교

미시간대학교의 교수-학습센터는 교수-학습 분야의 발전과 지원을 위해 설립되었으며, 미국에서는 이러한 기능을 가진 센터로는 최초다. 센터는 또한 교육과정과 교수 방법 개발활동 등의 교육개발의 전반적인 영역을 지원한다. 센터의 주요 임무는 교수와 강사(graduate student instructors)의 교수법개발 지원, 강의평가, 교수매체 보급 및 지원, 교수법 관련 연구, 타대학 센터와 연계한 교수-학습활동 관련 직원(staff)교육 및 협력 증진 등이다.

센터의 구성은 1명의 director, 1명의 센터 theatre program director, 1명의 associate director, 1명의 assistant director, 2명의 coordinator, 6명의 consultant, 1명의 evaluation researcher, 1명의 program assoicate, 이 외에 project staffs들로 구성되어 있다. 주요 사업은 다음과 같다.

① 교수를 위한 사업

- 교수법 개발을 위한 연구비지원
- 세미나 개최
- 교무처장의 교수법에 대한 세미나 개최
- 오리엔테이션
- 교수법 관련 자문
- 학생들의 강의평가
- 강의설계 지원
- 교수들을 위한 멘토링
- 강의 우수교수 선정 및 수상

② 강사를 위한 사업

- 학교 차원의 강사들을 위한 교수법 오리엔테이션
- 공학 분야에 대한 오리엔테이션
- 하계 워크숍
- 강사들을 위한 가이드북 제작
- 교수법 세미나 시리즈
- 예비교수들을 위한 준비 세미나
- 개인 강의에 대한 교수법, 강의설계 및 개발
- 학기 중 학생 강의평가를 통한 피드백
- 학과별 강사들을 위한 교수법 자문, 핸드북 제작, 워크숍 개최
- 대학원생의 멘토제, 대학원생을 위한 교수법 자문 프로그램
- 각종 교수법 자료집, 가이드북 발간

③ 개별학과를 위한 사업

- 학과의 요구에 적합한 맞춤식 교수법 프로그램 및 연수 프로그램 제공
- 강의평가 서비스
- 학과별 강사를 위한 교수법 트레이닝 실시
- 교수들의 멘토링제도 실시

3. 직원개발

1) 직원개발의 의미

(1) 직원개발의 의미

대학교수와 대학직원의 교육 및 업무 향상 등과 관련하여 현재 '연수' 라는 용어와 함께 '개발'이라는 용어가 혼용되고 있다. 최근의 경향은 점차 연수라는 용어보다 개발이라는 용어가 빈번히 사용되고 있다. 또한 현재 교수의 경우는 '교수개발' 이라는 용어로 정착된 상황이며, 직원의 경우는 '직원연수' 에서 '직원개발'로 용어 사용이 상당히 진전되어 가고 있다.

현재 교수, 직원과 관련하여 연수보다 개발이라는 용어 사용이 일반화되고 있는 것은 단순히 어떤 유행에서 비롯된 것이 아니라 그 의미변화와 함께 실제 교육 내용과 방법이 변화하고 있음을 나타내는 것이다.

'직원연수' 에서 '직원개발' 로의 전환에는 적어도 다음과 같은 의미가 내재되어 있다. 즉, 대학직원에 대한 인식 제고, 대학직원교육의 의의와 방법 제고, 대학사회의 변화 등에 따른 직원의 역할 제고에 따라 대학직원에 대한 종래의 연수적 교육에서 개발적 교육으로의 전환이 요구되고 있는 것이다.

첫째, 대학직원에 대한 인식의 제고다. 종래의 대학사회에서 대학직원은 집단적 관리체제 하에서 특정 업무에 대한 기능적 역할을 하는 지위로 간주되었다. 이것은 대학사회가 단선적이고 기능적 업무를 요구하던 시대였기 때문이다. 그러나 오늘날의 대학조직은 직원 개인의 능력을 기반으로 대학경영의 효율성을 강조함에 따라 종래의 관료적 조직이 붕괴되어 가고 있다. 예컨대 관료적 조직의 대안의 하나로 각 대학이 도입하고 있는 팀제를 들 수 있다. 따라서 전통적인 집단주의 풍토 하의 관료적 대학에서 기능적 업무 중심의 직원조직으로 재편되고 있는 것이다. 여기서 대학직원은 종래의 수동적인 업무수행에서 벗어나, 일에 대한 자신의 잠재능력과 함께 대학교수와 마찬가지로 고도의 전문성을 발휘할 것을 요구하고 있다. '직원연수'에서 '직원개발'로의 전환은 바로 이러한 대학직원의 잠재능력과 고도의 전문성 발휘의 요구에 기반을 두고자 하는 것이라고 할 수 있다.

둘째, 대학직원교육의 의의와 방법에 대한 제고다. 앞의 교수 · 직원개발에서 개발의 의미에서 알 수 있듯이, 직원개발은 기능적 업무에 관한 기계적인 훈련보다는 직원 각자가 지니고 있는 잠재적 역량을 육성하여 복잡화되어 가는 대학의 문제에 대해 스스로 합리적으로 사고하고 해결해 가는 데 그 능력을 적극적으로 발휘하도록 하는 것이다. 이를 위해 직원개발은 종래의 직원연수보다 장기적인 시야에서 대학직원의 능력 · 역량을 육성하는 방안을 강구해야 한다.

(2) 개발의 필요성

대학에서 개발 투자가 필요한 이유 중 중요한 것을 요약해 본다.

① 인간의 개발 가능성

대학을 운영하기 위한 자원은 인적자원 이외에도 재무적 자원, 물적자원, 정보자원 등이 있다. 그런데 재무적 자원이나 기계설비 같은 물적자원은 대학에 투입될 때의 가치 그대로 가지고 있다. 즉, 천만 원짜리 기계는 여전히 천만 원의 가치가 있다. 그러나 인적자원은 연봉 천만 원짜리를 채용했어도 어떻게 개발시키느냐에 따라 수십억 원짜리로 바꾸어 놓을 수 있다. 즉, 인적자원은 그냥 두면 기술의 노후화로 인한 감가상각이 될 수 있으며, 개발로 그 가치를 향상시킬 수 있는 가능성도 있는 것이다.

② 커뮤니케이션과 상호 협조

개발은 반드시 교직원 자신의 기능과 지식만 높이려는 것이 아니라 대학의 방침, 경영자의 의도를 교직원들에게 전달하고 이해시켜서 그들로부터의 자발적인 협조를 얻어내기 위해 필요한 경우도 많다. 따라서 새로운 정책을 도입하기 전에 교직원들을 교육시켜 과거의 태도를 버리고 새로운 정책을 수용하도록 바꾸어 놓기도 한다. 또한 교직원들이 경영진의 의도를 이해한다면 저항 없이 열심히 따라 줄 것이며, 모두 같은 태도를 갖게 되면 부서 간, 개인 간, 계층 간의 커뮤니케이션도 원활하게 진행될 것이다.

(3) 직원개발의 유형

① 자기 개발

오늘날은 평생교육의 중요성과 더불어 교직원 스스로 미래를 예측하고 자기 적성과 능력에 맞게 자신을 개발해 나가는 자기 개발(Self Development: SD)의 비중이 커지고 있다. 자신의 책임 아래 이해득실을 스스로 판단하고 성장의욕을 달성하면서 자주적으로 노력해 가는 자아성장의 방법이라고 할 수 있다. 물론 그 방법은 천차만별이다.

업무시간이 끝난 다음 스스로의 비용부담에 의해 학원이나 훈련기관을 찾을 수도 있고 자기 업무를 계속 넓혀 가면서 자신의 능력범위를 향상시킬 수도 있는데, 어디까지나 자기 개발은 교직원 각자가 스스로 계획을 세우고 경력을 발전시켜 나간다는 점에서 전문인을 요구하는 오늘날에 더욱 필요한 교육 방법이며, 대학은 이들이 자기 개발을 계속할 수 있도록 시간과 여건을 마련해 주고 수시로 자극해야 한다.

② 멘토링

멘토(mentor)는 호머의 『오디세이』에 나오는 인물로서 BC 1200년경

오디세우스가 트로이 전쟁을 떠날 때 자신의 아들(텔리마커스)을 잘 가르쳐서 왕국을 잘 보전하게 해달라고 자신의 친구(멘토)에게 아들교육을 부탁한 데서 유래되어 오늘날에는 교사, 충고자, 조언자, 상담자로 통하고 있다. 대학에서는 일반교직원들에 대한 전반적인 교육도 중요하지만 부분적이고 개별적인 업무나 구체적 사안에 대해 계속적인 교육이 필요하다. 그러나 이들을 일일이 찾아서 맨투맨으로 교육하기 어렵기 때문에 미리 교육대상자들과 고참 교직원들을 맨투맨으로 맺어 주고, 고참 교직원과 후배 교직원이 개인적 교류를 가지면서 교육 · 훈련뿐만 아니라 대학 내 모든 사안에 대해 현명하게 대처하도록 하는 훈련 방법이다.

③ 교육의 아웃소싱

대학직원에 대한 개발을 아웃소싱한다는 것은 단순히 강사만을 외부에서 모셔오는 것을 의미하기보다는 교육필요성 분석, 개발의 설계, 강사 선정, 교육과정의 개발, 실행 및 평가에 이르는 개발의 전 과정을 외부 전문기관에 위탁하는 것이다. 이러한 총체적인 개발 기능의 아웃소싱에 대해서는 찬반양론이 분분하지만, 중요한 것은 적은 비용으로 고품질의 훈련과 개발을 가능하게 하는 방법을 찾는 것이다.

2) 직원개발의 국내외 사례

(1) 미국

미국의 경우 자기 대학의 직원뿐만 아니라 모든 대학의 관리직원 및 그 외 직원, 대학 취직 및 전직을 희망하는 사람, 대학행정 관계자 등을 대상으로 한 직능개발을 위한 프로그램이 개발되어 왔다. 이들 프로그램은 교육대학원 등에 의한 고등교육을 영역으로 하는 장기학위 프로그램과 주로 현직을 대상으로 하는 단기집중적인 프로그램으로 대별할 수 있다.

여기서 학위과정(또는 학위 프로그램)은 현재 수백 개에 달하고 있으며, 70개 이상은 박사학위를 수여하고 있는 것으로 일컬어지고 있다. 이들 프로그램은 연구 영역이라기보다 고등교육기관 직원 등의 전문자격을 수여하는 것으로 발전해 왔다. 또한 그 대상은 학부 졸업생을 주 대상으로 한 것과 주로 승진을 목표로 한 현직 대학직원 및 대학직원으로 전직하고자 하는 타업종 근무자 등 사회인을 대상으로 한 것 등 다양하다.

(2) 영국

영국의 AUA(대학행정직원협회)는 고등교육기관의 관리직원(manager)과 행정직원(administrator)을 회원으로 하는 직능단체다. AUA는 2000년에 회원의 직능개발에 대해서 '계속적 직능개발' 의 일환으로 장기 직능개발 프로그램을 개설하였다. 2002년에는 개발대학의 인증제도에 의한 과정학위 프로그램으로서의 인증을 받아서 석사 수준의 'Postgraduate Certificate in Professional Practice(higher education administration and management)' 를 실시해 왔다. 수강자는 AUA 회원으로 학사학위를 가진 자를 대상으로 한다.

다만, 학사학위를 가지고 있지 않는 사람에 대해서도 동등의 직능자격을 지닌 사람, 고등교육 및 공공 · 비영리 영역, 상업 분야 등 어느 쪽이든 일정의 직무경험을 가진 사람에 대해서는 수강자격을 개방하고 있다. 수강자의 등록기간은 3년이지만, 통상 18개월 정도 수료하도록 권장하고 있다. 이 기간 동안의 총학습시간은 600시간이며, 쉬는 기간을 제외한 3년 동안의 등록기간 중 매주 3~4시간 정도의 학습을 하도록 되어 있다.

등록 후 수강자에 대해서 영국 · 아일랜드 내의 각지에서 강습 집회가 개최되며, 오리엔테이션과 함께 자신에 부족한 지식 및 기능을 체크 · 확인하는 교재집이 배포된다. 그 후 수강기간 동안 통상 학교의 베테랑 전문직원인 지도요원(mentor)에게 지도를 받는 한편, 수강집회에 참가하는 기회가 주어진다.

또한 수강자가 학습에 임함에 있어서 먼저 지도요원에게 지도를 받으면서 교재를 사용하여 자신의 장단점 및 기회가 되는 요소(opportunities), 위협이 되는 요소(threats)와 함께 정치적 · 사회경제적 · 기술적 · 법적 · 환경적 요인에 대한 분석을 행하게 된다. 이러한 것을 기반으로 개인개발계획(personal development plan)을 작성하여 학습을 진행시켜 나가게 된다. 각 단계의 학습성과는 각자의 성과를 담는 포트폴리오에 축적된다.

(3) 일본

히로시마대학교 교육학연구과에서는 2000년에 '고등교육개발전공'을 개설하여 교육과정 등을 대폭 확충하였다. 고등교육개발전공은 연구자의 양성을 목적으로 할 뿐만 아니라 고도의 전문가 양성도 목적으로 하며, 현직 대학직원을 대상으로 한 교육을 전개하고 있다. 또한 2002년도부터 대학직원의 학습 폭을 확대시키기 위해 야간 · 주말에 히로시마 시내에 있는 동천캠퍼스에서 이 대학의 대학원 사회학연구과 매니지먼트 전공과목 중 '지역개발론' '정보공개법' '인적자원관리론' 의 3과목에 대해 이수를 인정하고 그중 2과목 4단위까지 고등교육개발전공의 이수단위로 할 수 있게 하였다.

이 전공의 경우 현직 대학직원으로는 2001년도에 박사과정 전기에 2명이 재적하고 있었지만, 2004년 4월부터 국립대학의 법인화로 전문성이 강조됨에 따라 이에 대한 수요가 증가할 것으로 전망하고 있다.

(4) 우리나라

한국에서 대학직원을 대상으로 한 학위과정을 설치하여 본격적으로 교육을 실시해 온 대학으로 아주대학교를 들 수 있다. 아주대학교는 1999년 교육대학원에 '대학행정관리전공' 설치를 인가받고, 이듬해 2000년도에 처음 개설하였다. 대학행정관리전공의 교육목표는 ① 대학행정직원의 전문직 자질 함양에 필요한 관련 지식의 이론과 실제를 학습하며, ② 대학행정가로서의 행정실무능력 개발에 필요한 현장밀착형 지식과 정보를 습득하게 하는 것이다.

앞에서 볼 수 있듯이 학위과정을 통한 대학직원의 전문성 직능개발이 최근 상당히 보급되고 있다. 이들 학위과정은 크게 연구자 양성을 목적으로 하는 연구 영역으로서의 학위과정과, 고등교육기관 직원 등의 전문자격의 수여를 목적으로 하는 학위과정으로 대별해 볼 수 있다. 또한 수강생도 대학직원을 비롯하여 학부 졸업생 및 대학취업을 희망하는 사람 등 다양한 층을 이루고 있다.

학위과정을 통해 대학직원개발이 이루어지고 있다는 것은 그만큼 직원개발이 고도의 전문적 역량개발을 위해 체계적이고 장기적이며 조직적으로 전개된다는 것을 의미한다. 이러한 측면은 종래의 단기적이고 집중적인 직원개발에 더하여, 확실히 일회성 및 단기적 대학직원개발과는 구별되는 새로운 전개 양상이라고 할 수 있다. 따라서 향후 전개되는 대학직원개발은 종래의 프로그램 수준을 초월하여 '직원개발 교육과정' 운영을 통해 계획적이고 조직적이며 계속적인 과정을 요구할 것이다. 선진국가의 사례에서 볼 수 있듯이 이미 학위과정을 통한 대학직원개발의 커다란 한 축을 형성하고 있다.

제3부

대학 교직원 유지 및 관리

제7장 보수관리

1. 보수관리의 일반적 내용

1) 보수관리는 왜 중요한가

교직원은 대학에 공헌하면서 대학으로부터 무엇인가를 얻는데, 경제적인 것 이외에도 직장안정감, 인정, 자아존중, 생활안정 등의 비물질적인 것까지도 일종의 보수로 볼 수 있다. 그러나 여기서 교원 보수라 함은 대학에 노동을 제공하고 그 대가로 받는 월급과 기타 복지후생 혜택을 말한다.

그렇다면 보수관리는 왜 중요한가? 보수 수준과 보수제도가 어떠한가에 따라서 대학유효성에 미치는 파급효과는 대단히 크기 때문이다. 대학에 취직하여 일하는 가장 큰 이유는 보수를 받기 위함이며 그 보수를 가지고 자신과 가정의 생활을 유지한다. 그러므로 대학의 보수관리 정책은 교직원의 개인생활과 가정생활까지 좌우한다. 대학에서 보수관리에 신경을 써야 하는 이유는 또 있다. 보수는 일반적 관리대상과는 다른 특수성을 내포하고 있기 때문이다. 따라서 우선 보수와 대학효율성의 관련성, 보수의 특수성에 관해 살펴보자.

(1) 대학유효성에 공헌

보수 수준, 보수체계, 보수 형태를 어떻게 정하여 관리하느냐에 따라서 다음과 같은 사안들이 직접 영향을 받기 때문에 보수관리는 다른 이슈들보다도 더 중요하다고 할 수 있다.

① 우수교수와 우수직원의 확보와 유지

대학의 질은 무엇보다도 교수의 자질에 의해 좌우된다. 다른 학교보다 만 원이라도 높게 보수를 책정함으로써 우수한 교수들이 그 대학에 오고 싶어 하도록 만들 수 있다. 보수가 높다고 보수관리를 잘한다고는 볼 수 없지만, 보수는 분명히 우수인재를 확보하고 교직원의 이직을 방지하는 가장 큰 이유가 된다. 다른 모든 것이 좋아도 보수에 불만이 생겨서 다른 대학으로 스카웃되는 경우가 허다하다.

② 교직원의 사기향상

타대학보다 보수 수준이 낮아 사기가 떨어지고 불만이 쌓이는 것도 문제이지만 보수가 불공정하게 책정되었을 때 쌓이는 불만은 더욱 크다. 같이 입사한 동료보다 보수가 약간만 적어도 자신을 무능력자로 취급한 상급자와 대학에 불만을 품는다. 물론 지나친 보수격차로 경쟁이 조장되고 전체 분위기를 망치는 경우도 있다. 그러므로 정확한 근거에 의해 보상총액을 분배하는 지혜가 필요하다.

③ 교직원의 능력개발

능력에 근거한 보상을 한다면 서로가 높은 보수를 받으려고 꾸준한 자기 개발을 계속할 것이며 수년 후에는 교직원들의 실력 수준이 향상

될 것이다. 하지만 연공에 근거한 보수제도는 무사안일과 복지부동의 분위기를 만들기 때문에 교직원들의 능력개발효과를 얻기 어렵다. 뿐만 아니라 어떠한 능력을 가진 사람에게 보수를 더 주고 덜 주느냐에 따라서 교직원들이 추구하려는 능력의 분야까지 결정된다. 더 많은 보수를 주는 기능과 능력을 취득하려고 할 것이기 때문이다.

④ 분위기 유지

연공 위주의 임금제도를 택할 경우 복지부동의 단점이 있지만 화기애애한 분위기를 유지하기 쉽다. 반대로 능력급이나 성과급 등을 너무 강조하면 교직원 상호 간 경쟁으로 살벌한 분위기로 변하기도 한다. 하지만 교수의 경우에는 너무 다양한 요소들이 고려되기 때문에 교수 개인 간 임금격차가 크지만 않다면 큰 문제는 아니다.

한편, 직원들의 경우 직급이나 학력에 따라, 남녀에 따라 보수의 격차를 얼마나 두느냐가 교직원들의 승진의욕, 상호 협조 등 전체적인 문화에 영향을 준다. 이처럼 보수제도에 따라 대학의 분위기가 좌우되므로 대학운영에서 매우 중요한 위치를 차지하는 것이다.

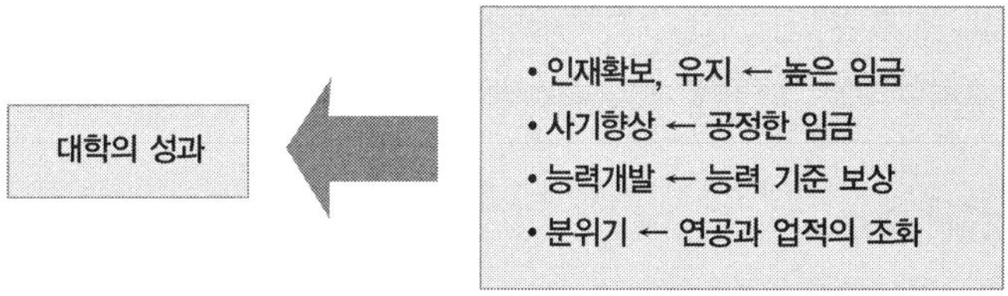

[그림 7-1] 대학성과에 미치는 보수관리의 중요성

(2) 임금의 특수성

교직원 보수관리가 특히 더 중요한 까닭은 보수 자체가 가진 다음과 같은 특수성 때문이다.

① 미래지향성

보수를 한 번 잘못 주면 교직원들의 미래 행동이 달라진다. 이를테면 업적과 무관하게 균등하게 나누어 보상한다면 열심히 일했던 교직원들이 다음 번에도 똑같은 노력을 할 것이라고 장담할 수 없다. 즉, 보수는 오늘 주는 것이지만 그 여파는 이후 교직원들의 행동에 영향을 미친다.

② 상승지향성

다른 생산비는 매출액이나 생산량에 따라서 늘거나 줄지만 보수 수준은 한 번 올라가면 내려올 줄 모른다. 그러므로 교내사정이 좋다고 혹은 직원노조에서 강력하게 요구한다고 해서 한 해에 너무 많이 임금을 올리면 다시 환원시키기 어렵다.

2) 보수관리의 목표와 기준

보수관리가 잘되면 우수한 인적자원을 유지할 수 있으며, 교직원들의 만족과 동기가 유발되며, 결과적으로 대학의 성과도 증대된다. 무엇을 목표로, 무엇을 기준으로 보수관리를 해야 하는가? 보수관리는 안정성과 공정성 유지를 목표로 하여 관리해야 한다.

(1) 안정성 유지

교직원 입장에서 보면 보수는 생계유지의 수단이다. 제때에 보수를 받지 않으면 다음 달의 가계가 위협을 받는다. 보수 수준이 들쭉날쭉해도 그 사람에게 딸린 식구들은 불안해할 수밖에 없다. 대학 입장에서 보아도 보수는 비용이기 때문에 비용이 수시로 변하면 예산관리 면에서 바람직하지 않다. 그러므로 교직원에 대한 보수는 안정적이어야 한다.

다음의 기준들은 보수관리의 안정성 유지에 도움을 줄 수 있는 원칙들이라고 할 수 있다.

① 생활보장의 원칙

교직원들에게 가계생활의 안정을 보장하기 위해 총보수에서 차지하는 기본급의 비율, 각종 수당, 연구비 비율 등을 마련하여 항상 일정한 보수를 확보해 준다. 또 그래야만 대학은 일정량의 노동을 계속해서 제공받을 수 있다.

② 노동대가의 원칙

대학은 특별한 원재료 없는 교육 서비스 기관이기 때문에 보수는 대학의 운영비 중 매우 큰 비율을 차지한다. 따라서 재무적 불안이 발생하지 않도록 등록금과 기부금 등의 수익, 지출에 맞추어 융통성 있게 연계하여 결정되도록 해야 한다. 하지만 교직원의 부가가치를 높인다고 해서 기업처럼 수익이 증대되는 것도 아니다.

③ 고정보수와 변동보수의 균형

고정보수 성격을 갖는 대표적 항목으로서 기본급이 있으며, 그 외에도 보수의 산정 기준을 교직원의 호봉이나 학력, 경력, 연령 등만 참고하여 정한다면 고정보수가 되는 셈이다. 이렇게 하면 보수관리의 안정성이 높아진다. 그러나 보수산정 기준을 교직원의 직무성과나 업적 등에 두고 정한다면 변동보수가 된다. 이 두 측면의 균형을 유지하기 위해서 많은 대학들이 교직원들에게 제공하는 보수총액 중 일정 부분을 고정시켜서 그들의 생활을 보장해 주고 일정 부분은 연봉 기준에 따라 계산하여 변동적으로 지급한다.

(2) 공정성 유지

교직원은 자격, 노력, 시간, 능력 등을 대학에 제공하고 그 대가로 금전, 만족감 등의 보상을 받는다. 그런데 교환관계는 서로 간에 손해 본 느낌이 없어야지, 한쪽이라도 손해를 본다면 불리한 측이 손을 떼려고 할 것이다. 뿐만 아니라 인간생활에서도 문화적으로나 종교, 도덕적으로 호혜의 법칙(互惠法則)이라는 사회규범이 있는데, 무엇인가를 받았으면 그에 상응하는 대가를 주어야 정당하고 공정하다고 생각한다. 이러한 공정성 개념이 학교의 고용관계에도 그대로 적용된다. 대학 구성원들도 보수를 받으면서 공정성을 확신할 수 있어야 보수관리가 잘되었다고 할 수 있으며, 또 그래야만 교직원들이 계속 그 대학에 남아 있으면서 노동력을 제공할 것이며 불만도 생기지 않을 것이다. 교직원이라고 해서 학생에의 봉사와 교육적 사고에만 매달리던 시대는 이미 지났다.

① 외부공정성

비교대상이 대학 밖에 있는 경우다. 경쟁대학이나 동종업계의 보수 수준과 비교하여 평균이 크게 차이나는 것은 바람직하지 않다. 비교 기준을 정할 때 막연하게 경쟁대학을 택하기보다는 대학규모와 직종 그리고 직무까지 비슷하면 좋다. 예를 들면, 우리와 경쟁관계에 있는 대학에서 나와 같은 직급의 회계처리 담당자의 보수는 얼마인가를 알아보는 것이다.

② 내부공정성

대학 내 같은 교직원들끼리 개별보수의 격차가 적절하게 이루어졌는가의 문제다. 공헌과 능력, 신분상의 차이로 인하여 당연히 격차는 존재하지만 그 차이가 상식 이상으로 크다면 내부공정성이 약한 것이다.

2. 대학 보수관리의 실제

1) 보수의 평균 수준

(1) 보수 수준과 훌륭한 교수의 영입

보수 수준은 대학경영에서 총비용의 크기에 직접적인 영향을 미친다. 이를테면 보수 수준이 높으면 인건비로 인한 전체재정의 지출이 높아진다. 특히, 대학마다 약 60~70%의 지출이 교직원 인건비로 계상되고 있는 실정이다. 반대로 보수 수준이 낮으면 훌륭한 교수가 오지 않고 직원들은 불만 가운데서 근무하기 때문에 그것도 문제다. 물론 보수 수준이 높으면 유능한 교수를 유인하고 동기부여에 별로 신경 쓸 필요도 없다.

보수 수준을 정할 때 대학이 택할 수 있는 대안은 다음 세 가지다.

- 보수인상 경쟁을 다른 대학들보다 앞서서 주도하든지,
- 다른 대학들과 보조를 맞추어 나가든지,
- 다른 대학 수준보다 낮게 책정하든지 하는 것이다.

타대학보다 높게 책정하면 유능한 교직원을 유인하고 유지하기 쉽지만, 타대학보다 낮게 설정하면 인건비는 낮출 수 있을지 모르지만 유능한 교직원을 선발하기가 쉽지 않다. 하지만 타대학보다 보수 수준이 낮아도 승진이 더 빠르다든지, 작업환경이 다른 대학보다 좋거나, 인간적 분위기가 좋다면 낮은 보수 수준의 부작용을 상쇄할 수도 있다.

(2) 보수 수준의 차이

대학뿐 아니라 어느 집단이고 보수 수준에는 모든 구성원 간에 차이

가 있게 마련이다. 하후상박과 상박하후의 크게 두 가지 구조가 있을 수 있는데, 높은 호봉의 정교수들이 낮은 호봉의 젊은 전임강사나 조교수보다 보수 수준이 높지만 그 차이가 상대적으로 많은가 적은가에 따라서 유능한 교수를 확보하는 데 영향을 준다. 교수사회의 특성상 일단 대학에 들어오면 보수 때문에 움직이기는 어렵지만, 처음에 대학을 선택할 때는 보수 수준이 많은 영향을 준다. 그러므로 유능한 젊은 교수를 유인하기 위해서는 하후상박의 전략이 필요하다. 그러나 이는 어디까지나 교직원들의 구성이 어떤지에 따라서 전체비용을 감안하여 결정할 일이다.

보수 수준의 평등 구조란 보수차이 계층의 수도 적지만 최고층과 최저층의 보수격차가 작은 구조다. 그리고 계층 구조란 보수 수준의 계층 수도 많고 최고와 최저의 보수차이가 많은 구조다. 이 둘 중에서 어느 구조를 택할 것인지도 마찬가지다. 평등 구조는 보수차이가 적어 교직원 만족을 증대시키고 협동이 쉽다. 반면에 계층 구조는 능력과 지식이 많은 근로자에게 더 많은 보수를 주기 때문에 그들을 유인하고 유지하기 쉬우며, 그렇지 않을 경우 유능한 교수나 많은 경험을 소유한 숙련 교직원들이 이직할 수도 있다.

한편, 직원들도 고임금자와 저임금자의 차이를 많이 두거나 적게 두는 경우를 생각해 볼 수 있는데, 대학의 업무특성상 보직순환도 많고 도서관 사서 등의 특수직을 빼놓고는 업무능력도 비슷하게 요구되기 때문에 보수 수준의 차이는 작을수록 좋다. 언뜻 보면 평등 구조가 효과적일 것 같지만 반드시 그렇지는 않다. 그렇다면 얼마나 평등해야 하며 계층 간 차이를 얼마나 두어야 할까? 그 해답은 아무도 알 수 없다. 그저 지나친 격차를 두어서는 안 된다는 것뿐이다.

2) 보수의 배분

(1) 배분의 기준

개인별 보수의 차이는 개별보수를 결정할 때 기준을 무엇으로 하며 어떤 요소를 얼마만큼 중요하게 인정하느냐에 따라 달라진다. 즉, 교직원의 어떤 속성에 더 많은 비중을 두고 보수를 결정할 것인가를 선택하는 것이 보수체계를 정하는 것이다. 다시 말해서, 어떤 보수제도를 택할 것이냐의 문제다.

① 직무급

이는 맡은 직무의 상대적 가치를 기준으로 보수를 책정하는 것인데, 부가가치를 많이 생산하거나 어려운 일이면 직무의 가치가 높기 때문에 누가 그 일을 맡든 보수는 높게 매겨진다. 이는 동일노동 동일보수의 원칙에도 부합되며, 대학에 공헌한 대로 보수를 준다는 거래적 차원에서도 타당하다.

그러나 직무급이 공정하고 합리적으로 적용되려면 다음의 전제조건이 갖추어져야 한다.

- 각 부처별로 직무분석과 직무평가가 제대로 이루어져 직무마다 정확한 가치가 산정되어야 한다.
- 직무에 맞게 사람이 배치되어야 하며 고급직무에 미숙련자를 배치하여 많은 보수를 주는 것은 부당하다.
- 가장 낮은 가치의 직무에 종사하는 사람에게도 최저생계비가 지급되어야 하며, 모든 직원이 그 직무를 기피하여 전체직무의 완성에 차질이 생겨서는 안 된다.
- 직무 간에 정보소통과 자유로운 노동이동이 보장되어야 한다. 한

‖ 표 7-1 ‖ 직무급의 장단점

장점	단점
• 동일노동 동일임금 실현 • 불합리한 임금상승 억제 • 자아개발 노력 • 특수 분야 인재확보 가능	• 직무평가 복잡 • 종업원 간 임금격차 • 노동이동의 제한 • 개발된 근로자의 이직

번 떠맡은 직무에서 이탈이 불가능하여 처음에 낮은 가치의 직무에 소속되었던 사람이 다른 직무로 옮기지도 못하면 난처한 일이다.

② 연공급

연공급은 근속연수인 연공에 비례하여 보수를 산정 · 지급하는 방식으로서, 근속연수에 따라 개인의 업적이나 성과를 동일하게 보고 보수를 지급한다. 근속연수에는 호봉이라는 개념이 포함되어 동일한 근속연수라도 개인의 학력과 대학경력이 포함되는 것이 일반적이다. 연공 위주 보수제도는 앞서 밝힌 대로 개인의 능력과 공헌을 무시한 채 연공에 따라 비합리적으로 보수를 책정하는 것 같지만 나름대로의 타당성이 있다는 주장이 있다. 즉, 근속연수를 기준으로 오래 근무한 교직원에게 동일한 직무를 맡은 젊은 교직원보다 보수를 더 준다는 것은 합리적이고

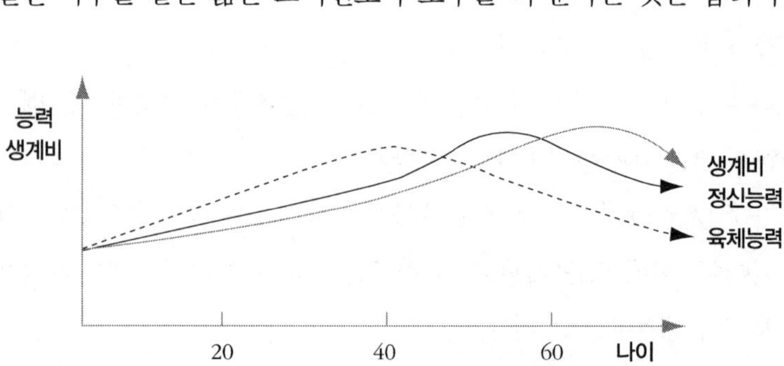

[그림 7-2] 연공적 보수와 능력변화, 생계비의 관계

당연하다는 것이다. 왜 그럴까?

- 연륜이 높으면 아무래도 교육 기법 등 숙련도가 높아진다.
- 연륜이 높을수록 생활비가 더 든다. 생계비 차원에서 보수를 더 주어야 한다.
- 동일노동을 하고 있더라도 신참자보다 고참자는 더 오랜 기간 대학에 공헌하여 왔기에 오늘의 대학이 존재하게 되었다는 보답의 의미가 있다.

‖ 표 7-2 ‖ 연공급의 장단점

장점	단점
• 장기근속을 유도, 이직감소 • 생계보장 • 객관적 임금산정 • 사내 노동이동의 유연성 • 한국적 유교문화에 적합	• 능력, 성과, 직무난이도 등 무시 • 직무가 아닌 사람을 기준으로 한 비합리성 • 무사안일의 분위기 유도 • 고급인력의 확보 곤란

③ 성과급

원래 보수란 교직원이 대학에 공헌한 대가로 지불되는 반대급부의 성격이 강하다. 그런 의미에서 교직원이 대학에 공헌한 성과와 업적을

‖ 표 7-3 ‖ 성과급의 장단점

장점	단점
• 원가절감 • 동기유발, 생산촉진 • 감독의 필요성 감소 • 장비의 효율적 활용 • 임금산정의 정확성	• 성과측정의 비용 난해 • 사원 간 경쟁 • 노사 간 공치사 • 생활비 변동

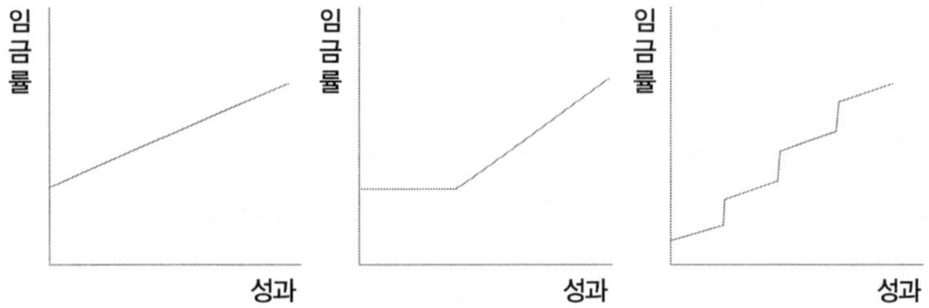

[그림 7-3] 성과급의 유형

기준으로 보수를 책정하는 것이 가장 타당하다고 할 수 있다. 그럼에도 불구하고 문제는 있다. 무엇을 성과로 볼 것인가? 교수의 역할은 크게 강의와 연구다. 이들 두 요소 중에서 어느 쪽에 비중을 더 둘 것인가? 연구라고 하더라도 논문편수로 할 것인가? 등재 학술지의 저명도로 할 것인가? 강의라면 강의시수로 할 것인가? 강의평가지수로 할 것인가?

요즘 들어 각 대학이 연봉제를 도입하면서 교수의 성과를 기준으로 연봉을 책정하려는 기본 원칙에 충실하려 한다. 그럴수록 성과의 평가기준을 잘 마련해 놓아야 한다. 어느 것을 성과측정의 기준으로 하느냐도 문제이지만, 개인의 노력만 볼 것인지 학생들의 질 향상도를 측정하여 추가할 것인지의 문제가 또 남는다. 직원의 경우 한 개인보다도 그가 속한 집단의 집단성과도 개인의 업무효율성에 영향을 미친다. 개인의 보수를 성과에 따라 결정할 때는 그 성과가 다음의 어느 것 때문인지를 가능한 한 정확히 판단한 다음에 정해야 한다.

- 개인의 능력이나 노력 때문인가?
- 외부의 환경요인 때문인가? 혹은 통제 불가능한 운 때문인가?

(2) 상황에 따른 보수체계의 배합

보수배분의 기준에 따라 직무급, 연공급, 직무급, 성과급 등 여러 가지 보수제도가 있을 수 있지만 어느 한 가지 기준에만 의존하여 보수체계를 정하는 대학은 별로 없다. 상황의 변화에 따라 연공급과 직무급을 적절하게 배합하여 사용하기도 하고 배합비율을 점진적으로 변화시켜 나가기도 한다. 또는 같은 대학에서도 직무특성이나 교직원능력에 따라 어느 부서는 연공 위주로, 다른 부서는 직능 위주로 다원화할 수도 있다. 우리나라 일반회사들에서는 어떤 임금체계를 사용하고 있는지 참고하여 대학의 보수체계도 이러한 범위에서 크게 벗어나서는 안 될 것이다([그림 7-4] 참조).

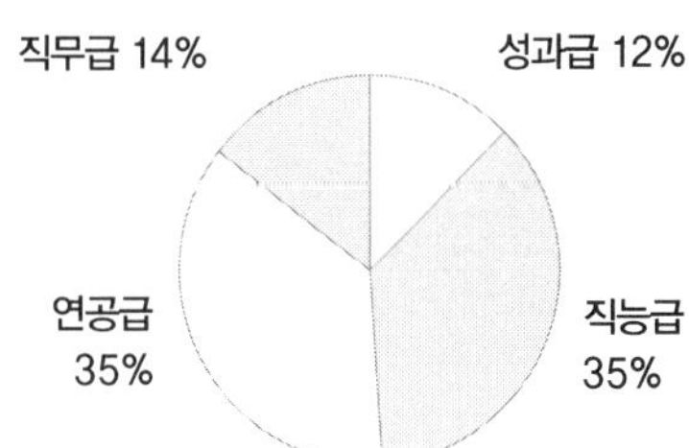

[그림 7-4] 우리나라 사기업들의 임금 형태 결정 현황

3) 대학 보수체계 현황

(1) 사립대학 교직원 보수체계의 유형

사립대학 교원 보수체계는 호봉체계와 수당체계에 따라 다음 네 가지 유형으로 구분할 수 있다.

① 유형 1: 국 · 공립대 모형을 따르는 사립대학

연간 상여금 지급률을 상향조정하거나 상여금 지급 기준을 기본급

대신 수당을 포함한 통상임금 방식으로 국 · 공립대보다 높은 보수 수준을 유지

= 단일호봉제기본급(봉급)+기말수당(상여금)+정근수당+정액수당(장기근속수당, 가족수당, 자녀학비보조수당 등)+복리후생비(정액급식비, 교통보조비, 명절휴가비, 가계지원비 등)+연구비, 지도비(국고 또는 교비, 연구보조비, 기성회연구보조비, 교재연구비, 학생 · 학사지도비, 특별연구비 등)

② 유형 2: 일부 오래된 사립대학 모형

직급별 호봉제에 유형 1의 수당과 연구비를 지급하는 유형

= 직급별호봉제기본급(봉급)+기말수당(상여금)+정근수당+정액수당(장기근속수당, 가족수당, 자녀학비보조수당 등)+복리후생비(정액급식비, 교통보조비, 명절휴가비, 가계지원비 등)+연구비, 지도비(국고 또는 교비, 연구보조비, 기성회연구보조비, 교재연구비, 학생 · 학사지도비, 특별연구비 등)

③ 유형 3: 신설 사립대학 모형

국 · 공립대학의 단일호봉제를 채택하면서도 오히려 수당과 연구비를 단순화

= 단일호봉제기본급(봉급)+기말수당(상여금)+정근수당+적은 종류의 수당+적은 종류의 연구비

④ 유형 4: 직급별 호봉제를 채택하면서도 수당과 연구비의 종류를 줄인 유형

초임교수의 보수 수준이 낮고 승진함에 따라 증가 폭이 커지는 유형

= 직급별호봉제기본급(봉급)+기말수당(상여금)+정근수당+적은 종류

의 수당+적은 종류의 연구비

(2) 국립대학 보수체계의 현황

지금까지 국립대학 교수직의 특성과 국립대학 교원 보수체계의 현황을 살펴보았다. 현행 대학교수의 보수체계는 대부분의 대학에서 학력과 경력, 직급 등에 따라 보수액이 결정되는 자격급적 성격과, 근무연한에 따라 보수액이 상승하는 경력급적 성격, 기타 생활급적 성격을 가미한 보수체계를 유지하고 있다.

국립대학 교수직은 교육교직원으로서 경력직 중 특정직 교직원이며, 같은 교육교직원 신분이면서도 초·중등교원에 비해 폭넓은 자율성을 가지고, 사립대학 교원에 비해 신분의 안정성을 지닌다.

교원보수는 국고에서 지급되는 호봉에 의한 기본급과 각종 수당, 즉 봉급조정수당, 경력급 성격의 수당, 생활급 성격의 수당 등이 있다. 이외에 대학기성회계에서 지급되는 연구보조비와 성과급, 보직수당 등이 있다. 이들을 정리하면 다음과 같다. 첫째, 국고지원의 교원보수는 단일 호봉제 형태의 기본급체계다.

둘째, 기성회계에서 지급되는 보수로서 연구보조비, 성과급, 보직수당이 있다.

현행 국·공립대학 교원 보수체계는 안정적인 보수체계 속에서 교수 본연의 업무인 교육·연구활동에 전념할 수 있는 환경을 조성할 수 있으며, 성과급 지급을 통하여 대학사회에 경쟁력을 유도하고, 구성원들 간의 경쟁력을 고무하고 각자가 최선의 노력을 다하도록 자극한다. 또 하나 교수업적평가를 실시함으로써 교수들이 업적을 쌓기 위한 노력을 함으로써 대학교육의 질을 높일 수 있으며, 직무능력과 실적평가에 따라 보수를 차등 지급받음으로써 개인의 동기유발을 촉진한다. 그러나 국립대학 교원 보수체계에는 다음과 같은 문제점들이 있을 수 있다.

- 단일호봉제 채택으로 경력에 따른 차이만 있고 직급 간 기본급의 차이가 없다. 이러한 결과로 연구보조비와 기성회보조수당을 통해 직급 간 보수에 차이가 나는 기형적 구조를 이루고 있으며, 기본급 규모보다 각종 수당 및 연구보조비가 많은 현실이다.
- 호봉승급과 교수업적과의 연계체계 부재다. 즉, 대학교원의 급여가 연공서열적 호봉 및 제반 수당의 형태로 지급되어, 교수의 업적이나 기여도 등이 급여와 직접 연계되지 못한다는 것이다. 또한 그나마 사립대학과 비교하면 국립대학 교원의 보수는 낮은 실정이며, 민간기업과 비교해도 84% 정도에 불과하다.
- 성과급 지급을 위한 교수업적평가 기준 및 자료가 타당하게 이루어지고 있지 않다. 각 대학마다 일률적이고 단순한 체제로 되어 있고, 급 간 액수의 차이가 적어 나눠먹기식으로 이루어지고 있다는 인상을 지우기가 어렵다. 그리고 교수들은 업적쌓기보다는 점수따기로 활동하게 되고, 실적과 무관한 업무는 기피하거나 건성으로 일하게 된다. 이에 따라 교수들은 상대적으로 큰 비중을 차지하는 연구실적에 관심을 가지게 되며 교육에 소홀하게 된다. 그래서 대부분의 대학들은 교수들에 대한 업적평가와 그에 따른 제반 조치들을 대부분 비공개로 처리하고 있다.
- 보직교수에 대한 혜택 과다현상이다. 보직교수는 관리업무수당, 특호봉, 직급보조비, 보직수당 지급 이외에도 책임수업시수 감축(초과수당) 등 다양한 혜택을 수혜받고 있다. 또한 총장, 부총장, 학장, 처 · 실장 등의 보직에 대하여 특호봉제도가 적용됨으로써 잦은 보직변동을 유발하고, 논공행상의 수단으로 보직이 활용된다.
- 직무의 종류와 난이도, 성과에 관계없이 보수 수준이 결정됨으로써 연구와 교육 등에 있어서 동기부여 수단으로 작용하지 못한다.
- 자격급, 경력급, 생활급적 요소가 혼재하다보니 보수를 구성하는

항목이 지나치게 많고 복잡한 구조를 가지고 있어서 보수관리상의 어려움이 존재한다.

- 경력급적 요소가 강하고 재직교수의 고령화가 진행된 대학일수록 대학의 재정적 압박요인으로 작용함으로써 국민의 부담을 증가시키기도 한다.

3. 대학사회의 연봉제

1) 연봉제의 기초

(1) 교수연봉제 도입의 필요성

현행 국립대학 교원 보수체계는 교수들의 교육 및 연구의욕을 높이는 동기유발에 기여하기보다는 무사안일 풍토를 조성하여 학문연구의 생산성과 대학의 경쟁력을 저하시키는 원인으로 지적되고 있다. 즉, 연구 및 교육의 업적과 상관 없이 학력과 경력에 따라 초임이 결정되고 연공에 따라 지속적으로 보수가 증가하는 현재의 대학교수 보수체계는 국제적 경쟁력을 갖춘 대학으로의 질적 향상이 절실한 환경에 비추어 볼 때 바람직하다고 보기 어렵다. 최근 들어 연구업적에 따른 성과급이나 연봉제를 택하는 대학이 늘고 있다고는 하나, 연구업적 성과급 혜택은 극소수에 불과하고 연봉제는 개인의 일 년 업적과 관계없이 신임교수 채용에 임금 수준을 결정하기 위한 수단으로 사용되고 있을 뿐이다. 그러므로 대학의 임금제도는 아직도 과거의 보수체계에서 벗어나지 못하고 있는 실정이다. 이러한 계급과 학력을 토대로 한 자격급적 보수체계 혹은 근무연한을 기초로 한 경력급적 보수체계는 대학교수의 학문적 동기부여에 부정적으로 작용할 가능성이 높다.

대학교원에 대한 이러한 비판이 계속적으로 제기됨에 따라 개정된 교육공무원법(1999.1.29)과 사립학교법(1999.8.31)은 2002년 1월 1일부터 교수계약임용제를 실시하여 대학의 교원은 대통령령이 정하는 바에 의하여 근무기간, 급여, 근무조건, 업적 및 성과약정 등 계약조건을 정하여 임용하도록 하고 있다. 이에 따라 2001년 12월 31일 교육공무원 임용령이 개정됨으로써 2002년 1월부터 계약임용제가 시행되고 있으나, 다만 보수에 관한 부분은 공무원보수규정 및 공무원수당 등에 관한 규정에서 대학교원을 연봉제 적용대상으로 규정하고 있지 않기 때문에 연봉제 도입은 아직도 미미한 실태다.

대학교원에 대한 연봉제 실시는 자유시장경제의 기본 원리 중의 하나인 경쟁원리를 대학에 도입 · 시행함으로써 대학의 경쟁력 제고를 통한 대학교육의 질적 수준을 높이는 데 기여하고자 하는 것이다. 이러한 의미를 지니는 연봉제는 각 개인의 능력과 업적 및 공헌도의 평가를 기초로 계약에 의하여 연간 보수액을 경정하는 성과중시형의 급여체계다. 집단이나 단체는 조직목표보다는 개인의 성과와 업적을 중시하므로, 상호 간의 협조가 적은 관리직이나 전문직에 연봉제를 도입하는 것이 적합하다고 할 수 있다. 따라서 대표적인 전문직의 하나인 대학교수는 교수 상호 간의 협조보다는 독자적인 업무수행이 이루어지는 경우가 많으므로 연봉제를 도입할 경우 효율성이 더 높은 직종이라 할 수 있다.

(2) 연봉제의 장단점

연봉제는 장점과 단점을 동시에 지니고 있기 때문에 모든 업종, 모든 대학 및 상황에 적용할 수 있는 것은 아니다. 따라서 단순히 연봉제를 유행에 따라 도입할 것이 아니라 장기적 관점에서 입각하여 대학의 목적에 부합하는 방향으로 도입하여야 한다.

① 연봉제의 장점

- 교직원 동기유발: 연봉제는 미래의 성과가 높아질 것을 기대하는 동기부여형 보수 형태다. 노력하면 노력한 만큼의 대가가 따른다는 기대감을 제공하는 보수제도이므로 철저한 능력주의, 실적주의로 교직원들에게 동기부여함으로써 계속 의욕적으로 연구하고 강의할 수 있게 한다. 또한 연봉제는 자신의 능력과 업적이 곧 보수로 표현된다는 생각 때문에 일반직원들도 자기 책임 하에 업무를 수행함에 따라 능력발휘를 위한 사기앙양으로 연결되어 목표달성이 가능하다.
- 보수관리의 용이: 복잡한 보수체계 하에서 총액산출의 근간이 되기 때문에 단순화된 보수체계를 유도할 수 있다. 따라서 연봉제를 도입하면 복잡한 보수체계의 간소화로 보수관리가 용이해지므로 관리의 효율성이 증대된다.
- 자율적인 공헌: 연봉제를 도입함으로써 교직원들에게 책임감을 부여해 자신이 달성한 업무와 연봉과의 비교를 통해 경영감각을 배양할 수 있다. 업적이 곧 연봉과 직결되므로 타율이 아닌 자율적 공헌 노력이 실현된다.
- 우수 교수진과 전문인력 확보: 연봉제를 통해 외국의 저명대학 교수진과 능력 있는 직원을 확보하여 대학운영의 효율화를 꾀할 수 있다.
- 상하 간 협조와 소통: 직원들의 경우 상사와 부하 간의 원활한 의사소통을 기대할 수 있다. 연봉제 대상자는 매년 스스로 업무목표를 세우고 상사와의 면담을 통해 자신의 의견을 충분히 밝히고 조언을 구할 수 있어, 상하 간의 의사소통이 원활해진다.

② 연봉제의 단점

- 연봉 감소의 충격: 연봉제는 전년도의 실적을 평가하여 연봉을 결정

하기 때문에 다음 번에 하향조정될 수도 있다. 그러나 다른 보수 형태는 성과와 실적을 이유로 감액되지는 않는다. 연봉제 도입으로 연봉의 증감이 두드러져 교직원의 사기가 떨어지면 도입한 의의가 적어진다.

- 갈등과 위화감 조성: 연봉제는 기본적으로 개인별 차등보수를 전제로 하기 때문에 지나친 경쟁으로 인해 구성원들 간에 갈등이 증폭되고 위화감이 조성되어 상호 협력과 커뮤니케이션이 지장을 받을 수도 있다.
- 능력평가의 어려움: 개인이 받는 연봉 총액의 결정은 인사평에 의해 이루어진다. 평가의 객관성과 공정성을 확보하지 못하면 성과와 보수의 관계에 대해 교직원들이 회의적 반응을 보이게 되고, 그들의 성과향상 노력을 효율적으로 자극하지 못한다. 연봉제 성공의 핵심적 관건이자 가장 많은 비판의 대상이 되는 것이 바로 평가의 문제다.

2) 공공 부문의 연봉제 도입 현황

21세기는 지식과 정보가 국가의 생존을 좌우하는 지식정보화 시대, 수많은 기회와 위험이 동시에 상존하는 불확실성의 시대로 대변된다. 이러한 시대적 변화에 대처하기 위해 서구 선진국들은 1980년대 말부터 정부의 경쟁력을 높이기 위한 교직원인사제도의 개혁을 추진해 왔으며, 이웃나라 일본도 최근 정부조직 개편에 이어 교직원 인사제도에 대한 대대적인 개혁을 추진해 오고 있다. 이러한 공직사회 인사제도 개혁에 대한 세계적 조류에 우리만 예외일 수는 없다. 과거 고도 성장기에는 연공서열에 기초한 인사관리로도 별 문제가 없었으나, 급변하는 현 사회에서 과거의 인사관리 방식은 조직의 활력을 떨어뜨려 우수한 인재육성과 국가경쟁력 제고라는 두 가지 측면에서 모두 한계를 드러내게 되었다.

이러한 환경적 변화에 능동적으로 대처하여 21세기 지식경제 강국으로 거듭나기 위해 정부는 1999년 공직사회에 경쟁력과 전문성을 핵심으로 하는 성과급제를 도입하였다. 공직사회에 연봉제가 도입된 배경은 1990년대 초 이미 연봉제를 도입하기 시작한 민간기업의 경우와 그 근본적인 맥락을 같이한다. 즉, 기업의 연봉제가 연공주의에 의한 보수체계의 경직성을 완화하고 개인의 성과와 임금을 연동시켜 강력한 동기를 부여함으로써 조직의 생산성과 경쟁력을 강화하기 위한 것이었다면, 공직사회의 그것은 국가경쟁력 제고를 위해 공직사회의 구조조정과 풍토를 개선하고, 교직원 인사와 급여체계를 성과와 능력 중심으로 개편함과 동시에, 인센티브 제도를 통한 행정의 생산성을 제고하는 것에 목적을 두고 있다(중앙인사위원회, 2001).

여기서는 한정된 자원을 투입하여 보다 높은 생산성을 제고할 수 있는 연봉제와 성과급제의 확대 실시를 위해 이미 연봉제를 실시하고 있는 조직 중 공공 부문을 중심으로 연봉제의 도입, 현황, 평가와 지급 및 효과에 대해 분석해 보고자 한다.

(1) 도입 현황

IMF 이후 구제금융 융자를 받기 시작하면서 정부에서는 국가경쟁력 제고를 위한 연봉제 도입을 논의하기 시작하였다. 행정안전부는 IMF 체제를 극복하고 더 나아가 보다 건실한 국가발전을 위해 사회 전반에 확산되어 있는 고비용 저효율 구조를 개혁할 필요성을 인식하게 되었으며, 이에 따른 일련의 개혁작업들 가운데 정부가 먼저 솔선수범해야 한다는 인식 하에 실시된 것 중의 하나가 공무원 연봉제 도입이었다. 즉, 정부는 경쟁과 보상을 중심으로 한 연봉제를 통해 공직사회의 근본적 변화를 불러 일으켜 행정의 생산성을 높이고 정부의 경쟁력을 제고하여 국민에게 보다 양질의 행정 서비스를 제공하는 것에 기본적인 취지를 두었다.

공무원 연봉제의 구체적 도입 과정을 살펴보면, 1997년 IMF를 벗어나기 위한 정부의 경쟁력 강화 차원에서 가장 먼저 논의되기 시작하여 정부 부처 3급 국장 이상은 연봉제를, 3급 과장 이하는 성과상여급제를 실시하는 기반을 마련하였다. 그러나 우리나라 공직사회가 조직문화나 제도적인 측면에서 생산성 향상을 위한 획기적인 보수제도 개혁을 받아들일 만한 준비가 부족한 상태이며, 이런 상황 하에서 연봉제를 도입하는 것은 상당한 부작용이 예상되기 때문에 연봉제를 본격적으로 실시하기 위해서는 많은 시간과 노력이 필요하다고 주장하였다.

현재 공무원 연봉제는 정부 고위관리직과 전문직 중 정무직과 공무원과 3급 이상 계약직 공무원들을 대상으로 하고 있으며, 일반사무직이나 기능직 공무원들은 제외되고 있다. 3급 이상 공무원을 대상으로 연봉제를 실시하게 된 주된 이유는 그 업무의 특성이 협조를 통한 업무수행보다는 개인의 전문성과 독자성에 기반을 두고 업무를 수행하므로 직급과 경력에 기초한 연공급 급여체계보다는 능력과 업무실적을 반영하는 보수체계로의 개선이 바람직하며, 동시에 복잡한 보수체계를 단순화하여 보수제도의 투명성을 확보할 수 있기 때문이다.

현재 공무원에 대한 연봉제는 고정급적 연봉제와 성과급적 연봉제의 두 가지 형태로 구분하여 시행되고 있다. 고정급적 연봉제 적용대상은 장관, 차관 등 정무직 공무원과 특 1급 외교직 공무원들이며, 직위별로 동일한 연봉이 지급되고 있다. 반면 성과급적 연봉제 적용대상은 1~3급 공무원과 계약직 공무원이며, 계약별로 연봉한계액 범위 내에서 기본연봉과 업무성과에 따라 차등 지급되는 성과연봉을 적용하고 있다.

(2) 실시 현황

3급 이상 공무원들에게 실시되고 있는 연봉제의 구성체계를 보면 고정급적 연봉제와 성과급적 연봉제를 구분 · 시행하고 있다. 이는 처음

연봉제를 도입하는 단계에서는 부분적인 연봉제를 실시하고, 연봉제가 어느 정도 정착되면 점차적으로 완전연봉제를 실시하기 위한 것이다. 고정급적 연봉제가 적용되는 정무직 공무원에게는 고정급 연봉과 연봉 외 급여(제 수당)가 지급되고 있고, 성과급적 연봉제가 적용되는 공무원은 기본연봉과 성과연봉 그리고 연봉 외 급여(제 수당) 등이 지급되고 있다. 이러한 연봉제의 시행이 정착 단계에 이르면, 완전연봉제가 실시되어 연봉 외 급여를 폐지하고 고정급 연봉제와 성과연봉제를 추진하면 된다.

고정급적 연봉제 대상자의 연봉은 봉급, 기말수당, 정근수당, 관리업무수당, 명절휴가비, 직급보조비 일부를 연단위로 책정하였고, 연봉 외 급여로는 연봉에 포함되지 않는 수당 및 복리후생비로서 가족수당, 자녀학비보조수당, 직급보조비(연봉에 흡수되는 금액 제외) 및 정책급식비 등이 포함되어 있다. 성과급적 연봉제 대상자의 연봉은 기본연봉과 성과연봉으로 나누어진다. 기본연봉은 연봉으로 전환한 1차년도에는 봉급, 기말수당, 장기수당, 장기근속수당, 관리업무수당, 명절휴가비, 교통보조비의 연액으로 책정하고, 2차년도 이후의 기본연봉은 전년도 연봉액에 당해 연도 정책조정액으로 책정된다.

그러나 정무직 고정급적 연봉제 대상자는 호봉제에서 연봉제 대상자로 전환되는 것이 아니므로 연봉 책정이 간편하나, 성과급적 연봉제를 받는 대상자는 다소 복잡하다. 예를 들면, 성과급적 연봉제를 받는 대상자인 3급 과장(3급 또는 4급 복수직 정원에 해당하는 교직원)이 승진 또는 직위변경으로 3급 국장의 보직이 주어지면 보수관리의 적정성을 기하기 위하여 승진 또는 직위변경된 당해 연도 말까지는 계속하여 호봉제를 적용하고, 다음연도 1월 1일부터 연봉제의 적용을 받도록 하였다. 다만, 1월 1일자로 승진 또는 직위변경된 경우에는 바로 당해 연도에 연봉제 적용대상 교직원으로 전환한다. 이러한 복잡한 교직원 보수체계는

❙ 표 7-4 ❙ 연봉제에 포함되는 제 급여와 수당의 예

현행		연봉제
기본급(1200%)		〈연봉액〉
가계지원비(125%)		• 기본급 1,200% • 가계지원비 125% • 명절다례비 100% • 정기상여금 400% (이상 1,825%)
명절다례비(100%)	→	
특수업무수당 (전산수당, 운전수당 등)		• 특수업무수당 연봉 산입 후 폐지
교통비	→	• 교통비 연봉 산입 후 폐지
가족수당		• 중식비 월 50,000원 연봉 산입
정기상여금		차등성과급 200%
중식비(월 150,000원)	→	연봉 외 중식비 (월 100,000원: 비과세)
법정수당 (연차, 시간 외, 휴일근무수당 등)		연봉 외 지급 수당

연봉제의 효율적 실시를 위해 보수관리의 간소화와 총액인건비의 필요성을 요청받게 된다.

성과급에 따라 달라지는 연봉차이를 구체적인 예를 통해 살펴보자. 4급 과장 20년 근속 교직원은 상위 10%인 교직원의 경우와 하위 30%인 교직원의 경우, 시행 첫해인 2001년에는 약 208만 원의 연봉차이가 나지만 시행 5년 후에는 매년 차액의 누적으로 인해 차이는 더욱 커진다. 또 매년 최상의 10% 이내 성과급을 지급받는 교직원은 성과급을 지급받지 못한 교직원에 비해 월등한 근무성적평가의 결과로 승진에 있어서도 유리한 위치를 차지할 수 있다. 매년 최고 등급인 'S' 등급으로 10%의 성과연봉을 받는 교직원과 매년 최저 등급인 'C' 등급으로 0%의 성과연봉을 지급받는 교직원의 연봉차이를 구체적 수치로 제시하면 4년 후에는 약 753만 원의 연봉차이가 발생하게 된다.

3) 연봉제의 문제점과 개선방안

국가경쟁력 제고와 고비용 저효율 구조의 개혁필요성에 의해 시행된 연봉제는 분명 공직사회에 변화와 개혁의 필요성을 일깨워 주었다. 그러나 아직도 공직사회에서는 성과급에 대한 부정적 인식이 상존하고 있으며, 나누어 먹기식 공동분배가 성행하고 있다. 연봉제 도입 당시의 취지를 살리기 위해서는 지금까지의 시행 과정 중에 나타난 문제점을 되짚어 보고 이를 해결하기 위한 보다 효율적인 개선방안을 찾는 작업이 필요하다.

(1) 연봉제의 문제점

현재 국가공무원 연봉제의 문제점을 살펴보면 다음과 같다.

- 업무의 성격이 비계량적이고 상대평가가 어려울 경우 공정한 평가를 위한 기준 설정이 어렵다. 평정은 모든 인사관리의 출발점인데, 평정이 객관적이고 공정하게 이루어지지 않으면 모든 인사관리는 왜곡될 수밖에 없다.
- 근무성적평정은 대부분의 부처에서 연공서열에 따라 행해지는 경우가 많고, 다면평가는 그 사람이 이룬 업무에 관한 업적보다는 개인적인 선호도와 안면 및 동일 부서에 얼마나 있었는지 등의 업무 외적인 요인에 의해 결정되는 경우가 많다.
- 공직사회의 업무실적을 기업의 그것과 동일시하여 평가하기에는 어려운 점이 많은 현 상황에서 성과급을 적용하는 것은 시기상조이며 직원들 간의 위화감만을 조성할 뿐이라는 부정적인 시각이 있다.

(2)해결방안

공직사회의 연봉제 시행 과정에서 나타난 문제점을 해결하기 위한 개선안은 다음과 같이 생각해 볼 수 있다.

- 공직사회에서도 민간기업과 마찬가지로 경쟁이 필요하다. 일한 만큼의 보수를 받는 제도가 필요하다는 인식을 가지도록 해야 한다.
- 공정성과 객관성 있는 평가도구가 제작되어야 한다. 이를 위해서는 먼저 객관적 평가지표 개발에 관한 많은 연구와 노력이 선행되어야 한다. 또한 객관적인 평가도구 개발노력과 함께 평가자는 평가에 대한 지속적인 관심을 가지고 평소에 객관적인 근거자료를 축적하기 위한 노력을 해야 한다.
- 관리자의 실적평정은 그 직원을 평가하는 것이 아니라 직원이 수행한 업무성과에 대한 평가가 되어야 하며, 관리자들은 그에 대한 신뢰를 줄 수 있어야 한다. 근무실적을 평가하는 실 · 국장 등의 관리자들은 연공서열이나 지연, 학연 등에 얽매이지 말고 객관적이고 공정한 방법으로 직원들의 실적을 평가하여야 할 것이다. 사실 성과급에 대한 대부분의 비판적인 시각이 평정에 대한 불신에 근거하고 있음을 볼 때, 객관적 평가도구의 개발과 함께 평정자에 대한 신뢰는 성공적인 연봉제 시행을 위해 가장 중요하다. 공정한 평가를 기반으로 하지 않은 연봉제 도입은 생산성을 높이는 것이 아니라 오히려 불필요한 경쟁심을 유발하고 위화감을 조성할 수 있다.

4. 외국대학의 사례

세계 각국은 나름대로 고유한 교육제도를 가지고 있다. 한 국가의 교육제도는 고유의 정치, 경제, 사회, 문화, 역사적 맥락에 따라 결정되기 때문이다. 따라서 국내 대학이 현재 어느 위치에 있는지를 알기 위해서는 국내와 상황이 다른 외국대학의 사례를 살펴볼 필요가 있다. 외국대학의 사례는 국내대학이 국제경쟁력을 갖추기 위해 추진하고 대학개혁에 의미 있는 준거가 될 수 있기 때문이다. 여기서 몇몇 외국대학의 보수사례는 국내 대학교원의 보수체계 설정준거와 전환에 많은 시사점을 줄 수 있을 것이다.

1) 미국

교수의 봉급을 포함한 대학의 연간 총인건비는 다양한 요인들 간의 복잡한 함수관계에 의해 결정된다. 그러한 요인들로는 교직원 수, 각 직급 및 직종별, 근무연수별, 시간제 · 전일제별 교직원의 구성비, 기본급 이외의 부가적 수당의 비율, 연간 봉급인상률 등이 포함된다.

신규임용 시 교수 봉급은 주로 시장요인에 의해 결정되지만, 다음에는 다양한 요인들의 영향을 받게 된다. 대체로 미국 대학들의 교수봉급은 연봉제로 책정되기 때문에 교직원 수가 늘지 않는다면 다음연도 인건비 총액에서 금년도 인건비 총액과의 차이를 어떻게 배분할 것인가가 관건이 된다. 그러한 대학 전체의 인건비 증가분 총액배분 문제가 연봉이 결정된 신임교수의 다음연도 보수 수준을 결정하는 데 중요한 영향을 미친다. 대개 인건비 증가분 총액에 대해서는 업적평가에 의한 성과급 형식을 통하여 각 개인들에게 배분되지만, 대부분의 교수들은 인건비 평균 증가분에 해당하는 봉급인상을 받게 되며, 평균보다 많거나 적은 봉급인상을 받게 되는 교수는 매우 적다.

다음연도에 금년에 비하여 인건비 총액의 증가가 있다면, 대학 전체의 인건비 증가분 총액의 책임기관(예를 들어, 단과대학)별 배분은 중앙에서 결정된다. 각 기관 내에서 개인에 대한 재원의 배분은 상당한 정도로 각 기관의 책임 하에 놓여 있다.

교직원은 대학의 가장 중요한 자원이기 때문에 인건비 재원은 대체로 대학정책의 기획과 예산에 있어서 우선순위를 차지한다. 유능한 교수를 유치하고 경쟁력을 갖기 위해서 많은 대학들은 교수 평균봉급이 일정 수준 이상이 되도록 노력하고 있다.

봉급 인상을 위한 총재원의 규모는 대학기획예산위원회를 통하여 총장에 의해 결정되며, 이사회의 승인을 받게 된다. 총인건비 증가규모는 ① 실질인건비의 유지, ② 성과보수의 증가, ③ 공정한 조정, ④ 시장요인에 따른 조정 등의 네 가지 요인에 따른다.

대체로 교직원의 봉급은 다음과 같은 과정을 거쳐 결정된다.

- **인건비 증가분 총액의 하부책임기관(단과대학 등)별 배분**: 봉급인상재원은 실질인건비, 업적보상, 공정성에 근거한 차별대우, 시장요인 등을 유지하기 위해 동일한 비율에 근거하여 각 책임기관에 배분된다. 이때 각 하부기관에 배분되는 '실질인건비 유지를 위한 금액'은 교직원 봉급액에서 전년도 소비자물가지수의 증가비율만큼의 금액에 해당하게 된다. 또한 각 하부기관은 인건비 증가분 총액에서 성과급적 요인에 따라서도 재원을 배분하게 되는데, 이는 자신의 성과가 보상받을 만하다고 판단하는 교직원들이 성과급을 받을 수 있도록 하기 위해서다. 아울러 우수한 교수요원을 확보하기 위하여 재량적인 용도의 금액이 지원되기도 한다.
- **하부기관 내에서 개별교수들에 대한 봉급 인상분의 배분**: 일단 대학본부에서 하부기관으로 인건비 증가분 총액이 배분되면 각 하부기관은 각 개인들에게 배분하게 되는데, 각 개인이 받는 봉급 인상분은 자신의 기본 계약 봉급에서 출발하게 된다. 이때 많은 대학들은 업적평가에 따른 성과급을 책정하게 된다. 학과나 단과대학 내에서 상

대적인 업적의 판단은 교수와 기관장이 함께 결정한 명확하고 명문화된 준거와 절차에 따라 이루어진다. 준거는 그 하부기관의 사명에 관한 세부적인 사항을 제시하여야 하며, 우수한 연구와 학문뿐만 아니라 질 좋은 교육과 봉사의 성과를 포함하고 있어야 한다.

- 봉급인상의 통지: 다음연도 봉급인상을 통지하는 시기에 각 교직원은 자기의 개별적 봉급인상에 대한 근거를 서면으로 통지받게 된다. 자신에 대한 평가가 만족스럽지 못한 교수들에게는 그러한 판단에 대한 구체적인 이유를 알려 주어야 한다.
- 봉급 결정의 재심의: 개별교직원이 자신들의 봉급과 관련된 결정을 재심의해 주도록 요구할 수 있는 절차는 각 책임기관 내에서 개발되어야 한다.
- 감독: 평의원회 예산정책위원회와 교직원연합협의회는 교무처장 및 해당 상급부총장의 자문을 받아 이 정책의 집행을 감시하고 대학교 평의원회 및 교수연합협의회에 매년 그 집행 상황을 보고한다.

2) 영국

영국 대학교수의 봉급과 관련하여 명문화된 지침은 몇 가지 되지 않지만, 예외적인 상황이 발생하지 않는 한 보편적으로 따르고 있는 관례나 관습이 있다. 통상 교수들은 보수와 근무조건에 대해 중앙정부와 교섭을 벌이는 전국교수노동조합에 속해 있다.

급여 최저액, 추가보수를 포함한 보수 기준은 국가가 관장한다. 특히, 경영학처럼 교수를 구하기 힘든 분야는 평균보다 두 배 정도의 연봉을 주기도 한다.

국가 차원의 보수산정 기준이 있기는 하지만 개인의 특성에 따라 대학이 융통성을 발휘할 수도 있다. 각 대학에는 국가가 정하는 지침 내에서 보수를 산정하기 위한 교수보수위원회가 구성되어 있다. 대학이 절실하게 필요로 하는 유명한 교수를 유치하기 위해서는 금전적 · 비금전적 사항과 어떤 것에 대해서든 당사자와 교섭할 수도 있고, 대학은 무엇이든 원하면 할 수 있게 되어 있다.

현 체제의 문제점 중의 하나는 우수한 업적에 대한 충분한 보상체제가 없다는 것이다. 어떤 경우는 평균 수준의 임금인상을 넘어서는 보상이나 인정을 기대하지 않고 뛰어난 강사가 될 수 있고, 모든 학생들은 그 강좌를 수강할 경우도 있다. 뛰어난 강의는 그 자신에게 만족을 주는 것이다. 그러나 개인적으로 볼 때 좋은 보상체제가 마련되는 것이 더 바람직할 것이다.

3) 호주

호주는 지난 50년간 급속한 팽창을 거듭하였으며, 이에 따라 대학교원의 수도 급증하였다. 그러나 대학원교육이 강화되고 수준이 향상되기 시작한 1970년대 이전의 대학교원은 외국대학교, 특히 영국 대학교로 유학을 다녀온 학생이나 외국인이 대부분이었다.

영국의 전통에 미국의 영향이 가해져 형성된 호주 대학의 교원은 어떻게 임용되고, 어떠한 과정과 절차에 의해 승진과 평가가 이루어지는가를 살펴보면 다음과 같다.

호주의 대학교원은 직급에 따라 정해진 호봉 기준에 의한 단일봉급체계를 채택하고 있었다. 그러난 1998년 이후 이러한 연방정부의 규제가 완화되기 시작하면서 컴퓨터과학, 전기공학, 회계학 등과 같이 수요가 많거나 개인기업에 비해 대학의 보수가 적은 법학 분야에서는 추가급여의 지불이 확산되었다. 그러나 시드니대학 회계학 분야의 경우 정상급여의 1/3을 추가급여로 지불해도 적당한 자격의 교원을 채용할 수 없는 형편이었다.

이러한 문제를 해결하기 위한 방안으로서 개인적 자문의 허용이 시도되었다. 사기업과의 상호작용이 대학에 유익하다는 명분 아래 실시된 이 제도에 의해 법학, 의학, 회계학 분야 교원들의 수입이 2배로 늘어나게 되었고, 이에 따라 대학교원들 사이에 갈등이 생기게 되었다. 더욱이 호주 정부는 앞으로 대학의 재정지원을 각 대학의 생산성에 따라 차등 지원한다는 정책을 갖고 있어서 교원 임용의 어려움이 더 커질 것으로 전망된다.

4) 일본

일본 대학교수의 봉급은 일반적으로 관심을 끌어 오지 않았다. 과거에는 교수조합에서 제시한 봉급표를 제외하고는 연구자 간에 거의 논쟁이 없었다. 국립대학교 교수봉급은 국가교직원법의 제63조와 제64조에 따라 국가인사국이 규정한 봉급표에 따라 결정된다. 국립대학 교수를 포함하는 국가교직원 봉급체제에서는 1년을 무사히 넘기면 호봉승급은 자동적으로 이루어진다.

그러나 2004년부터 국립대학을 문부과학성에서 독립시켜 법인화하기 위해 규제를 대폭 완화하고 국립대의 재량권을 확대하여 민간경영 기법을 도입하였다. 조사검토위원회는 국립대 교직원의 신분에 관하여 탄력적이고 다양한 인사제도의 실현을 위해 전원을 '비교직원' 으로 하고 있으며, 또한 국립대 교직원의 급여 형태를 대학이 정하도록 하고 업적급과 연봉제를 도입하는 추세가 늘고 있다.

제8장

승진과 보직

1. 승진과 보직의 기초지식

1) 승진의 의미와 중요성

대학이나 회사를 막론하고 신분사상이 짙은 우리나라 현실에서 승진의 의미와 승진 관련 문제는 다른 나라와 매우 다른 실정이다. 학교에서도 승진문제는 특별히 관심을 갖고 해결해 나가야 발전에 지장이 없을 것이다. 승진(promotion)이란 교직원이 한 직무에서 더 나은 직무로 이동하거나 또는 한 지위에서 더 높은 지위를 맡게 되는 것을 의미한다. 즉, 신분, 보상, 책임, 위치, 권한 등이 더 커지고 높아지는 것이다. 이 모든 것들을 동시에 수반하는 승진이 있고 단지 지위만 오른다든지 보상만 오르는 경우 또는 심지어 보수, 책임, 직무는 그대로인데 직위명칭만 한 직급 높게 불리는 경우도 있다. 승진은 지위급수가 높아지고 월급이 오르는 것이지만, 단지 호봉만 올라서 월급이 오른다면 승급이라 할 수 있다. 그동안 교수나 직원을 막론하고 해마다 1호봉씩 승급되는 것은 자연스런 일이었다.

우리나라에서 봉급인상 못지않게 혹은 그보다도 더 승진에 관심이 많은 이유는 신분과 권한계층을 중시하는 유교문화적 풍토 때문이다. 전통적으로 수직주의에 만연되어 있는 우리나라 사람들의 가치관은 권위주의적 위계질서에 복종하는 경향이 컸으며, 높은 지위에 오르려는 상향의식이 많았고, 따라서 승진혜택은 교직원들의 욕구충족을 위한 가장 큰 도구가 되었다. 요즘은 조교수의 재임용 요건이 까다로워지고 정교수는 퇴직연한까지 임기가 보장되는 제도라서 정교수로의 승진이 의미가 있다. 정교수도 재임용을 받던 과거에 조교수에서 부교수, 부교수에서 정교수로의 승진이 교수사회에서도 매우 큰 관심사가 된 것은 다른 이유에서가 아니라 사회에서의 인식이 한몫을 했다.

우리나라에서는 승진이 봉급 못지않게 중요하기 때문에 봉급상승은 억제시키면서도 지위승진으로 교직원들을 만족시킬 수 있었다. 즉, 중간지위를 만들어 승진시키면 인건비 증가 없이 교직원들에게 혜택을 줄 수 있기 때문에 불필요한 직급인 주임, 대리, 과장 등의 계층을 두었던 것이다. 처장과 부처장은 대개의 대학의 교수가 맡고 있으므로 직원의 승진문제는 대학에서 더욱 심각한 문제다.

승진은 지위상승 이외에도 다음과 같은 의미를 갖는다.

첫째, 승진은 가족과 주변인들로부터 인정을 받는 일이며, 인정받으려는 욕구의 충족 수단이 된다. 더구나 우리와 같은 체면사회에서는 이 효과가 극대화된다.

둘째, 승진은 더 높은 지위로 상승하는 것이다. 직원의 경우 권한도 커지고 부하직원 수도 많아지면서 결과적으로 지배욕구의 충족이 가능하다. 교수의 경우 더욱 안정된 지위와 다른 교수와의 관계에서 대등한 위치를 가진다.

셋째, 승진은 봉급 수준을 증대시켜서 교직원의 경제생활에 보탬이 되며 생활의 질도 높아진다. 교수의 경우는 보수의 상승은 미미한 형편이다.

넷째, 승진은 더 가치 있고 더 어려운 상위 직무를 맡는 것이므로 더 많은 도전과 자아능력 개발의 기회를 제공한다. 승진이 없다면 그나마 연구에 몰입하기 싫은 교수에게는 아무런 동기를 부여하지 못할 것이다.

다섯째, 승진은 대학이 자신을 인정하는 것이기 때문에 안정이 보장되어 안심하고 학교생활을 할 수 있게 해 준다.

2) 연공승진과 능력승진

승진관리가 잘못되어서 기대한 만큼의 승진이 안 되거나, 불공정하게 이루어지거나, 적체현상이 심할 경우 교직원들의 사기저하와 불평은 봉급관리의 실패보다 더욱 고조될 수 있다. 효율적인 승진관리를 위해서는 승진의 결정 기준이 명확해야 한다.

(1) 연공승진의 타당성

연공(年功)이란 대학에 근무한 근속연수를 뜻하는데, 우리나라에서는 다음과 같은 이유로 연공 기준 승진을 많이 채택하고 있다. 대학에서의 연공은 회사보다 더 중시된다. 부교수니 정교수니 하는 직급보다도 그 대학에 근무한 지 얼마나 오래됐는지에 따라 학과장 선임이나 회의에서의 발언권이 커진다고 할 수 있다. 연공중시 경향도 전혀 근거 없는 생각은 아니며, 다음과 같은 이유가 있다.

- 유교문화: 장유유서 의식은 대가족제도 하에서 가족 구성원들 간에 질서를 유지하는 근간이 되었는데, 이것이 한국사회의 일반정서이며 그것을 대학에서도 전수하여 명령 · 지휘계통의 질서유지에 사용할 수 있었다.
- 부서 간 균형: 연공을 기준으로 승진시키다보면 대학 관리자들의 근속연수나 연령층이 비슷해지기 때문에 부서 간 관리자들 사이에

있을 수 있는 나이차이로 인한 불균형을 해소하고 부서 간 협동 시스템을 구축할 수 있었다.

- 숙련 증가: 근속연수가 길면 맡은 직무와 대학의 사정에 능통하여 다른 사람보다 높은 위치에서 진두지휘할 수 있다고 판단하였다.
- 객관적 평가 기준: 능력 위주의 승진을 위해서는 교직원들의 능력과 업적에 대한 정확한 평가가 행해져야 함에도 불구하고 아직 그러한 평가 시스템이 확립되지 않은 우리나라에서 가장 객관적인 기준은 연공일 수밖에 없었다.

(2) 연공과 능력의 조화

그럼에도 불구하고 승진 결정 시 연공과 능력을 적당히 안배하는 것이 더욱 합리적인 승진관리라고 볼 수 있는데, 특히 직원과 교수직을 구분하여 연공의 가중치를 얼마나 정할 것인가 차이를 두어야 할 것이다. 예를 들면, 교수직의 경우는 능력과 자격이 더욱 중시되어야 하지만 직원의 경우는 연공이 좀 더 의미가 있을 것이다. 그리고 주임, 대리급 승진은 연공에 의한 승진도 수긍이 가지만 처장 이상 더 높은 직급으로 갈수록 연공을 보다 많이 고려해야 한다.

연공 기준과 능력 기준에 대한 경영진과 교직원의 입장은 서로 다르다. 이를테면 경영진은 능력 위주의 승진을 시켜야 교직원들이 능력을 발휘하고 대학에 공헌할 것이라고 믿기 때문에 능력을 고려한 승진정책을 시도한다. 그러나 교직원들은 능력 위주 승진은 서로 간의 경쟁과 반목을 조장할 뿐 아니라 서로 빨리 승진하려고 땀을 더 흘려야 한다는 부담 때문에 연공 위주의 승진정책을 주장하게 마련이다. 그러나 최근 우리 사회의 분위기는 급격한 가치관 변동으로 연공 기준보다 능력 기준을 더욱 주장하는 경우도 있다.

3) 승진의 기본 원칙

대학마다 사정이 다르고 지위계층 구조가 다르기 때문에 공통적인 승진원칙은 없다고 하더라도 다음과 같은 기본 원칙의 테두리를 벗어나지 않아야 교직원들의 불평과 사기저하를 어느 정도 예방할 수 있다.

(1) 적정성

승진할 직위의 수가 적정하여 교직원들이 승진할 능력과 시기가 되었을 때 승진이 가능해야 한다. 승진의 자격과 시기가 되었음에도 불구하고 정체현상으로 인하여 승진할 자리가 없다면 적정성이 없는 것이다. 그러므로 과거 선배들의 승진연한과 비슷한 속도를 유지하도록 장기계획을 세워야 할 것이며, 비슷한 업종의 타대학들과 비교해서 차이가 나지 않도록 승진이 이루어져야 한다. 그럼에도 불구하고 과거의 호황으로 때가 되면 승진만 시키다보니, 상위직급은 자리가 모두 찼고 아랫사람이 오를 자리가 없다든지, 관리자 수가 하위직 실무계층 수보다 더 많은 대학도 있다.

채용 시부터 교수들의 연령 구조를 파악하여 적절히 안배할 필요가 있으며, 직원들에 대한 승진연한도 선배직원들의 승진연한과 유사하도록 해야 한다.

(2) 공정성

승진대상자들에게 승진의 기회를 공정하게 배분해야 함은 당연하다. 그럼에도 불구하고 공정성원칙이 지켜지지 않아서 누구는 승진하고 누구는 안 된다든지 또는 승진이 특정 부서에만 치우치고 다른 부서에는 주어지지 않는다면 교직원들의 불만이 증가되어 이직과 탈퇴현상이 빈번하게 일어난다. 물론 공정성 시각은 각 개인의 주관성에 바탕을 둔 것이기 때문에 공정성을 객관적으로 유지한다는 것은 무척 어렵다. 하지만 불평불만을 최소화하기 위해서 교직원들과 함께 승진 기준을 만들고 승진평가 과정을 공개하여 승진결정 과정이 공정했다는 사실을 알려 주는 것이 바람직하며, 이는 차기 승진예정자에게도 승진에 필요한 바람직한 행동 기준을 제공해 주는 셈이 된다.

(3) 합리성

승진 결정에 영향을 미친 평가요소를 합리적으로 선택하여 평가했느냐의 문제다. 즉, 공헌을 많이 하고 능력이 많은 사람을 승진시켰다면 공헌도와 능력 수준을 무엇으로 평가했는지 고과요소가 합리적으로 마련되어야 할 것이다. 지연, 혈연, 학연 등 정실주의에 입각한 비합리적 기준이 아닌 적성, 잠재력, 업적, 능력 등 조직목표 달성에 직접 영향을 주는 요소들을 선택하여 평가해야 합리성 있는 승진 기준이라고 할 수 있다.

교수의 경우 시대에 따라서 승진에 필요한 연구실적의 양이 지나치게 차이가 나는 경우가 있는데, 이는 기존 교수들의 기득권 보호와 자신들의 부담을 새로운 젊은 세대의 교수들에게 떠넘기려는 의도가 약간은 작용했다고 볼 수 있다. 그러므로 최소 승진자격 기준도 장기적으로 안배하여 합리적인 기준을 세워야 할 것이다.

2. 승진과 보직의 실제

1) 승진의 유형

급여 기준이 호봉만 오르느냐, 맡은 직무의 수가 상승하느냐, 직무의 질이 높아지느냐, 책임과 권한이 많아지느냐 등에 따라 승진의 유형도 가지각색이지만 여기서 대표적 형태만 구분해 보면 다음과 같다.

(1) 직급승진

대학에는 맡은 업무의 중요성과 관리하는 부하직원의 수 그리고 책임의 크기에 따라 여러 계층의 지위가 있다. 평직원, 주임, 계장, 과장, 부처장, 처장 등인데, 이러한 직급계층이 상향이동하는 것을 직급승진이라 한다. 승진이 가능하기 위해서는 상위 직급 자리가 공석으로 비게 되든지, 새로운 상위 직급을 신설해야 한다.

이 경우 승진자격을 갖춘 대상자는 많고 상위 직급은 한정되어 있기 때문에 승진정체가 있는 만큼의 사기저하나 이직현상이 일어난다. 우리나라처럼 대학의 급팽창이 계속되다가 안정기로 넘어오면서 겪게 되는 현상으로 다른 해결대안은 없다. 다만, 많은 한국 대학들이 새로이 팀제를 도입하면서 직급승진이 무의미하며, 팀장 이외는 모두가 승진하지 못하는 팀원 상태에서 봉급만 증가되는 제도가 정착되면 승진적체는 어느 정도 해소될 것이다.

(2) 자격승진

자격승진이란 교직원이 갖추고 있는 직무수행능력(직능)을 상급으로 올려 주는 것으로서, 예를 들면 5급 직원이 4급 직원이 되거나, 과장 7호봉에서 과장 8호봉으로 올려 주는 경우다. 직능등급이 오른다고 직급이 오르는 것은 아니지만 적어도 직급승진을 위해서는 그에 해당하는 직능승진이 필수적이다. 직능등급의 승진은 상위 직급의 공석과는 무관하게 개인의 연한이 차고 자격이 되면 승진시킬 수 있으므로 매우 합리적으로 운영될 수 있다. 직능승진제도에 의해 개인의 직능이 상위 등급으로 이동할 경우 자격의 상승을 의미하기 때문에 '승격(昇格)'이라고 한다.

자격승진인 직능승진제도는 직원들의 능력신장을 유도하고 승진정체현상을 감소시키는 데 유용하지만, 능력신장은 되었으나 그러한 능력 수준에 대응되는 직무가 없는 소위 과잉능력 상황이 된다면 직원들의 직무불만족이 초래된다. 동시에 결과적으로 능력급으로 봉급이 책정된다면 직무는 하위 직무를 수행하고 개인의 능력은 상위 직능이므로 실제 수행업무보다 더 많은 인건비가 지급된다는 모순이 있다.

(3) 대용승진

대용승진(surrogate promotion)은 준(quasi)승진, 건조(dry)승진이라고 부를 정도로 직급호칭만 바뀌어서 겉으로 보면 승진이지만, 직무도 책임도 바뀌지 않은 겉보기 승진을 말한다. 즉, 직급명칭만 주임에서 계장으로 변경되는 형식적 승진이다. 특히, 이는 직급 위주의 사회에서 많이 통용되는데, 직원들의 승진욕구가 많고 승진정체현상은 심하며 호칭에 대한 사회적 체면관계가 중요한 우리 현실에서 교직원들의 승진욕구를 충족해 주는 최후의 수단이라고 할 수 있다.

2) 승진발령의 절차와 실제 사례

(1) 교수의 승진

① 대상자 추천

승진임용 기간을 충족한 대상자에 대해 연구실적물심사 및 업적평가, 인사고과 평정에 의해 예심 및 본심을 거쳐 승진임용 발령을 하는 것이다. 주관부서는 교무과다.

② 교수승진 관련 프로세스

대상자 선정 → 업적평가 및 근태 → 교원인사위원회 예심 → 연구실적물 및 조서제출 → 연구실적물심사 → 연구업적평가 → 교원인사위원회 본심 → 인사제청 → 인사발령 → 교육과학기술부 보고

- 인사기록카드를 근거로 하여 승진임용 충족기간 3개월 전 대상자

를 선정한다.

- 대상자에 대한 업적평가를 연구처에 요청 및 회수, 근태사항 자료를 대상자별로 정리한다. 단, 대상자에 대해 교원인사위원회(예심)를 진행한다.
- 예심통과자에 대해 해당 기간 동안의 연구실적 및 조서제출을 단과대학 교학과를 통해 해당 교수에게 요청한다.
- 연구처에 의뢰하여 연구업적평가를 요청 및 회수한다.
- 예심통과자에 대해 교원인사위원회(본심)를 개최하여 심의 과정을 거친다.
- 법인에 인사 제청한다.
- 법인 이사회 의결 후 이사장으로부터 발령통보를 받아 각 부서로 통보한다.
- 교육부에 승진임용 보고 및 사령장을 교부한다.
- 교원인사기록카드 및 전산자료를 정리한다.

(2) 직원의 승진

① 승진고사

승진고사는 다음 사항에 대하여 실시한다.

- 일반적 분야에 대한 지식
- 전문 분야에 대한 지식
- 기타 직무 수행에 필요하다고 인정하는 내용

② 승급조서

- 해당 각 부서의 장은 규정 제29조에 의한 승급대상자에 대한 승급의견서를 작성하여 승급 1개월 전에 사무처에 제출하여야 한다.

• 사무처장은 전항의 해당 부서장으로부터 접수된 의견서를 토대로 정기승급조서를 작성하여 승급사정에 참고한다.

③ 승진 절차

• 승진고사 → 평가(1)-행정과장 근무평정 → 평가 결과 제출(밀봉) → 이사장
• 대상자 선정 → 평가(2)-경력 및 근태상황평정 및 명단 작성
• 평가결과표 작성(순위표) → 심의(직원인사위원회) → 제청(총장) → 이사장
• 평가(3)-승진고사(PC 평가 등) → 발령 및 사령장 수여(이사장) → 공지

④ 승진추천

• 매년 4월 1일 및 10월 1일을 기준으로 승진대상자를 파악한다.
• 승진후보자에 대하여 근무성적평정(부서장평정, 행정과장평정), 경력평정(직급재직기간평점, 호봉평점, 근속기간평점), 근태상황평정 및 승진고사(PC 평가 등)를 실시하여 순위를 결정한다.
• 직원인사위원회의 심의를 거쳐 법인에 승진제청을 한다. 이때 직급승진은 결격자를 제외하고 대상자 전원에 대한 순위를 정하여 제청하며, 보직승진은 승진인원에 대하여 복수로 제청(추천)한다.

3) 승진과 보직규정의 사례

승진과 승급에 관한 대학의 규정을 사례를 들어 살펴보자. 왜냐하면 우리나라의 모든 대학들이 교직원의 승급과 승진과 관련하여 거의 대동소이하게 운영하고 있기 때문이다. 우선 직원에 대한 규정의 예는 다음과 같다.

(1) 직원의 승진과 승급규정

① 승진

현 직위로부터 상급 직위로의 승진은 현 직위에서 상당한 경력을 쌓고 근무성적이 우수하여 상급 직위의 직무를 감당할 만한 능력을 가진 자에 대하여 행하되, 다음 요건을 구비하여야 한다.

- 본 대학교에서 실시하는 승진고사에서 합격한 자
- 소속부서장의 추천과 인사위원회의 심의를 거쳐 승진이 가능하다고 인정된 자
- 승진은 매년 2회 4월 1일과 10월 1일자로 실시한다.

② 특별승진

직무수행능력이 탁월하고 본 대학교 발전에 지대한 공헌과 실적이 있다고 인정되는 자에 대하여는 전조의 규정에 불구하고 인사위원회의 심의를 거쳐 특별승진을 할 수 있다.

③ 승진의 제한

- 다음에 해당하는 자는 승진할 수 없다.
  - 징계처분 및 직위해제 또는 휴직 중인 자
  - 징계처분의 집행이 종료된 날로부터 다음 기간이 경과되지 아니한 자

    감봉(4월 이상) 18월

    감봉(4월 미만) 12월

    견책 6월
- 전항의 규정에 의하여 승진제한 중에 있는 자가 다시 징계처분을 받은 경우의 승진제한기간은 전 처분기간과 통산한 기간으로 한다.

④ 승급

직원의 급여에 따른 호봉의 승급은 매년 2회 3월 1일과 9월 1일자에 실시하고, 발령 후 1년이 경과하면 근무성적과 본 대학교 발전의 기여도를 참작하여 1호봉씩 승급함을 원칙으로 한다.

⑤ 특별승급

직원 중 다음에 해당하는 자에 대하여는 전조의 규정에 불구하고 1호봉 이상의 특별승급을 할 수 있다.

- 품행이 방정하고 근무에 충실하여 타의 모범이 되어 대내외로부터 포상받은 자
- 특별히 곤란한 업무를 수행한 자
- 학교 발전에 크게 공헌하여 표창을 받은 자
- 근무평정 결과 그 성적이 특히 탁월한 자

(2) 교수의 승진과 승급규정

① 교수의 승진

- 교원인사규정 제18조에 의한 교원의 직급별 승진 기준연수는 다음과 같다. 다만, 연구실적, 강의, 학생지도, 교원업적평가, 학교행사 참여 등의 근무성적평가 결과가 일정한 기준에 미달한 경우에는 승진을 유보할 수 있다.
  - 전임강사에서 조교수로의 승진 기준연수는 3년 6개월로 한다. 다만, 박사학위소지자로서 전임강사로 신규임용된 자의 승진 기준연수는 2년으로 한다.
  - 조교수에서 부교수로의 승진 기준연수는 4년 6개월로 한다. 다만, 전임강사에 해당하는 승진 단축기간을 인정받지 못하고 조

교수로 신규임용된 자의 부교수 승진 기준연수는 6년 6개월로 한다.

– 부교수에서 교수로의 승진 기준연수는 5년 6개월로 한다.

- 시용계약기간 만료 후 정식 임용계약된 신임교원은 별지1 '신임교원의 직급 및 경력환산 기준'에 의해 환산된 승진 단축기간에 시용계약기간을 합산하여 해당 직급과 차후의 승진 단축기간을 산정한다.

② 승진기간의 단축

다음에 해당하는 자로서 상당한 이유가 있다고 인정하는 경우에는 제7조에 규정한 직급별 승진 소요기간을 6개월 단축할 수 있다.

- 본교 교원으로 임용된 후 승진사실이 없는 자로서 본교 교원으로 임용되기 전의 타대학(전문대학 포함) 교육경력이나 제7조에서 정한 연구소 등의 경력을 인정받지 못하여 타교원보다 불이익을 받은 자
- 본교 예비교원으로 다년간 재직한 자
- 전임교원으로 재직 중 현저히 뛰어난 연구 결과를 성취한 자
- 보직교원으로서 학교 발전에 크게 기여한 자
- 학위 미취득으로 상당기간 승진이 유보된 자
- 박사학위 취득 후 전임강사로 다년간 재직한 자

③ 직급별 임용기간

학교법인 ○○학원 정관 제34조 제2항 및 교원인사규정 제13조에 의거하여 아래와 같이 직급별로 기간을 정하여 계약한다.

- 교수: 정년까지의 기간. 단 본인이 원하는 경우에는 계약으로 정하는 기간으로 한다.
- 부교수, 조교수, 전임강사: 3년 이내의 기간. 단 부교수, 조교수, 전임강사를 신규로 임용할 때에는 교원인사규정 제13조 제4항에 따라 3년 이하의 기간 내에서 1년 단위로 기간을 정하여 시용계약할 수 있다.

4) 외국대학의 교수승진 사례

세계 각국은 나름대로 고유한 승진제도를 가지고 있다. 국내 대학이 현재 어느 위치에 있는지를 알기 위해서 국내와 상황이 다른 외국대학의 교수승진 사례를 살펴볼 필요가 있다. 외국대학들의 교수승진 사례는 국내 대학교원들의 승진체계 설정준거와 전환에 많은 시사점을 줄 수 있는데, 여기서는 영국과 일본의 사례만 보기로 한다.

(1) 영국

영국의 대학교수직은 몇 단계로 나뉘어 있는데, 그중 최고의 보수를 받는 최상위직은 수석교수직이다. 수석교수가 학과장일 수도 있고 아닐 수도 있는데, 학과장과는 완전히 다른 의미를 지닌다. 그다음 직급으로는 전임강사와 연구전담강사가 있다. 연구전담강사는 연구직에 가깝고, 높은 직위를 차지하고, 높은 보수를 받는다. 전임강사는 주로 강의를 담당하는데, 사람에 따라 상급 전임강사와 신임 전임강사로 불리지만 법적으로는 lecturer만 존재한다.

영국에서는 미국에서 이해되고 활용되고 있는 용어로서의 정년보장은 기술적으로 제공되지 않고 있다. 전에는 최근 수십 년간의 변화가 있기 이전에 임용된 원로교수들은 일반적인 관습과 관례에 따라 평생고용의 위치와 권리를 갖는다고 볼 수 있다. 하지만 급변하는 오늘날 새로

임용되는 교수들은 고정된 임기에 계약에 의해 채용된다. 영구적인 지위가 있기는 하지만, 이는 심각한 재정적인 변화라든가 학과의 통폐합 등과 같은 합당한 이유가 있다면 언제든지 폐지될 수 있다.

어떤 의미에서 승진은 다소 제한적이다. 기간제의 봉급인상표에 따라 보수를 받고 대학교의 상급자와 같이 점차 편안해져 가면서 대학교에서 전임강사나 연구전임강사로 평생을 보내는 경우도 많다. 특히, 뛰어난 연구업적을 갖고 있는 야망 있는 강사진들은 자기 대학이나 다른 대학에서 교수직을 얻으려고 노력한다. 그것이 승진이 되는 셈이다. 그러한 이동을 위해서는 연구, 학문, 출판, 박사학위 등이 필요하다.

영국 대학에는 국가 차원의 일반적인 정책은 매우 작은 지시만 있을 뿐 상당한 융통성이 있다. 물론 강력한 교수노동조합이 있으며, 이는 그 협상단위 내에 강의교수, 연구교수, 연구조교, 보조연구원, 행정가 등을 갖는다.

봉급과 근로조건은 국가 차원에서 협상되며, 모든 대학은 피고용자의 관심사항에 주의를 기울이고 살펴보는 노동조합 간사를 갖고 있다. 대학교의 모든 피고용자들은 정부의 피고용자이며, 노동조합의 직무는 정부의 불공정한 행위에 대하여 모든 피고용자들을 보호하는 것이다. 대학교의 행정가들은 보통 학과장이나 학장에서 옮겨와 봉사하는 교수이며, 다시 교수로 돌아가는 경우가 대부분이다.

(2) 일본

대부분의 일본 대학에서는 전임교원의 직급을 조수, 전임강사, 조교수, 교수로 분류하고 있다. 이들 전임교원 중 조수는 3~5년의 기간제로 임용되는 직급으로서, 이 기한이 끝나면 전임강사 혹은 조교수로 심사를 받아 승진하거나, 그렇지 못할 경우 타대학으로 옮겨야 한다. 전임강사의 경우는 대학에 따라 2년 정도의 시한부 발령을 하는 경우도 있고

(동경대학 법학부), 종신고용의 권리를 부여하는 경우도 있다(와세다대학, 교토대학). 조교수와 교수는 모두 정년(대학에 따라 60~70세로 정해져 있음)까지 종신고용의 지위를 지닌다.

조수는 박사학위 취득 후 바로 임용되는 것이 보통이다. 미국의 박사후 연구원과 비슷한 역할을 수행한다고 볼 수 있다. 전임강사의 자격은 통상 3년 이상 조수의 경력을 가진 자이어야 하고 연구 이외에 강의도 맡게 된다. 조교수의 경우는 5년 이상 조수의 경력을 가졌거나 2년 이상 강사로 재직한 경력이 있어야 하며, 학교에 따라 교수를 보좌하여 연구와 교육에 종사하는 역할을 수행하는 경우도 있고, 교수와 동격으로 완전히 독립적인 역할을 하는 경우도 있다. 교수는 5년 이상 조교수로 근무했거나 동등한 경력을 가졌다고 교수회의에서 인정한 자여야 한다.

전임이 아닌 교원으로서는 객원교수, 객원조교수, 방문연구원, 비상근 강사 등이 있는데, 이들은 모두 기간제로 계약을 하며 계약이 갱신되지 않으면 자동적으로 해임된다.

모든 대학에서 조교수 및 교수로의 승진 임용에 있어서 본 대학의 조수, 강사 혹은 조교수만이 심사대상이 되는 것이 아니라 우수한 타대학 교원을 발탁 임용하는 것도 가능하다. 실제로 많은 일본 대학(특히, 일류대학의 경우)에서 이러한 발탁 인사가 많고, 따라서 일본에서는 우리나라보다 대학 간의 교수교류가 활발한 편이다. 동경대학 이학부의 경우 조수에서 조교수 혹은 조교수에서 교수로 직접 승진하는 경우는 극히 드물고, 대개 다른 대학으로 승진하여 나갔다가 충분한 연구업적과 경력을 쌓은 후에 돌아오는 경우가 많다.

조교수도 정년이 보장되어 있지만, 일정 기간이 지나면 자동적으로 교수로 승진하는 것은 아니다. 우선 현직 교수의 은퇴, 전직 등을 통해 충원 가능한 교수의 자리가 생겨야 하며, 이 경우 교수승진 임용심사는 철저히 업적 위주로 외부의 후보자까지 동시에 고려하여 결정한다. 따라서 교수로 승진하지 못하고 조교수로 정년퇴임하는 교원의 숫자도 적지 않다.

5) 보직순환

(1) 보직순환은 왜 하는가?

보직순환은 교수의 보직순환과 직원의 보직순환으로 구별할 수 있지만, 교수의 경우 보직발령은 여러 가지 제약으로 순환 개념으로 이동시키는 것은 한계도 있으며 효율적이라고 할 수 없다. 다만, 교무업무를 본 사람을 입학처장에 보임한다든지, 학생처 업무담당을 취업정보센터 소장에 임하는 경우는 유사업무를 고려하여 발령한 예다. 여기서 보직순환이라 함은 직원의 업무부여나 직책과 관련하여 정기적으로 순환시킴으로써 여러 가지 효율화를 꾀하려는 것을 말한다.

한 부서에서 어느 직무를 담당하는 직원을 다른 자리로 이동시켜 새로운 일을 맡기는 것을 전환배치, 보직순환, 직무순환, 순환보직, 직무로테이션 등 여러 명칭으로 부르고 있는데, 이러한 보직순환은 왜 하는가? 그 이유는 여러 가지다. 물론 승진에 의해서 권한과 책임이 증대된 상위 직무로 이동하는 것은 불가피한 일이나, 대개 전환배치라고 하면 권한, 책임, 보상 측면에서는 큰 변동이 없고 소속부서와 맡은 직무만 바뀌는 수평이동을 말하는데, 왜 대학에서도 이러한 정책이 필요한가?

보직순환의 가장 큰 이유는 직원들의 경력개발을 위해서다. 대학은 보직순환으로 이런저런 일을 배우고 싶어하는 직원들의 경력향상 욕구도 충족해 줄 수 있을 뿐만 아니라 여러 가지 업무를 하다보면 유능한 직원이 되기 때문이다.

또 다른 이유는 부서 간에 직원들의 이동이 없으면 서로 간에 인간적 유대관계가 형성되기 어려울 뿐 아니라, 남의 부서 업무가 어떻게 진행되는지 알 수 없기 때문에 업무 협조가 이루어지기 어렵고 상호 커뮤니케이션 장벽이 커질 수밖에 없다. 직원들의 전환배치는 이러한 괴리를 줄일 수 있다.

또한 한 곳에서 같은 일만 되풀이하다보면 숙련도가 상승하는 대신에 매너리즘에 빠져서 흥미도 잃고 사기가 저하되는데, 이러한 직원들에게 자극성 있는 분위기를 마련해 주기 위해서라도 보직의 순환은 가끔 필요하다. 그리고 같은 부서에서 동료 간, 상하 간 갈등이 심화된 채로 그 상태가 지속되는 것은 바람직하지 않으므로 이때 다른 부서로 이동시켜 분위기를 쇄신시키기도 한다.

끝으로 보직순환을 의도적으로 시행하는 이유는 대학 상황의 변동으로 특정 부서의 업무량 증감이 커지면 인력이 남는 부서의 직원들을 인력난을 겪는 부서 쪽으로 이동시킬 수밖에 없기 때문이다. 입시업무가 종전보다 연중 계속적으로 진행되는 상황으로 바뀌면서 교무처의 직원이 증가되고, 이제는 입시업무처를 별도로 만드는 학교가 늘고 있는 것과 같다.

여러 가지 이유에서 보직순환은 필요하며 계속 행해지고 있으나, 이를 경력향상 측면에서 보면 직원들의 직무경험을 넓히고 다양한 기술취득 기회를 제공해서 자연적인 교육훈련효과를 거둔다는 것이 큰 장점이라고 할 수 있다. 그러나 너무 빈번하다든지 잘못 배치되면 그만큼의 손실도 가져오게 되므로 다음과 같은 범위 내에서 효과적으로 행해져야 한다.

(2) 보직순환의 원칙

직원들에 대한 이동배치 발령을 할 때에는 대학의 필요에 따라서 하는 것이지만, 당사자인 직원의 입장도 고려하여 상호 도움이 되는 방향으로, 즉 경력상담을 거친 후에 이루어지는 것이 바람직하다.

① 적합성

해당 직원의 능력과 적성이 일치하는 부서에 이동시키되, 시기적으로 너무 오래 한 곳에 두어서도 안 되지만 너무 자주 자리를 바꾸면 일도 못 배우고 인간관계도 원활하지 못하고 항상 언제 어디로 전출될지 모르는 불안 상황에 있게 된다. 그러므로 배치되어야 할 부서의 직무에서 요구하는 적격자를 선택하되, 당사자의 의견을 반영하는 것이 합리적이다.

② 인재육성

보직순환은 직원경력 향상에 초점을 두는 것이므로 당사자를 배치하면 그의 경력상승에 어떠한 보탬이 될 것이며 그의 성장욕구에 적합한 직무인지 검토해 본 후에 결정해야 한다. 자리가 비었다고 개인적 필요성을 고려하지 않고 이동시킬 경우 개인의 능력신장을 기대하기 어렵고 오히려 불만이 쌓일 수 있다. 그러므로 직원들의 경력증강을 위해 직무를 이동시킬 때에는 승진으로 인한 경력관리와 연계시키는 것이 효율적이다.

(3) 보직순환 경로

한 사람의 직원이 상위 직급에 오르기까지 어떤 기능과 어느 부서를 거치는 것이 효율적인지는 대학과 개인 희망에 따라서 다를 것이다. 그런데 학교에서는 대개의 업무가 전문업무보다 반복업무가 많고 안정적이므로 바쁜 부서를 피하고 한가하고 안정적인 부서를 선호하는 경향이 있다. 또한 여러 업무경력을 가진다고 해서 대단한 전문가로서의 긍지나 보상이 뒤따르지 않는다고도 여겨질 수 있다. 그러므로 모든 부서를 평등하게 평가하고 무조건 교차시키는 방식으로 보직순환을 결정하는 것은 비효율적이다. 개인마다 특성과 능력이 다르기 때문이다.

초창기에는 학교 업무의 전반적 파악을 위해 수시로 여러 업무를 교대하도록 하며 상위 직급으로 갈수록 책임과 전문성을 보호하는 방향으로 순환시키는 것이 바람직하다. 또한 갑작스런 결원이나 업무의 폭주에 대비하여 중요한 업무는 두 사람 이상이 파악하고 있도록 해야 하며, 혹은 장기적 안목에서 보면 후계자 양성을 목표로 순환보직을 활용하는 것도 필요하다.

제9장
복지후생 및 교육여건

복지후생이란 기업이 그 구성원과 가족에게 제공하는 임금 이외의 모든 간접적인 보상을 말한다. 복지후생의 증진은 노사 모두에게 이득이 되며, 복지후생을 효과적으로 관리하면 종업원에 대한 단순한 시혜만이 아닌 노동생산성을 높이는 지름길이 될 수 있다.

퇴직 또는 사망이나 공무로 인한 부상, 질병, 폐질 시 국 · 공립학교의 교직원 및 그 유족의 생활안정과 복리후생에 기여하기 위하여 공무원연금제도가 실시되고 있다. 사립대학의 교원 및 사무직원이 질병, 부상, 폐질, 퇴직, 사망 또는 재해를 입었을 때에도 사립학교교직원연금법에 의하여 국 · 공립학교 교직원의 연금과 같은 제도가 운영되고 있다. 또한 대학의 교직원은 국 · 공 · 사립을 불문하고 국민건강보험법에 의하여 건강보험 가입자가 되고, 질병 · 부상에 대한 예방과 치료, 출산, 사망 및 건강증진에 대하여 보험급여를 받음으로써 사회보장을 받게 된다.

대학의 훌륭한 시설 · 설비는 수업과 연구를 효율적이고 효과적으로 수행할 수 있게 한다. 따라서 우수한 대학이 되기 위해서는 훌륭한 시설과 설비를 갖추어야 한다. 훌륭한 시설은 대학생활에서 경제성과 편리성을 증대시키고, 유용성과 효율성을 제고하며, 학생과 교직원들이 대학에 대하여 호감을 갖게 하고, 기관의 대외적인 위상을 제고시킨다. 대학의 교육환경을 위하여 필요한 최소한의 요건이 법으로 규정되어 있다. 대학설립 · 운영규정은 고등교육법 및 사립학교법에 의한 대학의 설립 기준과 대학운영에 필요한 교사, 교지, 교원 및 수익용 기본재산(사립대학에 한정) 등에 관하여 필요한 사항을 규정하고 있다. 이러한 규정은 대학의 설립요건으로 제시되어 있으나, 대학운영에 있어서 필요한 최소한의 교육여건이라고 하겠다.

1. 복지 및 후생

1) 복지후생의 의의

복지후생(福祉厚生, fringe benefits) 또는 복리후생이란 종업원의 생활보장과 직장만족, 더 나아가 사용자와의 공동체적 유대감을 향상시키기 위하여 노동의 대가 외에 인간적 대우를 하는 것(임창희, 2003: 285)을 말한다. 다시 말하면, 복지후생이란 종업원의 건전한 노동력 확보 및 노동생산성의 향상, 근로생활의 안정화와 질 향상 등을 위하여 기업이 종업원과 그 가족을 대상으로 제공하는 임금 이외의 간접적인 보상으로서, 각종 복지시설이나 시책 및 제도를 포함하는 물질적 · 정신적 서비스 일체(이원우, 2005: 312)를 말한다고 할 수 있다.

종업원의 노동에 대한 보상 방법으로는 임금과 같은 직접보상이 있는가 하면 복지후생과 같은 것은 간접보상도 있다. 임금은 사원의 업무성과나 근로시간을 기준으로 지급되지만, 복지후생은 업무성과나 직무와는 관계없이 지급된다는 점에서 구별된다. 임금은 개별종업원마다 차등 지급되지만 복지후생은 조직 구성원 전체 혹은 집단에게 동일하게 기회가 주어진다는 점에서도 차이가 있다.

2) 복지후생의 특징

복지후생은 다음과 같은 몇 가지 특징이 있다(임창희, 2003: 287). 첫째, 의무인 복지후생과 자율적인 복지후생이 있다. 회사가 반드시 제공해야 하는 프로그램(법정 프로그램)이 있는가 하면, 회사의 자율인 프로그램(법정 외 프로그램)도 있다. 프로그램은 회사의 수준을 감안하고 종업원의 요구 정도와 필요성을 감안하여 적절한 선택과 관리가 필요하다. 둘째, 관리의 복잡성 문제다. 종업원의 요구와 신분에 따라 필요한 복지 프로그램은 매우 다양할 수 있다. 이렇게 다양한 프로그램을 적절하게 평가하여 공정하게 사원들에게 지급하는 것은 매우 복잡하고 어려운 문제다. 다음은 복지후생이 인긴적 윤리성의 문제라는 점이다. 임금은 노동의 대가로 지불하는 것이지만 복지후생은 종업원에 대한 인간적 처우의 성격이 있다는 점에서 윤리성과 밀접한 관련이 있다.

3) 복지후생의 유형 및 내용

복지후생에는 의료보험, 연금보험, 실업보험, 산업재해보험, 장애인 촉진기금, 연월차휴가, 최저임금제, 퇴직금제도 등의 법정 복지후생제도와 급식비, 의료보건비, 경조비, 학비보조, 문화 · 오락시설, 보육비, 보험료 · 저축지원비, 주택지원비 등의 법정 외 복지후생제도가 있다. 통근승차권, 자사제품구입권 등의 현물급여와 사내외 교육훈련참가비, 학원비 보조 등 교육훈련비의 형태도 있다.

(1) 법정복지후생

근로자가 질병, 재해, 실업, 노령 등으로 업무를 보지 못하면 임금을 못 받게 되므로 사회보험이 필요하게 되고, 이러한 보험료 일부를 회사 또는 종업원에게 부담시킴으로써 사회 전체의 안정을 유지하려고 만든 제도다. 이 제도의 근본 취지는 종업원의 안전욕구를 충족하는 것이라고 볼 수 있는데, 이러한 안전의 욕구 중 지병, 노령화, 산업재해, 실업 등에 대비하여 만들어진 제도가 각각 의료보험, 연금보험, 산재보험, 고용보험이라고 할 수 있다.

(2) 법정 외 복지후생

법정 외 복지후생은 국가가 법으로 정한 복지후생 프로그램 외에 기업이 별도로 지급하는 프로그램을 말한다. 일상생활과 관련된 것으로는 주택의 구입 및 임대 시 자금을 보조하거나 사원아파트를 제공하며, 통근차량 운행이나 탁아소 및 유치원의 운영 등을 들 수 있고, 보건위생과 관련한 것으로는 헬스센터, 진료센터, 보건시설, 휴양소 설치 등을 들 수 있다. 문화생활과 관련된 것으로는 공연티켓 제공, 독서실 운영, 강

표 9-1 법정 복지후생

보험의 종류	보험의 내용
의료보험	근로자의 질병치료를 위한 지원 형식으로서 진료비, 입원비, 약제비, 질병보조금 등
연금보험	근로자의 노령으로 퇴직한 후의 생계유지와 사망에 따른 유족의 생활을 위해서 매월 급여의 일부와 회사의 부담으로 연금보험을 들고 퇴직 후 일정한 금액을 연금이나 일시금 형태로 지급하는 것. 노후의 생활이 보장되면 안심하고 직장생활을 할 수 있기 때문에 회사에게 좋지만, 국가입장에서도 그들의 노후를 전부 책임질 필요가 없기 때문에 연금보험을 법으로 강제
산재보험	열악한 근무환경이나 산업재해로 인하여 사고 또는 질병을 얻은 사원과 그 가족들을 보호하기 위한 것으로서, 업무수행과 관련이 있는 부분에 대해서 보상
고용보험	실업보험이라고도 하며 여러 가지 이유로 실업을 당했을 때 종업원 가족의 생계를 보호하며 그가 다른 일자리를 찾을 때까지 급료의 일정액을 지급

연회 개최, 교양강좌 개설, 체육대회, 친목회 보조 등을 들 수 있으며, 재정적 도움을 주기 위한 방안으로 주식할인판매, 우선주 배당, 출산 축하금, 조위금, 전별금, 위로금 등을 들 수 있다.

4) 복지후생관리의 원칙과 과제

복지후생의 증진은 조직과 개인 모두에게 이득이 된다. 복지후생을 효과적으로 관리하면 구성원에 대한 일방적 혜택만이 아니라 노동생산성을 높임으로써 조직에도 많은 도움이 된다. 따라서 조직은 복지후생을 위한 프로그램을 운영하는 것을 단순한 소비가 아닌 생산성 향상을 위한 지출이라는 인식을 가지고 운영하여야 한다(임창희, 2003: 293-301).

조직은 이러한 프로그램을 만들고 운영함에 있어서 몇 가지 원칙을 가지고 관리하여야 한다. 첫째, 합리성의 원칙이다. 국가나 지역사회가 하는 프로그램과 중복되지 않도록 하고 이들과 공동으로 프로그램을 운영하는 등의 합리적 방안을 강구하여 불필요한 낭비를 줄여야 한다. 둘째는 적정성의 원칙으로서, 복지후생은 가능한 한 많은 수의 종업원에게 혜택이 돌아가면서도 회사의 입장에서 경제적 부담이 적은 것이 좋다. 셋째, 협력성의 원칙을 들 수 있는데, 복리후생 프로그램을 만들고 운영하는 과정에서 노사가 상호 협력하여 쌍방에 도움이 되어야 한다는 것이다. 이를 위해서는 프로그램의 설치와 운영에 종업원의 대표를 참여시키는 것도 효과적인 방법이다. 넷째는 공개성의 원칙으로서, 회사는 복리후생 프로그램을 사원들에게 자세히 알려 주어 그들로 하여금 계획을 짜서 되도록 많은 프로그램을 활용하도록 함으로써 만족도를 높이는 방법이다.

(1) 선택적 복지후생

많은 복지후생 프로그램을 만들어 시행하더라도 종업원 각자는 개인

형편에 따라서 한두 가지만 쓸모 있고 나머지는 있으나마나한 경우가 있다. 그러므로 여러 가지 복지후생 메뉴를 만들어 놓고 일정 범위에서 골라 가지도록 하는 것이 효과적이다. 구성원들의 연령, 결혼 여부, 부양가족 수, 소득 수준, 성별 등에 따라 좋아하고 필요로 하는 프로그램이 다를 수 있기 때문이다. 카페테리아에 가면 일정한 돈을 내고 자기가 좋아하는 것을 골라먹을 수 있는데, 이러한 의미에서 선택적 복리후생제도를 카페테리아(cafeteria) 복지후생제도라고도 한다.

(2) 통합적 복리후생

통합적 복지(wholistic welfare) 프로그램이란 종업원의 경제적 급부 이외에도 종업원의 정신적 건강과 삶이 균형을 유지할 수 있도록 전체적으로 보살피자는 제도다. 즉, 과거의 복리후생이 경제적 후생복지였다면, 통합적 복지후생은 삶의 균형을 중시하는 것이며 육체적 삶보다 정신적 삶을 중시하는 제도라 할 것이다.

통합적 복지의 중요성은 인적자원의 중요성이 강조되는 오늘날 고급인력을 확보하고 유지하려는 차원에서 등장하게 되었다. 오늘날 이러한 고급두뇌의 확보는 단순히 경제적 후생만으로는 어렵고, 또한 경제적 후생이 증대될수록 정신적 불안도 커질 수 있으므로 경영에의 참여, 정보의 공유 등을 통하여 정신적 불안을 해소시키고, 자기 개발과 훈련 프로그램을 통해 자아성장 기회를 늘림으로써 직업의 안정까지 보장해 준다면 조직원들의 창의성과 조직몰입도가 높아져 생산성도 오를 것이다.

(3) 라이프사이클 복리후생

직장인의 연령층은 다양하고 다양한 연령층에 따라 욕구의 종류도 다양하다. 라이프사이클 복리후생(life cycle benefit)이란 종업원의 초기

직장생활에서 정년퇴직할 때까지 변화하는 생활 패턴에 맞추어 복리후생 프로그램을 달리 제공해 주는 것을 말한다.

(4) 직업생활의 질

직업생활의 질(quality of working life: QWL)이란 기업이 종업원을 단지 직무수행을 위한 수단으로만 여기는 것이 아니라, 인간적인 배려를 통해 기업의 생산성 향상은 물론 그들의 삶의 질까지 향상시켜야 한다는 취지에서, 종업원에 대한 물리적 관리보다는 인간적 관리에 치중하려는 움직임이다.

종업원의 삶의 질(quality of life: QL)은 그가 하루종일 직장에서 일하기 때문에 직업생활의 질을 높이지 않고는 삶의 질도 높아질 수 없다는 관점에서 출발하였다. 근로생활의 질, 노동생활의 인간화(humanization of work) 등으로도 불리는데, 공정한 보상과 작업환경의 개선 그리고 직장과 사회생활의 조화를 꾀하여 종업원의 인간적 존엄성을 확보하자는 것이다.

5) 대학교원의 권익보호와 복지후생

(1) 권익보호

① 신분보장

교원의 권익과 신분은 존중되고 보장되어야 한다. 그 이유는 그들이 나라의 미래를 책임질 학생을 가르치는 지위에 있기 때문이다. 이러한 취지에서 교육공무원법은 "교권은 존중되어야 하며, 교원은 그 전문적 지위나 신분에 영향을 미치는 부당한 간섭을 받지 아니하고, 교육공무원은 형의 선고, 징계처분 또는 이 법에서 정하는 사유에 의하지 아니하고는 그 의사에 반하여 휴직, 강임 또는 면직을 당하지 아니하며, 권고에 의하여 사직을 당하지 않는다."(교육공무원법 제43조 및 교원지위향상을 위한 특별법 제6조)고 규정하고 있다. 또한 교육공무원법 제48조 및 교원지위향상을 위한 특별법 제4조는 "교원은 현행범인인 경우를 제외하고는 소속학교의 장의 동의 없이 학교 안에서 체포되지 아니한다."고 규정하여 교원의 불체포특권을 인정함으로써 교원의 엄격한 신분보장을 명문으로 규정하고 있다. 뿐만 아니라 교원지위향상을 위한 특별법 제2조는 국가, 지방자치단체, 기타 공공단체는 교원이 사회적으로 존경받고 높은 긍지와 사명감을 가지고 교육활동을 할 수 있는 여건이 조성되도록 노력하고, 학생에 대한 교육과 지도를 함에 있어 그 권위가 존중되도록 특별히 배려할 것과, 그가 주관하는 행사 등에 있어서 교원을 우대하고, 교원이 교육활동을 원활하게 수행할 수 있도록 적극 협조할 것을 규정함으로써 교원에 대한 예우를 강조하고 있다. 또한 교원단체는 교원의 처우개선, 근무조건 및 복지후생과 전문성 신장에 관한 사항을 교육감 또는 교육과학기술부장관과 교섭·협의하도록 함으로써 교원의 지위 향상을 위하여 노력하도록 하고 있다(교원지위향상을 위한 특별법 제11조 및 제12조).

사립대학 교원의 신분도 국·공립대학 교원과 마찬가지로 보장되고 있는데, 사립학교법 제56조는 "사립학교 교원은 형의 선고, 징계처분 또는 이 법에 정하는 사유에 의하지 않고는 본인의 의사에 반하여 휴직 또는 면직 등 불리한 처분을 받지 아니한다. 다만, 학급, 학과의 개폐에 의하여 폐직이나 과원이 된 때에는 그러하지 아니하다."(제1항) 또한 "사립학교 교원은 권고에 의하여 사직을 당하지 아니한다."(제2항)고 규정함으로써 사립학교 교원의 신분보장을 국·공립학교 교원에 준하여 보장하고 있다.

사례

OO대학은 교원을 면직시킬 때에는 인사위원회의 동의, 이사회의 심의 · 의결을 거쳐야 하는데도 이사장의 최종 결재만으로 면직 처리

② 정년보장제도

대학교원의 정년은 65세로 정하고 있다. 대학교원의 정년퇴직은 그 정년이 달한 날이 3월에서 8월 사이에 있는 경우에는 8월 31일에, 9월부터 다음 해 2월 사이에 있는 경우에는 다음 해 2월 말일에 각각 퇴직하도록 규정하고 있다(교육공무원법 제47조).

정년보장제는 교직원이 근무를 성실하게 하는 동안에는 근무를 계속할 수 있도록 보장하고, 근무기간이 종료되기 이전에 계속적인 근무 여부에 대한 결정에서 준수해야 할 체계적인 절차를 설정하고 운영하는 제도다.

일반적으로 정년보장의 결정은 채용조건에서 정년이 될 때까지 절대적으로 변화가 없음을 의미하는 것은 아니다. 절대적으로 변화가 없다면 그들이 조직에서 야기하는 일상적인 문제에 대응할 방안과 권력이 전혀 없기 때문이다. 정년보장제의 목적은 만족스럽게 근무하는 기간에는 채용의 안정성을 보장하고, 부당한 해고를 방지하며, 학문의 자유를 보장함과 함께 학문의 탐구와 표현에 관련된 자유를 권장하고, 우수한 교직원을 오랫동안 근무하도록 하며, 교직원의 안정성과 직무만족감을 보장하는 데 있다. 대학은 훌륭한 교육을 위하여 교직원들에게 최적의 채용조건과 교육환경을 제공하여야 한다. 개인과 직위가 최대로 조화를 이루고, 교직원의 성공에 필수적인 조건들을 창조할 때까지 해고하는 것은 부당하다. 해고는 다른 모든 방법이 소용이 없을 때 적용되는 최후의 수단이어야 한다. 근무기간의 종료와 함께 해고하는 데에도 적법 절차를 거쳐야 하고, 다른 직장을 찾을 수 있게 충분한 시간적인 여유를

제공하는 것이 필요하다(권기욱, 1996: 135-136). 교육공무원임용령에도 정년보장에 대한 이러한 취지를 살리기 위해서 교수의 정년을 보장하기 전 정년보장교원임용심사위원회의 심사와 대학인사위원회의 동의를 얻도록 하고, 정년보장교원임용심사위원회에서는 교수의 연구실적 등의 심사를 거치도록 하고 있다(교육공무원임용령 제5조의4).

대학의 학업 프로그램의 질은 교수의 질에 의존한다. 대학은 교수의 정년보장과 정년보장의 조건 등에서 융통성을 극대화하여야 한다. 신임교수의 아이디어와 경험을 학업 프로그램에 반영하는 능력은 프로그램의 계속적인 생존과 번영에 필수적인 요소다. 따라서 조직은 현저한 성취를 나타낸 교수들에게만 정년을 보장하여야 하며, 별다른 성취를 이루지 못한 교원에게도 정년을 보장하는 것은 바람직하지 않다. 교직의 융통성을 확보하기 위하여 교수정원의 일정비율은 임시직으로 충원하는 것도 필요하다. 이것은 학업 프로그램의 발전에 기여하고, 수업에 대한 학생들의 변화하는 요구에 융통성 있게 대처할 수 있다는 점에서도 효과적이다.

대학교원의 정년보장에 있어 프랑스, 영국, 독일, 일본 등은 전임교원으로 임용되면 관행적으로 정년이 보장된다. 정년보장제의 폐단을 줄이고 수월성을 추구하기 위하여 독일의 주니어 교수제도 도입, 영국의 고등교육개혁법 제정과 정년보장제도 폐지, 일본의 제한적인 계약제 임용 등이 이루어지고 있다고는 하지만, 특별한 결격사유가 없는 한 전임교원은 실질적으로 정년이 보장되고 있다. 반면 미국은 정년보장 계열에 있으며, 시보제 또는 계약제로 임용되는 전임강사와 조교수는 정년을 보장받지 못하며, 전임교원은 임용된 후 6~7년 안에 정년보장심사를 거쳐 정년보장 교수가 된다. 재임용 탈락의 경우 상소 절차가 학과, 단과대학, 대학 차원에 마련되어 있으며, AAUP도 재임용 탈락 통보의 준거를 제시하고 있다.

③ 고충처리제도

교육공무원법 제49조는 "대학교원은 인사 · 조직 · 처우 등 각종 직무조건과 기타 신상문제에 대하여 인사상담이나 고충의 심사를 청구할 수 있으며, 이를 이유로 불이익한 처분이나 대우를 받지 아니한다."(동조 제1항)고 규정하고 있으며, 임용권자 또는 임용제청권자는 이러한 고충심사 청구가 있는 경우에는 이를 고충심사위원회에 부의하여 심사하게 하거나 소속공무원으로 하여금 상담하게 하고, 그 결과에 따라 고충의 해소 등 공정한 처리를 위하여 노력하도록 하고 있다(동조 제2항).

교원의 고충을 심사하기 위한 고충심사위원회는 교육과학기술부에 두는 교육공무원 중앙고충심사위원회와 임용권자 또는 임용제청권자 단위로 두는 교육공무원 보통고충심사위원회가 있는데, 중앙고충심사위원회는 교원지위향상을 위한 특별법에 의한 교원소청심사위원회에서 기능을 대신하고 있다. 중앙고충심사위원회는 보통고충심사위원회의 심사를 거친 재심청구와 부교수 이상의 대학교원의 고충심사를 담당하며, 보통고충심사위원회는 조교수 이하의 대학교원에 대한 고충심사를 담당한다(동조 제3항 내지 5항).

임용권자 또는 임용제청권자는 고충청구의 심사 결과 필요하다고 인

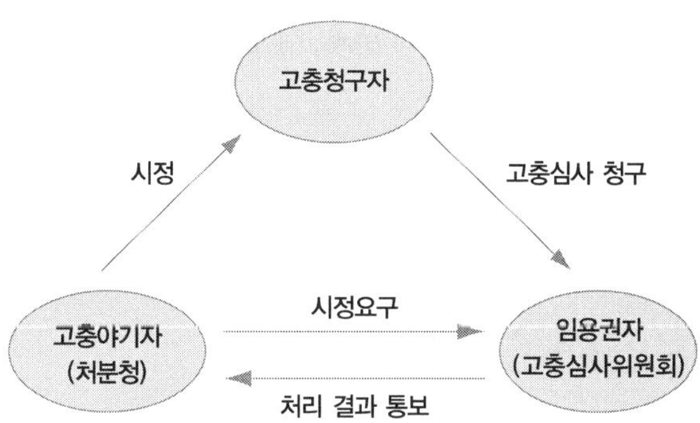

[그림 9-1] 고충의 처리 과정

‖ 표 9-2 ‖ 고충심사위원회별 소관사항

구분	소관	소속
중앙고충심사위원회	보통고충심사위원회의 심사를 거친 재심청구와 부교수 이상의 대학교원의 고충심사를 담당	교육과학기술부
보통고충심사위원회	조교수 이하의 대학교원에 대한 고충심사를 담당	각 대학

정될 때는 고충을 야기한 처분청 또는 관계기관의 장에게 그 시정을 요청할 수 있으며, 요청을 받은 처분청 또는 관계기관의 장은 특별한 사유가 없는 한 이를 이행하고, 그 처리 결과를 통보하도록 함(동조 제7항)으로써 고충의 해소를 이행하도록 하고 있다.

④ 재임용제도

대학교원의 신분보장과 밀접한 관련이 있는 것이 교원의 재임용제도다. 이러한 재임용제도는 무능력한 교원을 교육현장에서 퇴출시킬 수 있다는 점에서는 취지가 인정되나, 경우에 따라서는 임명권자가 부당하게 교원을 재임용에서 탈락시킴으로써 일선 교육현장에 적지 않은 폐해가 있었던 것도 사실이다. 그 결과, 재임용에서 탈락한 교원이 이에 대한 문제를 제기함과 함께 소송 등을 통하여 재임용 탈락의 부당성을 다툰 바 있으나, 최근까지도 재임용 탈락의 처분성을 인정하지 않음으로써 억울한 재임용 탈락의 구제가 이루어지지 않았다. 이러한 문제점 때문에 그동안 관련 규정을 대폭 개정하고 구제 절차를 정비함으로써 많은 보완을 하여 왔다.

대학의 교원은 근무기간, 급여, 근무조건, 업적 및 성과약정 등 계약조건을 정하여 임용(계약제 임용)하도록 하고 있는데, 교육공무원법은 이렇게 임용된 교원의 임용기간이 만료되는 때에는 임용기간 만료일 4개월 전까지 임용기간이 만료된다는 사실과 재임용 심의를 신청할 수 있음을 당해 교원에게 문서로 통지하도록 하고(교육공무원법 제11조의3 제2항), 이러한 통지를 받은 교원이 15일 이내에 재임용 심의를 임용권자에게 신청하면(동조 제2항), 임용권자는 대학인사위원회의 재임용 심의를 거쳐 당해 교원에 대한 재임용 여부를 결정하도록 하고, 그 사실을 임용기간 만료일 2개월 전까지 당해 교원에게 통지하도록 하고 있다. 이때 당해 교원을 재임용하지 않기로 결정한 때에는 재임용 거부의사와 거부사유를 명시하여 통지하도록 하고 있다(동조 제3항).

또한 대학인사위원회에서 재임용 여부를 심의함에 있어서는 학생교육과 지도 및 학문연구에 관한 평가 등 학칙이 정하는 객관적인 사유에 근거하도록 하고, 당해 교원으로 하여금 대학인사위원회에 출석하여 의견을 진술하거나, 서면에 의한 의견 제출의 기회를 주도록 하고 있으며(동조 제5항), 이러한 과정을 거쳐 재임용이 거부된 교원은 거부처분

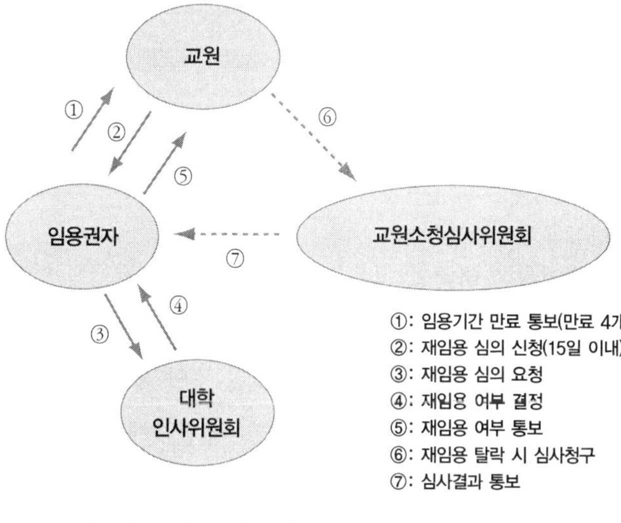

[그림 9-2] 재임용 관련 심의 절차 및 심사청구

이 있음을 안 날부터 30일 이내에 교원소청심사위원회에 심사를 청구할 수 있도록 하고 있다(동조 제6항). 이러한 처리 과정을 그림으로 나타내면 [그림 9-2]와 같다.

이렇게 대학교원의 재임용 거부처분은 충분한 시간을 두고 객관적인 사유에 근거하여 처리하되, 당해 교원에게 충분한 소명의 기회와 불복절차를 갖도록 하는 등 대학교원의 신분보장을 위한 제도로 확립되어 있다고 할 수 있다.

사례

○○대학교 교수 재임용 시 인사위원회 심의·의결권을 근거 없이 총장에게 위임하여 심의

사례

○○대학교 전임강사 재임용 시 규정상의 연구실적 100% 이상에 미달되는 자를 재임용

사례

○○대학교 교원 재임용 시 재임용 기준에 미달(연구실적 미제출)하는 부교수 3명에 대해 향후 1년 이내에 연구실적을 제출하는 조건으로 재임용

교수의 재임용은 미국의 경우, 시보적인 임용과 기간제 임용이 상례화되어 있으며(AAUP 재임용 관련 권장 사항) 프랑스, 독일, 일본의 경우는 정년보장이 관행으로 되어 있다. 하지만 독일은 주니어 교수제도가 2010년부터 실시되며, 일본도 대학교원 등의 임기에 관한 법률(1997. 6. 13.)에 의거하여 제한적으로 계약제 임용이 이루어지고 있는 등 재임용 관련 경향은 변하고 있는 추세다.

⑤ 휴직제도

교육공무원은 필요한 경우 휴직을 할 수 있다. 불가피한 사유로 교원으로서의 임무를 성실히 수행하기 어려운 경우에 일시적으로 그 직무를 쉬도록 함으로써 교원의 고충도 해소하고 학생의 피해도 최소화하겠다는 취지다. 교원의 휴직은 본인이 휴직을 원하는 경우와 본인의 의사와는 관계없이 휴직조치를 해야 하는 경우로 나누어 볼 수 있다.

대학교원이 〈표 9-3〉와 같은 사유로 휴직을 원하면 임용권자는 소정의 기간 휴직을 명할 수 있다(교육공무원법 제44조 제1항, 제3항 및 제45조). 즉, 임용권자는 휴직을 요청하는 자의 의사를 존중하여야 하나, 기관의 입장에서 불가피한 경우 반드시 휴직조치를 하여야 하는 것은 아니라는

〈표 9-3〉 본인의 의사에 의한 휴직

휴직사유	휴직기간
① 학위취득을 목적으로 해외유학을 하거나 외국에서 1년 이상 연구 또는 연수하게 된 때	3년 이내, 단 학위취득의 경우 3년의 범위에서 연장 가능
② 국제기구, 외국기관 또는 재외국민교육기관에 임시로 고용된 때	고용기간
③ 1세 미만의 자녀를 양육하기 위하여 필요하거나 여교원이 임신 또는 출산하게 된 때	1년 이내, 단 여교원의 경우 2년의 범위 내에서 연장 가능
④ 교육과학기술부장관이 지정하는 국내의 연구기관이나 교육기관에서 연수하게 된 때	3년 이내
⑤ 사고 또는 질병 등으로 장기간의 요양을 요하는 부모, 배우자, 자녀 또는 배우자의 부모의 간호를 위하여 필요한 때	1년 이내, 재직기간 중 총 3년 이내
⑥ 배우자가 외국근무, 학위취득 목적의 해외유학 또는 1년 이상의 해외연수를 하게 된 때	3년 이내, 단 3년의 범위 내에서 연장 가능
⑦ 대학교원이 교육공무원 외의 공무원으로 임용된 경우	재임기간

것이다. 다만, ③항의 경우는 반드시 휴직조치를 하도록 의무화하고 있고, 휴직을 이유로 인사상 불리한 처우를 하지 못하도록 하고 있으며, 휴직기간 중 최초 1년은 근속기간에 삽입하도록 하는 등(동조 제4항) 자녀양육과 여교원의 임신·출산 등에 대하여는 특별한 배려를 하고 있다.

다음은 교원 본인의 의사에 관계없이 임용권자가 반드시 휴직을 명하여야 하는 경우(교육공무원법 제44조 제1항 및 제2항)인데, 대학교원이 〈표 9-4〉와 같은 사유로 휴직이 필요할 때는 본인의 의사와 관계없이 소정의 기간 휴직을 명하도록 하고 있다. 단 ⑥의 경우는 별도의 조치 없이 당연 휴직 조치된다.

⑥ 연구년제

우리나라의 상당수의 대학이 교수로 하여금 전문 분야에서 계속적인

표 9-4 본인의 의사와 관련 없는 휴직

휴직사유	휴직기간
① 신체·정신상의 장애로 장기요양을 요할 때	1년 이내
② 병역법에 의한 병역의 복무를 위하여 징집 또는 소집된 때	복무기간 만료 시까지
③ 천재지변 또는 전시사변이나 기타의 사유로 인하여 생사 또는 소재가 불명하게 된 때	3개월 이내
④ 기타 법률의 규정에 의한 의무를 수행하기 위해 직무를 이탈하게 된 때	복무기간 만료 시까지
⑤ 교원의 노동조합 설립 및 운영 등에 관한 법률 제5조의 규정에 의하여 노동조합 전임자로 종사하게 된 때	전임기간
⑥ 정당법 제6조의 규정에 의하여 정당의 당원이 될 수 있는 교원이 국회의원으로 당선된 때	임기 중

성장을 할 수 있도록 하기 위하여 효과적인 교수개발 프로그램의 하나로 '안식년제' 또는 '연구년제'라는 제도를 운영하고 있다. 이러한 연구년제는 고등교육법이나 기타 관련 규정에 근거가 있는 것은 아니나 많은 대학에서 시행하고 있다.

외국의 대학들도 주요한 연구과제 수행과 교육의 효율성 향상을 도모하고자 안식년제(연구년제)를 운영하고 있다. 미국의 경우는 대체로 관행적으로 정년보장 교수에게 유·무급의 형태로 학과의 사정을 고려하여 자율적으로 이루어진다.

(2) 복지후생제도

① 연금제도

퇴직 또는 사망이나 공무로 인한 부상, 질병, 폐질 시 공무원 및 그 유족의 생활안정과 복리후생에 기여하기 위하여 공무원연금제도가 실시되고 있다. 국·공립학교의 교직원도 공무원연금법에 의한 공무원에 해당되므로 공무원연금법에 의하여 공무로 인한 질병, 부상과 재해에 대하여는 요양비, 요양일시금, 재해부조금, 사망조위금 등이 지급되며, 퇴직·폐질 및 사망에 대하여는 각각 퇴직급여(퇴직연금 및 퇴직일시금 등), 장해급여(장해연금 및 장해보상금 등), 유족급여(유족연금 및 유족일시금과 유족보상금 등) 및 퇴직수당이 지급된다(공무원연금법 제25조, 제34조 및 제42조).

사립학교법은 사립대학의 교원 및 사무직원이 질병·부상·폐질·퇴직·사망 또는 재해를 입었을 때에는 본인이나 그 유족에게 법률이 정하는 바에 따라 적절한 급여(연금, 일시금, 보상금 등)를 지급하도록 하고 있으며(사립학교법 제60조의2), 이에 따라 사립학교의 교직원도 사립학교교직원연금법에 의하여 국·공립학교 교직원의 연금과 같은 제도가 운영되고 있다(사립학교교직원연금법 제33조 및 제42조).

② 건강보험제도

대학의 교직원은 국 · 공 · 사립을 불문하고 국민건강보험법에 의하여 건강보험 가입자가 되고, 질병 · 부상에 대한 예방과 치료, 출산, 사망 및 건강증진에 대하여 보험급여를 받음으로써 사회보장을 받게 된다(국민건강보험법 제3조 및 제6조).

③ 명예퇴직제도

대학교원으로 20년 이상 근속한 후 65세 이전에 자진하여 퇴직하는 경우는 예산의 범위 안에서 명예퇴직수당을 지급함으로써 교원의 노후 경제생활에 도움을 주는 제도가 운영되고 있다(교육공무원법 제36조 및 사립학교법 제60조의3).

2. 교육여건

1) 교육환경

대학의 물리적 환경은 교육의 장이면서 학습의 장인 시설과 설비 등을 의미한다. 물리적 환경은 주로 시설 및 설비를 의미한다. 이때 시설은 건물과 같이 영구적으로 설치된 것을 의미하고, 설비는 건물에 부착되어 있는 칠판, 게시판, 서가, 전시장, 학생 사물함 등을 의미한다. 대학의 물리적 환경은 확보 그 자체가 목적이 아니고 학업, 즉 연구 및 교육 프로그램의 효과적인 운영을 지원하는 지원적 · 조장적 성격을 갖는다. 따라서 시설 · 설비는 구체적인 요구에 근거하여 확보되어야 하며, 변화하는 교육과정을 비롯한 제반 요구사항을 효과적으로 충족시킬 수 있어야 한다.

대학의 훌륭한 시설 · 설비는 수업과 연구를 효율적이고 효과적으로 수행할 수 있게 한다. 따라서 우수한 대학이 되기 위해서는 훌륭한 시설과 설비를 갖추어야 한다. 훌륭한 시설은 대학생활에서 편리성과 효율성을 제고하며, 학생과 교직원들이 대학에 대하여 호감을 갖게 하고, 기관의 대외적인 위상을 제고시킨다. 시설의 부실한 관리와 불량한 시설은 대학의 효과적인 운영을 방해하고, 대학 구성원의 자존심을 손상시킨다(권기욱, 1996: 191-287).

(1) 시설 · 설비환경

대학은 훌륭한 시설과 설비를 확보하여 수업을 더욱 효과적으로 할 수 있도록 해야 한다. 시설 · 설비환경의 요소는 다양하고 복잡하며, 환경은 전체적이고 포괄적인 개념이다. 시설 · 설비의 환경을 구성하는 요소에는 공기환경, 시각환경, 청각환경, 미적 환경, 실내환경, 안전, 에너지 보존, 조경 등이 있다. 실내조명, 공기, 기온 등 시설 · 설비환경은 개인에게 안락한 감정을 갖게 하고 개인의 만족도 및 성취 수준 등에 영향을 미친다.

(2) 실험실습시설

실험실습실 공간의 크기는 가능한 한 충분해야 한다. 충분한 공간이 제공될 때 훌륭한 실험실습교육을 제공할 수 있으며, 훌륭한 설비가 제공될 때 수업활동이 촉진되고 안전하게 수업이 운영될 수 있다.

실험실습실이 잘 관리되지 않으면 실험실습교육의 효과성을 도모하기 어렵다. 그리고 실험실습기자재는 청결하게 관리되고 잘 보관되어야 한다.

실험실습기자재는 교육목적의 성취에 영향을 미치므로 선정할 때는 충분한 의견을 수렴하여 결정하여야 한다. 잘못 구입된 기자재는 교육프로그램의 효과성을 떨어뜨리고 수업의 환경을 불안정하고 불만족스럽게 한다. 대학의 재정은 학습의 효과를 제고할 수 있도록 좋은 기자재를 구입하는 데 우선적으로 지출되어야 한다.

(3) 도서관

도서관은 학생과 교수의 교육 및 연구활동에 중요한 자료와 정보를 제공한다. 도서관이 수집해야 할 도서 및 자료의 종류와 다양성은 기관이 운영하는 학업 프로그램의 특성에 의하여 결정된다. 그리고 기관의 교육목적, 교육과정, 규모, 학위 수준, 수업 및 연구요구의 다양성에 관련되어야 한다. 도서관의 장서 보유 정도는 대학의 학업요구를 충족시킬 수 있어야 한다. 도서관의 장서는 확보된 양만으로 수월성을 판단해서는 안 되고 장서의 질, 운영 중인 프로그램과의 관련성, 활용 정도 등이 고려되어야 한다.

도서관은 전공서적, 교재, 각종 저널, 주 · 월간지, 문학자료, 일반 학문세계의 관련 자료 등을 확보하여 사용자들에게 광범한 흥미를 유발하고, 문화적 넓이, 지적인 깊이, 실무적 능력을 신장할 수 있어야 하며, 오락적 독서물도 확보하고 있어야 한다. 테이프, 기록물, 기타 문화적 · 전문적 정보의 증대와 이용의 편리성은 도서관의 의의와 질을 한층 더 발전시킬 수 있다. 그리고 이웃 도서관과의 협력 및 네트워크 형성을 통한 대학 자원의 강화도 중요한 사항의 하나다.

도서관이나 학습자료센터는 대학의 연구 기능의 효과성을 높이는 데 중요한 곳이다. 장서 및 자료의 수집은 모든 교육 프로그램의 활동을 지원하는 데 적절해야 하고, 학문 영역에서 포괄적이고 다양하며 최신의 것이어야 한다.

(4) 사무실

사무실 내 가구의 배치는 직원의 시간활용에 영향을 미친다. 과업활동의 흐름에서 불필요한 단계가 있고 불필요한 과업에 많은 시간이 소비되어서는 안 된다. 과업활동의 흐름이 좋지 않으면 시간과 에너지의 낭비를 가져온다. 에너지의 손실은 주로 불필요한 과업 단계에 의해 야기되며, 시간의 손실은 업무의 느린 진행에 의하여 야기된다. 불필요한 활동은 많은 소음을 발생시키며, 소음은 과업 수행의 비효율성과 피로를 가져온다. 과업의 성취가 효과적일 수 있도록 책상을 배치하여 생산성과 시간활용을 높일 수 있도록 하여야 한다.

(5) 식당

식당의 운영은 대학의 중요한 업무의 하나다. 식사제공에는 다양한 방법이 있을 수 있다. 식당이 외부계약자에 의해서 운영되든 내부에서 운영하든 대학은 식당이 적절히 운영될 수 있도록 감독을 하여야 한다. 식당의 서비스 및 운영을 평가하고, 음식의 질, 음식의 종류와 주기, 식사를 제공받는 인원 수, 식사시간 등을 검토하여야 하며, 보건담당자에 의하여 위생 상태 등이 주기적으로 확인되어야 한다.

(6) 교수연구실

교수연구실은 적절한 크기와 필요한 집기가 갖추어져야 한다. 통풍과 조명이 고려되어야 하며, 적절한 통신수단과 컴퓨터 등이 제공되어야 한다. 그리고 쾌적한 공기와 온도를 유지할 수 있도록 냉난방시설도 갖추어져야 할 것이다. 교수의 연구실은 하루의 대부분을 보내는 중요한 공간이고, 그야말로 연구의 산실이기 때문이다.

2) 법적인 교육여건

대학설립 · 운영규정은 고등교육법 및 사립학교법에 의한 대학의 설립 기준과 대학을 운영함에 있어서 필요한 교사, 교지, 교원 및 수익용

기본재산(사립대학에 한정) 등에 관하여 필요한 사항을 규정하고 있다. 이러한 규정은 대학의 설립요건으로 제시되어 있으나, 대학 설립을 위한 충분한 기준은 아니므로 대학운영에 있어서 필요한 최소한의 요건이라고 하겠다.

(1) 교사(校舍, 대학설립 · 운영규정 제4조)

교사시설은 교육기본시설, 지원시설, 연구시설, 부속시설로 구분한다. 대학에는 교육과 연구활동에 적합한 교육기본시설을 갖추어야 하는데, 교육기본시설에는 강의실, 실험실습실, 교수연구실, 행정실, 도서관, 학생회관, 대학본부 및 그 부대시설이 포함된다. 이 중 도서관에는 열람실, 정기간행물실, 참고도서열람실, 서고 및 사무실을 갖추어야 하고, 열람실에는 학생정원의 20% 이상을 수용할 수 있는 좌석이 있어야 한다.

지원시설은 체육관, 강당, 전자계산소, 실습공장, 학생기숙사 및 그 부대시설을 말하며, 대학의 필요에 따라서 갖출 수 있도록 하고 있다. 교육기본시설과 지원시설의 면적은 〈표 9-5〉에 의한 학생 1인당 교사기준면적에 계열별 학생정원을 곱하여 합산한 면적 이상으로 하도록 규정하고 있다. 이 경우 계열별 학생정원을 합한 학생정원이 400명 미만인 경우는 그 정원을 400명으로 보도록 함으로써, 최소한의 기준으로 삼고 있다(세부 기준은 대학설립 · 운영규정 시행규칙 제8조 제1항 참조). 여기서 계열 구분은 〈표 9-6〉과 같이 하도록 하고 있다.

표 9-5 교사(교육기본시설 지원시설) 기준면적

(단위: ㎡)

구분	인문 · 사회	자연과학	공학	예 · 체능	의학
학생 1인당 교사기준 면적	12	17	20	19	20

‖ 표 9-6 ‖ 계열 구분

대계열	포함되는 소계열
인문 · 사회계열	어학 · 문학 · 사회 및 신학 등
자연과학계열	이학 · 해양 · 농학 · 수산 · 간호 · 보건 · 약학 및 한약학, 의예과 · 치의예과 · 한의예과 · 수의예과
공학계열	공학 등
예 · 체능계열	음악 · 미술 · 체육 및 무용 등
의학계열	의학 · 치의학 · 한의학 및 수의학 등

연구시설 및 부속시설은 고등교육법 제3조에 의한 학교헌장이 정하는 바에 의하도록 하고 있다. 연구시설에는 연구용 실험실 · 대학원 연구실 · 대학부속연구소 및 그 부대시설이 포함되며, 부속시설에는 공통으로 박물관 · 교직원 등의 주택 및 아파트 · 공관 · 연수원 · 산학협력단 및 학교기업의 시설과 그 부대시설 · 부속학교 등이 포함된다. 계열별로는 농학계열의 부속시설에 농장 · 농장가공장 · 사육장 · 목장 · 학술림 · 임산가공장 등이, 공학계열의 부속시설에 공장 · 항공기 격납고 등이, 수산 해양계열의 부속시설에 수산가공장 · 양식장 · 어장 · 기관공장 등이, 약학계열 부속시설에 약초원 · 제약실습공장 등이, 의학계열 부속시설에 부속병원 및 동물병원 등이 포함된다. 여기서 의학 · 한의학 및 치의학에 관한 학과를 두는 의학계열이 있는 대학의 경우에는 부속시설 중 부속병원을 반드시 갖추어야 하나, 교육에 지장이 없는 범위 안에서 다른 병원에 위탁하여 실습할 수 있는 경우는 예외를 인정하고 있다.

(2) 교지(대학설립 · 운영규정 제5조)

교지는 교육과 연구활동에 지장이 없는 적합한 장소에 〈표 9-7〉에 의한 기준면적을 확보하여야 한다. 이 경우 동일한 대학에 교지가 분리되

‖ 표 9-7 ‖ 교지 기준면적 (단위: ㎡)

학생정원	400명 이하	400명 초과~1,000명 미만	1,000명 이상
면적	교사 건축면적 이상	교사 기준면적 이상	교사 기준면적의 2배 이상

어 있는 경우에는 각 교지별로 수용하는 학생정원에 해당하는 기준면적을 각각 확보하여야 한다. 건축면적이라는 것은 건축법 시행령 제119조 제1항 제2호에 의거, '건축물의 외벽의 중심선으로 둘러싸인 부분의 수평투영면적'을 말한다.

(3) 교원(대학설립 · 운영규정 제6조)

대학(교육대학은 제외)은 계열별 학생정원을 앞의 〈표 3-1〉에 의한 교원 1인당 학생 수로 나눈 수의 교원을 확보하여야 한다. 이 경우 계열별 학생정원을 합한 학생정원이 200명(대학원대학의 경우 100명) 미만인 경우에는 그 정원을 200명(대학원대학의 경우 100명)으로 본다(세부 기준은 대학설립 · 운영규정 시행규칙 제8조 제2항 참조).

계열별 학생정원의 산출은 대학원이 없는 대학의 경우는 대학의 학생정원으로, 대학원이 있는 대학의 경우는 학사과정의 학생정원에 대학원 학생정원의 1.5배를 합한 학생 수로, 대학원대학의 경우는 대학원 학생정원의 2배의 학생 수로 계산한다.

대학이 확보하여야 할 교원 수에는 고등교육법 시행령 제7조의 겸임교원과 초빙교원이 포함된다. 이 경우 대학은 그 정원의 5분의 1, 산업대학, 전문대학 및 이에 준하는 각종 학교의 경우는 그 정원의 2분의 1 이내로 둘 수 있다. 겸임교원 및 초빙교원 등의 수는 각각 계열별로 겸임교원 및 초빙교원 등이 담당하는 주당 교수시간을 합산한 시간 수를 9시간으로 나누어 산정한다.

제10장

대학의 지배 구조

1. 개념과 의의

지배 구조는 조직의 의사결정 구조 및 그간의 권한관계라고 할 수 있다. 말하자면 대학을 경영 · 관리하는 데 있어서 교육목적이나 조직, 인사, 재정, 시설 등 대학경영의 핵심 과제들을 누가 결정하는가? 그 과정에 참여하는 사람들은 누구인가? 그리고 누가 그 결정에 따르는가? 등과 관련된 권력행사에 관한 것이다. 이러한 대학의 지배 구조는 대학의 기능인 교육과 연구 그리고 봉사활동을 잘 수행할 수 있도록 지원하고 관리할 수 있도록 구축된 경영 구조라고 할 수 있다.

대학교육의 강조점이 교수(teaching)로부터 학습으로 옮겨지고 학생 · 학부모 등 교육 수요자들의 목소리가 커지고 영향력을 행사하는 범위가 확대되고 있어, 이에 따른 적절한 대학의 조직 · 경영기제가 요청되고 있다. 뿐만 아니라 대학의 자율성 강화와 함께 사회적 요구와 책무성이 강조되면서 지배 구조에 대한 관심이 증대되고 있다(유현숙 외, 2005: 31-34).

현재 우리나라 대학의 지배 구조는 국 · 공립과 사립이 서로 다르다.

사립도 법인이사회의 정관에 따라 대학마다 달리 규정되고 있다.

국 · 공립의 경우 교육과학기술부장관(지방자치단체의 장)의 지도와 감독 하에(고등교육법 제5조) 총장 그리고 교수(평의)회로 이어지는 균형과 견제가 이루어지는 경영 구조가 형성되어 있다. 한편, 사립의 경우 사학법인(대의기구)–총장(집행책임자)–교수협의회(임의기구) 또는 직원노조(견제기구)로 이어져 있다. 학교법인은 대학을 설치 · 경영할 수 있고, 이때 7인 이상의 이사와 2인 이상의 감사를 두도록 하고 있다(사립학교법 제14조).

이렇듯 국 · 공 · 사립을 막론하고 대학에서의 의사결정 구조는 대체로 대의기구, 집행기구, 견제기구로 구성되어 있다(강인수, 2005: 68–70). 여기서 대의기구는 법인이사회라든지 교무위원회를, 집행기구는 총장과 단과대학장을 그리고 견제기구로는 교수회(교수협의회)를 들 수 있다.

이와 같이 기구들의 역할이나 기능은 대학별로 학칙으로 정하고 있어 약간씩 다르게 운용되고 있다.

2. 현황 및 문제점

1) 지배 구조의 현황

(1) 법인이사회

사립대학의 최종 의사결정기구는 법인이사회다. 법인이사회에서는 학교의 장 및 교원의 임면을 비롯해서 재정 관련 사항을 관장하고 있다. 현재 우리나라의 학교를 설립 · 운영하는 법인이사회에서 심의 · 의결하는 사항은 다음과 같다(사립학교법 제 16조). ① 학교법인의 예산, 결산, 차입금 및 재산의 취득 · 처분과 관리, ② 정관의 변경, ③ 학교법인의 합병 또는 해산, ④ 교원의 임면, ⑤ 학교법인이 설치한 사립학교의 장 및 교원의 임면, ⑥ 학교법인이 설치한 사립학교 경영의 중요사항, ⑦ 수익사업에 관한 사항, ⑧ 기타 법령이나 정관에 의하여 그 권한에 속하는 사항 등이다.

현재 이사장은 학교의 장을 겸직할 수 없도록 하고 있고, 친족관계에 있는 이사가 3분의 1을 초과하지 못하도록 하고 있다. 그리고 당해 학교 교원의 법인이사직 겸직을 금지하고 있다. 또한 정관이 정하는 바에 따라 학교의 장 및 교원의 임면을 총·학장에게 위임할 수 있도록 되어 있다.

(2) 교수회 및 대학평의원회

의사결정기구로서 대학 전체 또는 단과대학 차원의 교수회가 있다. 현재 대부분의 국립대학에 교수회의 또는 교수평의회가 설치되어 있으나, 교수평의회는 실제로 거의 운영되고 있지 않다.

그리고 국립대학에 대학평의원회를 둘 수 있도록 규정하고 있다(고등교육법 시행령 제4조 제1항 제16호). 사립대학의 경우에도 "교육에 관한 중요사항을 심의하기 위하여 대학평의원회를 둘 수 있고, 그 조직과 운영에 관하여 필요한 사항을 정관으로 정하도록" 하고 있다(사립학교법 제26조 제2항).

(3) 총장

총장은 당해 단과대학, 대학원, 학과 및 학부의 교수를 통할하고 소속 교직원을 감독하며 학생을 지도하는 대학의 대표다.

(4) 견제기구

평교수들이 참여하는 임의단체로서 교수협의회(또는 교수회)가 있다. 또한 직원협의회(또는 직원노조)가 의사결정 및 집행에 대한 견제역할을 담당하고 있다.

2) 주요 문제점

우리나라 대학의 지배 구조 및 운영상의 문제점들을 몇 가지 지적하면 다음과 같다.

첫째, 의사결정 과정에서 권한과 책임이 합리적으로 배분되어 있지 못하다. 국립대학의 경우 조직, 인사, 재정 등에 있어서 최종적인 결정권은 교육과학기술부가 갖고 있다. 대학총장이나 대학 내 의사결정기구에서 자율적으로 결정할 수 없다(강인수, 2005: 70-71). 따라서 대학의 질적 수준을 높이고 경쟁력을 강화하기 위한 노력에 제약이 따르고 있다. 사립대학의 경우 인사 및 재정 관련 권한이 재단이사회에 집중되어 있어 총장을 비롯한 집행기구의 실질적인 권한이 약화되어 있다는 지적이 많다. 따라서 재단과 총장 등과의 갈등이 많이 제기되고 있고 분규가 일어나고 있기도 하다.

둘째, 의사결정 과정에서 구성원들의 참여가 취약하다. 교수회나 대학평의원회가 유명무실하다. 학생회나 직원단체의 참여도 미흡하다. 등록금 결정이나 임금협상 등과 관련된 내용을 중심으로 협의와 협상이 진행되고 있기는 하지만, 그다지 합리적인 방식으로 진행되지 못하고 있어 파행적이고 소모적인 갈등 양태가 간간이 불거지고 있다.

이러한 관계는 국립인가 또는 사립인가에 따라 그리고 대학의 풍토나 분위기에 따라 다르다. 또 경영층의 리더십 행사에 따라 다르기 때문에 일률적으로 말하기 어렵다.

셋째, 투명성의 결여가 지적되고 있다. 사립대학의 경우 법인이사회가 설립자를 중심으로 운영되고 있다. 사립대학 분규에서 가장 빈번하게 제기되는 원인으로는 설립자 또는 이사장으로 대표되는 법인이사회 중심의 의사결정, 힘이 실려지지 않는 집행기구, 행정과 예산집행 과정의 투명성 미흡 그리고 대학 정보의 비공개에 따른 수요자의 불만 등이 지적되고 있다.

넷째, 주요 이해당사자에게 개방되지 않은 지배 구조를 들 수 있다. 교수, 직원, 지역사회, 학생, 학부모, 동창 등이 제대로 참여하지 못하고, 법인이사회의 권한 아래 교수협의회나 학생회, 직원노조 등이 기능을 제대로 행사하지 못할 뿐더러, 또 교수협의회는 법적으로 보장받지 못하는 임의기구에 불과하다는 등 '형해화한 대의기구'와 부실한 견제 기능 등에 관한 내용이 문제로 대두되고 있다.

3. 주요국의 동향

먼저 독일을 비롯한 유럽의 대학에서는 교수, 직원, 학생의 이해를 최고 경영결정기구인 감독이사회(Supervisory Board)와 일상 대학활동의 자문 · 협의기구인 대학평의회(University Council 또는 Senate)에 반영시키고 있다. 여기서 대학평의회는 교수, 조수, 학생, 행정직원 등으로 구성되어, 대학의 학사 및 행정에 대학의 이해관계자가 참여하는 제도다. 감독이사회는 총장과 그 집행부를 임명하는 대학 최고의 권한을 갖는데, 이사는 정부가 추천하는 외부인사와 대학평의회가 추천하는 인사로 보통 5~9인으로 구성된다(조우현, 2005: 200-203).

미국 대학 지배 구조의 특징은 총장이 혁신을 주도하는 기업형(entrepreneurial) 비영리기관이라는 점이다. 미국 서부지역의 워싱턴 주 Seattle 근교에 있는 위트워스대학의 경우 이사회의 구성이 학교 설립자 및 후계자, 학생, 교수, 직원, 지역 주민, 정부, 기부자, 동문회, 학부모, 기업가 등 42명으로 구성되어 있다.

이사회의 공식적 임무는 ① 재정적 그리고 법적 권위 주체, ② 대학행

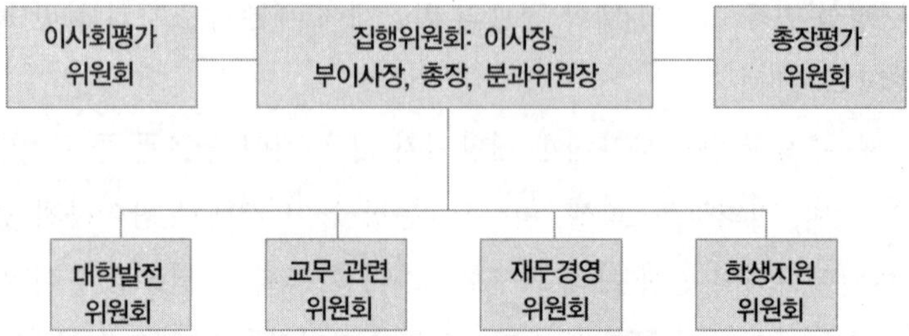

[그림 10-1] 이사회 구성의 조직표

출처: 조우현(2006). p. 206.

정직 및 교수임용의 최종승인권, ③ 대학 프로그램과 시설의 방향 설정, ④ 총장선임 절차의 주도 등이다. 이사회의 모든 회의는 공개되며 교수와 학생대표도 이사회의 모든 위원회에 참여할 수 있으나 투표권은 없다(조우현, 2006: 203-207).

이사회의 비공식적 임무는 기부금을 내고, 기부금 모금을 지원하거나, 학생, 교수 등 모든 이해관계자와 상호 접촉 그리고 대학행사에 참여하여 지지와 격려 등이다.

이사회의 임무 중 총장평가위원회는 학생, 교수, 직원들을 대상으로 비밀리에 여론조사를 통해 총장평가를 한다. 총장에 대한 광범위한 불신임 의견이 높을 경우 도덕적 권위 및 리더십을 세우든가 아니면 사임토록 권고한다. 그리고 이사회는 총장후보선출위원회(presidential search committee)를 구성하는데, 여기에는 교수, 직원, 학생 그리고 동문회 대표가 포함된다.

일본에서는 국립대학의 법인화를 통해 지배 구조를 개혁하고 있다. 그동안 일본의 국립대학은 정부의 보호 아래 '경쟁에 참여할 기회'가 적었고 책무성을 높이기 위한 기제가 미흡하다는 점이 문제점으로 지적되었다. 이렇듯 '시장화라는 세계적 추이'에 부응하지 못하자, 소위 무력한 '국가시설형 교육기관'에 대한 개혁을 시도하게 되었다. 그리하여 모든 국립대학을 2005년 4월부터 법인화하도록 하였고, 각 국립대학 법인은 총장, 이사회, 대학평의회, 운영위원회와 감사위원 등을 두도록 하고 있다.

대학 지배 구조의 국제적인 동향의 핵심은 대학교육에 관한 의사결정이 대학 내부에 한정되어 있던 상황으로부터 외부인사의 참여가 확대되고 있고, 성과를 중시하는 시장적 가치를 중시하는 대학경영 방식으로 전환하고 있다는 점이다. 그리고 대학교육의 유형에 따라 다양한 지배 구조 모형이 활용되고 있다(유현숙 외, 2005: 76-77).

4. 쟁점 및 당면 과제

1) 총장선출 방식

총장이 어떤 사람이 되는가에 따라 대학의 발전과 판도가 달라진다. 그래서 각 대학에서는 유능한 총장을 확보하기 위해 많은 노력을 기울이고 있다.

우리나라 대학의 총장선출 방식은 국·공립 또는 사립에 따라, 대학에 따라 다르다. 현재 대부분의 국·공립대학에서는 교수와 직원(일정 비율 할당)이 직접선거를 통해 총장 후보를 선출한다. 이렇게 선출된 2인의 후보자를 추대(천거)하면 교육과학기술부장관의 제청을 받아 대통령이 임명한다.

국립대 총장선출 방식은 거의 총장직선제에 의존하고 있으나, 사립대의 경우에는 2/3 정도의 대학에서는 법인이사회에서 임명하는 방식을 택하고 있다(〈표 10-1〉 참조).

표 10-1 총장선출 방식

(단위: 대학 수)

구분	교수직선	총장추천위*	기타**	법안의무	합계
국 · 공립대	40	1	-	-	41
사립대	7	8	41	97	153
합계	47	9	41	97	194

* 추천위원회를 선출한 뒤, 이들의 직접투표로 총장선임.
** 총장추천위원회 방식이 아닌 모든 간접선출 방식.
출처: 교수신문(2003. 10. 31).

현재 우리나라에서 총장을 선출하는 방식은 대체로 일간지에 초빙 공고를 내고, 지원자들을 대상으로 기준에 따른 서류심사를 하고, 또 선출을 위한 직접 또는 간접선거 등의 절차를 거쳐 임면권자가 임명하고 있다. 그러나 과연 얼마나 유능한 총장이 선출 · 임명되는가에 대한 회의적 시각도 있다. 우리나라 사립대학에서의 총장 선출과 관련된 문제점을 조우현은 이렇게 표현하고 있다(2006: 198). "…대학총장 선출은 4년마다 벌이는 재단 설립자, 후계자 또는 친 · 인척 그룹에 대한 충성 경쟁이다. 여기서 승리한 사람은 4년간 첫 1년은 의욕을 보이지만 결국은 '어용총장' '독선총장' 으로 끝난다. 충성 경쟁에는 유능한 사람일수록 총장 직무에는 무능한 것이 보통이기 때문이다. 반대로 총장 직무에 유능한 인사는 충성 경쟁에는 무능하기 때문에 총장으로 선임되지 않는다.…" 이러한 지적이 일리가 있기는 하다. 그러나 이러한 비판과 지적은 총장으로서의 역할을 수행하는 데 필요한 능력과 자질을 갖춘 유능한 지도자가 요청된다는 의미로 받아들여야 할 것이다.

2) 사립학교법 관련

정부와 여당에서는 개방이사제, 교수평의회 제도화 등을 통해 투명하고도 사회적 기제로서의 합리적인 경영 방식으로 유도하기 위한 관련 법령 개정을 추진해 왔다.

앞에서 말한 바와 같이 사학법인에 권한과 책임이 집중되어 있다는 점이 핵심적인 문제점으로 지적되어 왔거니와, 사학법인의 권한과 책임을 조정하기 위해 사립학교법이 개정되어 2006년 7월 1일부터 발효되었다. 그 주요 내용을 보면 투명성을 높이기 위해 이사회의 이사 수를 늘리고, 이사 정수의 1/4 이상으로 구성되는 개방이사제를 두며, 또 교수, 직원, 학생이 포함되는 11인 이상의 대학평의회를 학교정관에 따라 설치하도록 규정하고 있다. 그러나 여야 간에 계속 대치 국면에 있었고, 아직도 합의에 제대로 도달하지 못하고 있는 쟁점사안으로 남아 있다.

3) 국립대학 특수법인화 및 구조조정

국립대학의 경우 아직까지 이사회가 없으므로 정부에서는 자율적인 운영과 경쟁적인 재정확보 분위기 조성 등을 위해 특수 재단법인 형태로 대학운영을 유도하고 있다.

교육과학기술부에서는 (가칭)「국립대운영체제개선에 관한 특별법」을 제정하여 국립대학을 특수법인으로 전환하려는 계획을 추진하고 있다. 이렇게 특수법인화함으로써 예산을 비롯하여 조직개편을 대학 자율로 할 수 있고 교직원의 임면권을 총장이 가질 수 있다.

일본의 경우 대학의 질적 수준을 높이고 경쟁력을 강화하기 위해 2005년 4월부터 대학을 특수법인화하였다. 그러나 국립대 통폐합, 학과 통폐합, 직원 감축 등 구조개편이 이루어지고 있는 상황에서 오히려 자율개혁을 저해할 수 있고, 대부분의 지방 국립대학들이 법인화되면 재정운용능력을 상실할 수 있을 뿐 아니라, 수익사업을 통한 자체 재정운용이 쉽지 않다는 이유로 반대의견도 많다. 이 외에 국가공무원 신분상실에 따른 불안감 등의 문제도 제기하고 있다(정환규, 2005).

앞으로 우리나라에서의 대학을 특수법인화하는 과제는 대학인들의 공감대 확산과 합리적인 합의 도출의 과정을 거쳐 결정 · 추진될 것으로 보인다. 또한 2006년 5월 현재 한국의 출산율이 1.08%로 세계 최하위를 나타내는 등 저출산 · 고령화 시대에 접어들고 있고, 2002, 2003년을 기점으로 대학입학 지원자보다 대학 정원이 많아지고 있다. 실제로 신입생을 못 채우는 대학이 늘어남에 따라 여기에 대비하여 정부에서는 적정한 대학 및 학생 수를 조정하기 위해 행 · 재정적 혜택을 제공하면서 대학의 통폐합 등 구조조정을 시도하고 있다.

4) 교원임면 관련

전술한 바와 같이 현행 사립학교법에서는 사립학교의 장이나 교원에 대한 임면권은 이사회에 귀속되어 있다. 그러나 정관이 정하는 바에 따라 일부 사립대학에서 총 · 학장이 교원임면권을 가지는 경우도 있기도 하지만 대부분 그러하지 못하다. 따라서 교원임면권을 둘러싸고 재단과 학교장, 이사회와 교수 간의 논쟁과 갈등이 계속되어 왔다.

이러한 문제를 개선하기 위한 노력의 일환으로 학교장에게 제청권을 부여하고 이사회는 임면권을 행사할 수 있도록 함으로써 투명성과 자율성을 적절하게 조율할 필요가 있다.

5. 지배 구조 개선을 위한 과제

지배 구조는 대학교육의 이념을 구현하고 대학교육의 질적 개선 및 경쟁력 강화를 위한 기제로서 제대로 작동되어야 한다. 시대적인 요청과 흐름에 부응하여 보다 합리적이고 민주적인 지배 구조를 확립해야 한다. 이러한 관점에서 앞으로의 개선 방향 및 과제를 몇 가지 제시하면 다음과 같다.

첫째, 이사회의 수를 늘리고 다양하게 구성되어야 한다. 특히, 전문성이 있는 자들을 이사로 포함시켜야 한다. 또한 이사의 중임횟수를 제한하되 업무의 연속성을 기하기 위해 부분적 교체가 바람직하다.

둘째, 이사회의 권한과 책임을 적정하게 조정할 필요가 있다. 이러한 노력의 일환으로 이사회와 총·학장 간의 권한과 책임을 적절하게 안배해야 한다. 전술한 바와 같이 사립학교의 장과 교원의 임면은 이사회의 권한이지만, 대학교육기관의 장이 아닌 교원의 임면권은 정관이 정하는 바에 따라 총·학장에게 위임할 수 있으므로(사립학교법 제53조의2 제2항) 교원의 임면권은 일정 범위 내에서 이사회가 총·학장에게 위임하는 것도 바람직한 방안으로 여겨진다.

셋째, 교육·연구활동의 핵심 주체인 교수들의 권한과 참여가 확대되어야 한다. 교수회의의 권한은 각 대학의 자율적 선택에 맡기되 심의사항, 의결사항 등에 관한 심층적인 연구가 필요하다.

넷째, 교무위원회 및 학·처장회의가 활성화될 필요가 있다. 교무위원회를 자문기구로 운영하는 대학도 있고 심의 기능을 하는 대학도 있다. 교무위원회는 학칙에 규정된 사항을 심의하는 심의기구의 성격을 가지므로 총장의 전문성을 보충하고 견제할 수 있어야 하며, 일방적인 전달기구의 장이 아니라 학사문제를 심의하고 협의하는 민주적인 참여의 장이 되어야 한다.

다섯째, 각종 위원회의 설치·운영이 활성화되어야 한다. 교원인사위원회를 비롯하여 각종 위원회가 활발하게 설치·운영됨으로써 대학행정의 민주화, 전문화가 이루어져야 한다.

여섯째, 획일적인 총장선출 방식보다는 각 대학의 실정에 맞게 다양한 방식으로 추진될 필요가 있다. 총장직선제의 폐해가 많이 드러나고 있는 만큼 합리적인 절차를 거쳐 유능한 총장을 선출하기 위해 구성원들의 참여와 의사를 반영하는 간선제 방식도 늘어나고 있다. 총장 선출 · 임명에 있어서 교수 및 직원 등 구성원들의 의견을 대변할 수 있는 기구가 전제되어야 한다.

끝으로, 대학교육의 질적 수준 향상을 위해 교육과 연구 및 학사에 관한 학생의 의견이 의사결정 과정에 수렴되어야 한다. 또한 대학행정을 담당하고 있는 직원들도 이해당사자로서 대학의 의사결정에 참여할 권리가 일정한 범위 내에서 보장되어야 한다.

제4부

대학 교직원 유지 및 관리

제11장
교직원의 단체활동

해방 이후 60여 년이 경과하는 동안에 우리 사회는 많은 변화와 발전을 거듭해 왔다. 이러한 발전을 가져오게 한 주요 동인이 교육이었고, 그 핵심 주체는 바로 교원이라고 할 수 있다. 특히, 대학교원들은 대학에 재학하는 학생들을 가르치는 동시에 연구와 봉사활동을 통해 국가 · 사회발전에 크게 기여하고 있으며, 이 점은 높이 평가받아야 마땅하다. 교수 및 학생들의 교육 및 연구활동을 지원하는 행정직원들의 공헌 또한 부인하기 어렵다.

교원들의 모임인 교원단체는 교원들의 권익 옹호 및 교권 신장, 사회 · 경제적 지위 향상 그리고 전문적 자질 심화 등을 위한 역할과 기능을 수행하고 있다. 이 장에서는 교직원의 단체활동을 살펴보고자 한다. 대학교원 및 행정직원의 단체활동은 교육공무원의 단체활동뿐 아니라 일반 노조활동의 맥락 속에 궤를 같이하면서 그 활동의 범위와 내용, 한계 등이 연계 · 규정된다.

1. 노사관계

노사관계는 사용자와 근로자의 관계를 말한다. 즉, 사용자(경영자)와 근로자(피고용자)들로 구성된 노동조합과의 관계라고 할 수 있다. 이러한 관계는 전문 경영인을 대리인으로 내세운 자본가와 노동자들이 노동조합을 결성하여 노동조합 대표 또는 간부들을 내세워서 자본과 임금, 노동 사이에서의 노동조건의 결정을 기초로 만들어진 사회관계다. 이렇게 자본-경영자와 임금노동-피고용자(작업자)는 대립적인 동시에 협동적인 관계라고 할 수 있다.

노사관계는 여러 가지로 구분할 수 있지만 고용조건 결정기구의 성질에 따라 흔히 전제적 노사관계, 항쟁적 노사관계, 온정주의적 노사관계, 완화적 노사관계, 민주적 노사관계 등을 들 수 있다. 이러한 노사관계는 사회적, 시대적 흐름 속에서 변천 · 발전해 왔다.

노사관계에 있어서 상호 대립이나 갈등, 충돌 등을 줄여 사용자와 근로자 간의 건전한 관계가 방해받지 않고 상생할 수 있도록 하는 노사관계 정립이 필요하다. 사용자와 근로자의 상호 노력하는 행위로는 사용자와 조합과의 단체교섭, 교섭의 결과 생긴 노동협약의 체결, 협약의 해석 · 적용에 대한 고충처리, 조합 또는 종업원집단의 경영 참가, 경영협의회, 노사위원회 설치 · 운영 등을 들 수 있다.

건설적인 노사관계를 형성하기 위해서는 기업이윤참가제도, 주식소유참가제도, 노동조합 대표를 최고경영층에 참가시키는 방식, 노사가 협의하는 제도 등을 통해 노동조건의 결정기구를 합법적으로 제도화하여 노사관계의 합리적 조정이 용이하도록 할 수 있다.

노동조합은 제반 노동조건을 유지하고 개선하며 노동자의 사회 · 경제적 지위 확립을 위해 조직 · 운영하게 된다. 여기서 노동조합은 근로자가 주체가 되어 자주적으로 단결하여 근로조건의 유지 · 개선 및 근로자의 경제적 · 사회적 지위의 향상을 도모하기 위해 조직하는 단체다(노동조합 및 노동관계조정법 제2조 제4항). 노동조합의 유형으로는 직능별 조합, 일반조합, 산업별 조합, 기업별 조합 등을 들 수 있다.

노동자들은 노동조합을 결성하여 노동3권을 행사할 수 있다. 노동3권은 단결권, 단체교섭권 그리고 단체행동권을 포함한다. 여기서 단결권은 단결에 의해 노동단체를 형성할 수 있도록 하는 노동운동의 근간이 되는 자유권이라 할 수 있다. 단체교섭권은 근로시간이나 임금, 근로자의 신분과 사고 등에 따르는 근무조건의 개선을 위해 근로자의 의견을 종합하고 반영하는 권리다. 그리고 단체행동권은 근무조건 개선을 위한 집단적 쟁의행위다. 쟁의행위는 그 목적, 방법 및 절차에 있어서 법령 및 사회질서에 위반되어서는 안 된다(노동조합 및 노동관계조정법 제37조 제1항).

노동쟁의는 노동조합과 사용자 또는 사용자단체(노동관계 당사자) 간에 임금, 노동시간, 복지, 해고, 기타 대우 등 근로조건의 결정에 관한 주장의 불일치 상태를 말한다. 쟁의조정 방법으로는 알선, 조정, 중재 등을 들 수 있다.

알선(conciliation)은 분쟁의 해결을 위해 노사 간에 다리를 놓아 주는 방법이다. 즉, 노사 양측 이외의 제3자가 합의에 도달할 수 있도록 촉진하기 위하여 양측을 소집하여 양보를 유도함으로써 문제해결을 시도하는 행위다. 진상조사(fact finding)는 알선과 비슷하나, 양측의 주장을 공개하여 공론을 유도하며 합리적인 제안이 자발적으로 제시되도록 하는 행위다.

조정(mediation)은 제3자의 입장에서 해결안(조정안)을 작성하여 노사에게 수락을 권고하며 구체적인 방법을 제안하는 행위로서, 알선보다는 적극적인 방식이라고 할 수 있다(노동조합 및 노동관계조정법 제53조~제61조 참조).

중재(arbitration)는 제3자에게 쟁의해결을 맡기는 가장 적극적(최종적)인 방식으로서 알선이나 조정보다 법률적인 구속력이 강하며, 양측 주장의 중간점을 절충하는 선에서 판정을 하게 된다(노동조합 및 노동관계조정법 제62조~제70조 참조). 또 최종 제안중재를 활용하기도 하는데, 이것은 중재자가 양측에 최종의 제안을 내도록 하여 그중 하나를 결정함으로써 자발성을 높이려는 것이다.

그러나 만약 이익 관련 사항이나 권리 관련 사항 등에서 양측의 의견이 일치하지 않고 논쟁이 제기되는 등 난국해결이 잘 이루어지지 않을 경우 종국적으로 작업중단, 파업, 직장폐쇄 등이 일어나기도 한다. 이와 같은 난국해결 과정은 상당한 시일이 소요된다.

단체교섭의 절차에는 대체로 다음 내용이 포함된다.

- 교섭담당자의 인정: 상대방을 적법하고 대표성 있는 교섭담당자로 인정
- 교섭의무: 노사 양측의 임금, 근로시간, 기타 고용조건에 관한 성실의 의무
- 교섭기구: 상설 또는 임시기구
- 교섭에 임하는 노사의 자세와 교섭의 준비
- 연구와 교섭 준비
- 경영정보의 제공과 관련된 문제
- 교섭 패턴: 의장 선출, 회의의 기록, 교섭장소 선정, 교섭의 공개
- 교섭담당자의 권한
- 협약의 인준
- 협약의 유효기간 등

2. 단체교섭

노동3권의 핵심은 단체교섭권이라 할 수 있다. 단체교섭은 노동자와 사용자 간의 의견을 확인하고 양보를 구하거나 타협하는 과정으로서 노사 간의 공동 의사결정 과정이라고 할 수 있다. 즉, 임금, 노동시간, 기타 노동조건을 놓고 근로자단체인 노동조합과 사용자 간에 협상을 벌여 결정을 하고, 결정된 사항을 시행해 나가며 관리하는 일련의 과정이다. 단체교섭의 특성은 다음과 같이 요약할 수 있다(임창희, 2003: 351-352).

- 근로자가 노동조합을 통하여 사용자와 교섭을 벌여야 한다.
- 단체교섭을 통해 결정된 사항을 노사 양측이 날인한 규정문서가 단체협약서다.
- 근로자의 단체교섭권은 단결권, 단체행동권과 함께 헌법에 명시된 노동3권이므로 사용자가 교섭에 응하지 않으면 위법이다.
- 계약으로만 끝내서는 안 되기 때문에 단체협약을 제대로 이행하도록 관리하고 감시하는 과정과, 약속 불이행 시 다시 협상하는 절차까지 모두 단체교섭 과정이 된다.
- 노동조합이 없는 회사에서도 노사협의회 등을 통하여 주요 이슈를 교섭할 수 있으므로 단체교섭에 준하는 법률적 강제가 적용된다.

일반적인 단체교섭의 절차는 다음과 같다(임창희, 2003: 354-357).

- 준비: 노동조합은 사용자를 만나 무슨 주제를 어느 정도 요구할 것인가 요구사항을 수집하여 정리하고, 만일 협상이 결렬될 경우 어떤 대응태세를 취할 것인가에 대해서도 미리 준비해야 한다. 물론 단체교섭을 담당할 위원의 선정과 교섭 전략의 수립도 필수적이

다. 사용자 측에서도 노조의 요구조건이 무엇인지 확인하고 상대가 양보할 수 있는 최후의 보루선은 어디쯤인지 미리 예측하여 이에 알맞은 대책을 세워야 한다.

- 협상: 노조는 교섭안을 사용자에게 차례로 제시하며 상대방의 진의를 파악하면서 대응하고 요구사항을 수시로 수정해 나간다. 그러기 위해서 교섭당사자들은 협상의 전략과 테크닉에 대해서 별도로 훈련을 받아야 한다.
- 타결: 노사 양측의 협상이 타결되면 그 내용을 문서화하여 단체협약서를 작성해야 한다. 그러지 않으면 나중에 약속 내용을 번복할 수도 있으므로 상호 간의 신뢰 및 사후관리를 위해서도 필요하다.
- 쟁의: 협상이 결렬될 경우 노사 양측은 파업 또는 직장폐쇄 등으로 실력행사를 할 수 있다. 노동조합 측에서 세력과시를 위해 협상이 결렬되기 전에도 파업의 조짐을 보이거나 실제로 파업에 돌입하기도 한다.
- 평가: 단체교섭이 끝난 다음 노사 모두 교섭 과정에서 나타난 문제점들을 정리하면서 자신들의 협상 전략과 결과가 만족한 수준인지, 부족하다면 그 원인이 어디에 있었는지를 평가하여 차기 협상 시에 참고자료로 활용한다.
- 중재와 조정: 노사 간의 교섭 과정에서 끝까지 타협이 안 된다면 정부나 제3자의 중재가 필요하다. 분쟁 상태가 장기간 계속되면 당사자들은 물론 국가 · 사회적으로 손실이 커지므로 정부가 강제로 중재에 나서기도 한다. 중재자는 노사 양측에서 전문 중재자나 사회의 저명인사를 초대하는 경우도 있고, 노동위원회나 정부에서 직접 파견하기도 한다. 중재자의 판결에도 불복하거나 따르지 않는다면 최후에는 법의 심판에 맡기게 된다.

단체교섭과 관련된 주요 법적 규정은 다음과 같다(노동조합 및 노동관계조정법 제29조~제36조).

- 교섭 및 체결권한
  - 노동조합의 대표자는 그 노동조합 또는 조합원을 위하여 사용자나 사용자단체와 교섭하고 단체협약을 체결할 권한을 가진다.
  - 노동조합과 사용자 또는 사용자단체로부터 교섭 또는 단체협약의 체결에 관한 권한을 위임받은 자는 그 노동조합과 사용자 또는 사용자단체를 위하여 위임받은 범위 안에서 그 권한을 행사할 수 있다.
  - 노동조합과 사용자 또는 사용자단체는 위 규정에 의하여 교섭 또는 단체협약의 체결에 관한 권한을 위임한 때에는 그 사실을 상대방에게 통보하여야 한다.
- 교섭 등의 원칙
  - 노동조합과 사용자 또는 사용자단체는 신의에 따라 성실히 교섭하고 단체협약을 체결하여야 하며, 그 권한을 남용하여서는 아니 된다.
  - 노동조합과 사용자 또는 사용자단체는 정당한 이유 없이 교섭 또는 단체협약의 체결을 거부하거나 해태(懈怠)하여서는 아니된다.
- 단체협약의 작성
  - 단체협약은 서면으로 작성하여 당사자 쌍방이 서명날인하여야 한다.
  - 단체협약의 당사자는 단체협약의 체결일부터 15일 이내에 이를 행정관청에게 신고하여야 한다.
  - 행정관청은 단체협약 중 위법한 내용이 있는 경우에는 노동위원회의 의결을 얻어 그 시정을 명할 수 있다.

• 일반적 구속력

– 하나의 사업 또는 사업장에 상시 사용되는 동종의 근로자 반수 이상이 하나의 단체협약의 적용을 받게 된 때에는 당해 사업 또는 사업장에 사용되는 다른 동종의 근로자에 대하여도 당해 단체협약이 적용된다.

3. 한국의 교원단체활동

교원은 교원단체를 통하여 교육발전에 필요한 교육여건 조성을 유도하고, 교원의 권익신장과 전문성 개발과 함께 사회 · 경제적 지위 향상 등을 도모하며, 이를 위해 교원 및 교육정책 결정 과정에 참여한다. 교원 개개인으로서는 달성하기 어려운 일을 집단과 단체의 힘을 빌려 보다 효과적으로 이룩하고자 하는 것이다. 이렇듯 교원단체는 이익집단으로서의 기능과 전문직 단체로서의 기능을 동시에 수행한다.

유네스코(UNESCO)와 세계노동기구(ILO)가 작성한 '교원의 지위에 관한 권고'에서도 그 기본 원칙의 하나로서 교원단체는 교육발전에 크게 이바지할 수 있는 하나의 세력으로 인정되어야 하며, 따라서 교원단체는 교육정책 결정에 관여하여야 한다고 천명함으로써 교원단체의 역할과 기능을 규정하고 있다.

1999년 이후 복수 교직원 단체활동이 허용된 이후 단체활동이 활발하게 추진되고 있거니와, 그동안의 한국교총과 전교조 그리고 한교조의 태동과 발전, 주요 활동 내용 등을 살펴보면 다음과 같다.

1) 한국교원단체총연합회(한국교총)

1947년 11월 '교육의 발전을 도모하여 세계 문화 향상에 공헌'함을 목적으로 '조선교육연합회'로 출범하여 시 · 군, 시 · 도 교육회 연합체로서 학교급별, 설립별, 성별 및 직급 구별 없이 전문직 교원단체로서 활동해 왔다.

1948년 8월 15일 정부 수립과 함께 조선교육연합회는 '대한교육연합회(대한교련)'로 명칭을 바꾸었다. 대한교련은 1952년 세계교직단체총연합회(WCOTP)에 가입하였고, 1989년 '한국교원단체총연합회(한국교총)'로 개명하는 동시에 평교사가 많이 참여하는 조직개편을 단행하였다.

한국교총은 설립 이후 일관되게 전문직주의를 표방하여 왔고, 교직의 전문성 신장과 교원의 경제적 지위 향상 및 복지후생 확충뿐 아니라 교권 신장 및 윤리 확립을 비롯해서 교육제도 쇄신 및 교육여건 개선을 위해 많은 활동을 수행하여 왔다. 또한 연구, 장학, 국제교류 강화를 통해 교직의 위상 제고 등을 위해서도 면면한 노력을 기울여 교원정책 개선과 교육 발전에 많은 기여를 하였다.

그러나 교육정책 결정 과정에 제대로 참여하지 못함에 따라 그동안 교원의 권익을 제대로 반영 · 대변하지 못하고, 우리 교육의 지향 방향을 제시하지 못하고, 교원의 권익 신장을 제대로 대변하지 못하였다는 비판도 있어 왔다. 또한 교육민주화 과정에서 주도적인 역할을 수행하지 못함으로써 일선 교원들의 무관심과 일탈을 가져와 교원노조가 태동하는 계기도 되었다(전제상, 2002).

그리고 법률 · 제도적 측면에서 압력단체로서의 정치활동 기능 미흡, 로비 활동의 전문성 부족, 대학교원의 가입률 저조 및 회원 수혜사업 개발 취약과 회세 확장 활동 부진, 회원의 참여 및 결속력 저조, 재원의 불안정, 중앙과 하부조직과의 연계성 취약, 정책개발 및 인력의 전문성 부족, 국제교류활동 및 홍보 전략의 미흡, 각종 단체와의 활동 제휴 및 연대성 결여 등의 문제를 가져왔다(서정화 외, 1997).

2) 전국교직원노동조합(전교조)

1960년 4월혁명 후 초·중등교원들이 교원노조 결성을 선언하면서 교원노조운동이 태동하였으나, 1961년 9월「교육에 관한 임시특례법」에 의해 해체되었다. 그러다가 1989년 5월 전국교직원노동조합(전교조)이 결성되었다.

국민의 정부가 들어서서 1999년 7월 교원노조를 허용함으로써 40년 만에 비로소 제도권 내에서 교원노조활동이 이루어지고 있다. 전교조는 조직되자마자 엄청난 속도로 조직이 확장되어 2006년 현재 회원 수가 9만 명이 이르는 것으로 알려져 있고, 교육의 민주화 촉진 및 권위주의 청산 분위기 조성, 교원의 처우 및 환경개선에 대한 사회적 인식 확산, 교원 및 교육정책 결정에 많은 영향을 끼쳤다.

그러나 순수한 교육활동보다는 '민족·민주·인간화 교육'으로 집약되는 저항 이데올로기로서의 '참교육 논리'는 마르크시즘에 입각한 의식화 교육에 치중한다는 비판을 받게 되었다. 또 이념적 편향성으로 인해 국민적 합의를 얻는 데 실패하였으며, '참교육 실천'이라는 머리띠를 두르고 구호를 외치고 주먹을 내젓는 모습은 그 참신성이 퇴색되어 버렸다는 지적도 있다(오일환·이병기, 1994).

더욱이 우리의 교육이 진실된 교육을 받고자 하는 학생들의 학습권을 침해하는 잘못을 저질러 왔다고 비판하면서도(창립선언문), 재단비리에 항의하며 교내에서 시위를 벌이고 수업을 거부함으로써 학부모와 학생의 교육권과 수업권을 침해했다며 위자료를 지급해야 하는 판결을 받게 된 것(2003. 5. 15)은 아이러니가 아닐 수 없다.

또한 지나치게 투쟁적인 모습을 보여 주었고 정치적인 색깔을 드러내는 등 국민의 지지와 대중성을 확보하는 전술·전략의 취약성을 보이고 있다. 이것은 전교조 핵심 지도부의 전술적 오류와 무관치 않으며, 최근에는 '갈등과 혼란의 가운데 전교조가 있다.'는 비판을 받을 정도로 투쟁과 대립, 농성 등 과격한 단체행동으로 많은 비판을 받아 왔다. 그래서 교육운동보다는 노동운동 쪽으로 점점 기울어진다는 지적을 받고 있고, 정부의 교육정책과 사사건건 마찰을 빚는 등 과격한 강경노선을 견지함으로써 학부모 · 국민들에게 부정적인 이미지가 많이 비쳐지고 있다. 그리하여 이러한 과격한 교원단체활동을 견제하기 위해 반전교조 학부모단체라든지 자유교원노조 등이 발족되는 계기가 되기도 하였다.

3) 한국교직원노동조합(한교조)

한교조는 1999년 7월 1일 '교원의 노동기본권 보장과 교육환경 개선 및 푸른교육의 실천' 을 위하여 모든 사람이 평등하게 교육을 받을 수 있는 민주복지사회 건설과 인간 중심의 참된 민주교육환경 실현을 표방하면서 창립된 이래 면면하게 활동을 이어오고 있다.

한교조는 그동안 지역별로 본부를 설립하는 등 회세 확장 노력과 함께 교육바로알리기운동을 전개하고 단체교섭에 힘쓰는 한편, 교원 및 교육정책 개선을 위한 다양한 활동을 수행하여 왔다.

한교조는 '푸른교육 이념' 으로서 행복하고 자긍심 있는 교사관 확립, 깨끗하고 선명한 교육 그리고 미래지향적이고 창의적인 교육을 내세우고 있다. 그러나 조직의 기반을 조성하는 단계에 있어서인지 그 활동이 그리 적극적인 것 같지 않고 조직의 확장노력도 아직은 취약한 것으로 보인다.

이상에서 교원단체의 활동을 개략적으로 살펴보았거니와, 대학교원이 일부 참여하고 있기는 하지만 주로 초 · 중등 교직원 중심으로 단체활동이 전개되고 있다. 초 · 중등 교직원 중심이어서 단체활동 범위와 폭이 한정되어 있는 것 같다.

교원단체는 갈등의 한복판에 서 있는 양상이다. 이러한 갈등은 학교 내에서뿐 아니라 교직사회 그리고 교육정책 전반에 걸쳐 나타나고 있으며, 특히 1995년 발표된 5 · 31교육개혁방안 마련 방식과 추진 과정을 중심으로 계속 제기되어 왔다. 그동안 교육개혁방안을 둘러싸고 교원단체와 학부모단체, 시민단체 그리고 정부 간에 표출된 이견과 대립, 마찰 등에서 많이 확인할 수 있다. 이를테면 NEIS 도입 여부라든지, 초등학교 학생의 기초학력평가, 자립형 사학을 비롯해서 사립학교법 개정, 소규모 학교 통폐합, 교원정년 단축, 교육과학기술부장관 임면, BK21, 국립대학 구조조정 등과 관련하여 나타난 찬반논쟁과 저항, 시위, 농성 등이 그것들이다.

교육의 갈등 양상은 서로 연계되어 있고 경우에 따라 학교단위, 교직사회, 교육정책 등을 넘어서서 사회정책적인 쟁점으로 확대되기도 하였다. 교육갈등의 원인으로는 기본적으로 우리나라 교육개혁의 기조를 이루고 있는 것으로 여겨지는 1995년 5 · 31교육개혁방안에 대하여 일부 교원단체와 학부모단체에서 '신자유주의' 적 접근의 전형이라고 강력하게 비판하는 입장과 교육에도 시장논리가 적용되어야 한다는 주장이 그 핵심 기저를 이루고 있다.

주지하는 바와 같이 시장에서의 자유로운 경쟁 이데올로기를 강조하면서 1970년대 영국을 중심으로 등장한 신자유주의는 자율화, 규제 완화, 민영화, 개방화 등을 추구하면서 효율을 높이고 공공부문(국가재정) 축소 지향, 자유와 선택, 경쟁 및 시장논리 등을 그 특징으로 하고 있다. '세계화' 를 국정지표로 내세운 문민정부가 출범하여 OECD에 가입하면서 이러한 정책기조가 경제, 교육, 사회, 복지, 노사, 재정정책 등 국가 · 사회정책에 걸쳐 추진되었고, IMF 체제 하에 등장한 국민의 정부에서도 세계화, 정보화, 지식사회 등장에 부응하여 그 기조는 계속 유지 · 강화되었다.

이러한 신자유주의 대 반신자유주의에 대한 논쟁은 교육에 대한 기본적 관점, 특히 평등성과 수월성 추구의 이념적 갈등으로 나타났다. 교육의 질적 수준을 높이고 수요자중시원칙을 설정하며 선의의 자극과 경쟁을 통해 국가경쟁력을 강화하려는 움직임은 수월성 추구의 노력이라고 할 수 있다. 한편, 평등성을 강조하는 입장은 흔히 사회적 약자나 소외계층에 대한 관심과 배려를 강조하고 있다. 여기서 평등성의 구현은 균형 발전과 격차 해소를 비롯한 적극적 조치를 마련하는 데 주안점을 두고 있고, 수월성 추구는 자유를 중핵으로 하는 창의적 활동과 개방과 경쟁 등을 강조하는 입장이라 할 수 있다.

교육개혁정책에 대한 신자유주의 비판의 논점은 경쟁을 교육 분야에 도입할 경우 교직사회 안정이 깨질 뿐 아니라 계층 간의 교육불평등을 심화시킨다는 것이다. 그리고 공공재인 교육이 수요자에 의해 주도될 때 시장의 속물근성이 극대화됨으로써 약자에게 불이익을 초래하여 빈익빈 부익부 현상을 가져와 교육의 본래 목적 달성을 저해하게 된다는 것이다.

이러한 반신자유주의에 대한 비판도 없지 않다. 이를테면 국가의 관여와 책임을 강조하면서 위임과 자율을 강조하는 것은 모순일 수 있고, 시장경제 지향은 정보화 지식기반사회에서 시대적인 흐름이 아닐 수 없으며, 정부가 '시장 도그마' 에 사로잡혀 시장감시 · 조정 기능을 포기한 사례는 찾아볼 수 없다는 것 등이다(한덕수, 2003). 그리고 국민의 정부에서는 '국가 선택을 오히려 확대하고 교육당사자의 자유' 를 축소하였다. 그럼에도 불구하고 '신자유주의적 교육개혁' 을 극렬하게 비판하고 매도하는 이유는 '교사들의 분노를 이끌어 내어 조직하기 위해서' '투쟁을 위해 비판자들을 결속하는 이데올로기로 활용' 하려 하기 때문이라는 지적도 있다(나병현, 2003).

이러한 비판에도 불구하고 신자유주의적 접근에 대한 비판과 논란은 공동체의식과 사회통합의 중요성을 일깨워 주었고, 교육개혁 과정에서의 참여와 한국적 토양 고려의 필요성을 강조한 점 그리고 소외계층에 대한 배려, 인간적 가치, 우애, 평화가 넘치는 공동체 형성 등의 필요를 부각시켰다는 점 등이 인정된다(김용일, 2003).

결론적으로 질 높은 교육의 실천을 통한 국가경쟁력을 높이는 일이 국가적인 과업이요 명제라고 본다면, 학습자 입장이 가장 중요한 정책 결정의 기준이 되어야 한다. 또한 국가 교육에 도움이 되느냐 하는 실용적 관점에서 교육현상이나 행위 또는 정책에 대한 입장 정리가 필요하다.

4. 대학 교직원의 단체활동

1) 교수노조

1987년 전교조 결성 시 일부 대학교수가 동참했으며, 2000년 10월 '민주화를 위한 전국교수협의회(민교협)' 가 '교수노조추진기획단' 을 발족시켰다. 그리하여 2001년 4월 교수노조준비위가 발족돼 발기인 모집 등 노조 설립을 위한 본격적인 활동을 벌여 2001년 11월 10일 서울대에서 초대 대의원대회를 열고 교수노조의 출범을 공식 선언했다.

전국교수노동조합은 출범선언문에서 현재의 대학이 총체적인 위기에 처해 있다고 진단하고 '공공성을 지향하는 민주적 대학운영 구조의 확립, 대학자치와 학문자유의 구현, 교육과 연구의 질 향상, 교권과 교수신분의 보장, 사회발전에 기여하는 대학의 건설 등을 주요 정책 방향으로 제시' 하는 데 힘을 쏟아 교육민주화와 사회 민주화의 초석이 되겠다고 다짐하고 있다(교수노조 홈페이지 참조).

그러나 정부에서는 공무원법 제66조는 (교육)공무원의 노동운동을 금지하고 있고, 또 사립학교법에서는 이를 사립학교 교원에도 준용하고 있고, 교원노조법 제2조는 대학교원을 노조설립 대상에서 제외해 현행법상 교수노조 설립은 불법이라는 입장을 고수하고 있다.

이렇듯 아직까지 교수노조 설립 · 운영에 대한 법적 근거는 마련되어 있지 못하다. 그리고 무엇보다도 대학교원에 대해 근로자 또는 노동자라고 하기보다는 전문직 종사자로 보는 시각이 지배적이라는 인식이 교수노조 설립 · 운영에 있어서 제약이라고 볼 수 있다.[1]

2) 직원노조

대학의 직원들로 구성된 전국대학노동조합에서는 1998년 11월 고용안정과 대학 노동자의 정치 · 경제적 지위 향상을 꾀하며 대학의 민주화 교육개혁, 교육산별노조 건설에 앞장설 것을 선언하고 그 구체적인 강령으로서 다음 몇 가지를 제시하고 있다.

- 생활임금 확보, 고용안정, 노동조건 개선, 대학운영 참가를 바탕으로 대학 노동자의 인간다운 삶과 노동기본권을 확보한다.
- 대학행정의 자주성과 전문성 확보, 민주적인 대학운영을 쟁취하기 위해 투쟁한다.
- 대학 교육현장의 부조리와 비리를 척결하며 교육의 공공성을 강화하기 위해 투쟁한다.
- 대학 내 노동자의 직종, 직급 간 불평등요소를 척결하고 남녀평등 실현을 위해 투쟁한다.

---

1) 일반인 1,007명과 교수 611명을 대상으로 코리아리서치센터에서 조사한 결과를 보면, 교수노조 허용에 대하여 일반인의 경우 반대가 56.9%로 반응하고 있는 반면 교수층의 61.2%가 찬성하고 있다. 코리아리서치센터(2001), 교원노조 설립 관련 여론조사 결과보고서, p. 7.

- 자주적 · 민주적 노동운동의 전통을 바탕으로 산별노조 건설, 노동자 대중의 자주적 통일단결에 앞장선다.
- 사회 민주화와 노동자의 정치세력화를 바탕으로 인간의 존엄성과 평등, 기본권이 보장되는 민주사회를 건설하기 위해 투쟁한다.
- 분단된 조국의 자주, 민주, 평화통일을 실현하기 위해 투쟁한다.
- 전세계 노동자와 연대하여 국제노동운동 역량을 강화하고 세계평화를 실현하기 위해 투쟁한다.

우리나라에서는 대부분의 민간 부문의 노동조합은 기업단위로 조직되어 있고, 그 독립성이 강하고, 단체교섭도 대부분 기업별로 이루어진다. 그리고 노동조합의 역사가 짧기 때문에 아직도 조합 내의 계파 간 파벌투쟁이 심한 경우가 많고, 노동조합활동은 단체교섭활동에만 집중하고, 작업현장 수준에서의 노사관계와 현장 참여가 취약하다.

쟁의조정에 있어서도 예방적이고 지도적인 공공 서비스적 측면이 매우 부족하고, 쟁의행위 과정에서 불법과 위법을 동반하는 사례가 많았었다. 앞으로 쟁의에 대한 사용자들의 대응 방식에 있어서 근본적인 변화가 필요하고, 노동조합에서도 합법적인 쟁의를 준수해야 한다.

또 쟁의 이슈에 대해서도 임금과 근로조건을 높이는 데만 관심을 집중하지 말고 장기적 안목에서 사용자와 근로자가 동시에 혜택을 누릴 수 있는 문제에 관심을 쏟아야 할 것이다(임창희, 2003: 348-357).

5. 한국 교원단체의 발전 방향 및 과제

우리나라의 교원단체는 숱한 우여곡절을 겪으면서 많은 성장과 발전을 이룩하였고 나름대로 교육 발전을 위해 많은 공헌을 한 것이 사실이지만 문제점과 역기능 또한 부인할 수 없다.

앞으로의 교원단체의 역할변화 및 방향과 과제를 몇 가지 제시하면 다음과 같다.

1) 교원단체활동의 새로운 패러다임 정립

1999년도부터 교원단체 복수화 허용 이후 각 교원단체들이 회세 확장과 조직의 발전을 위한 선명성 경쟁으로 교원노조는 물론이고 전문직 단체인 한국교총도 투쟁적인 면을 많이 보여 주었다. 이는 1960년대 이후 미국에서 NEA와 AFT가 서로 뒤질세라 호전적이며 전투적인 교사로 비처진 것과 유사하다. 그러나 교직의 전문직적 특성을 인정하지 않을 수 없고, 또 학부모 · 국민의 정서 등을 고려할 때 지나치게 투쟁적이고 정치지향적인 성향을 드러내는 것은 국민의 정서와는 거리가 멀다.

세계 최대의 회원을 확보하고 있는 미국 NEA에서 1997년 Bob Chase 회장은 당시 새로운 교원노조운동(New Unionism)의 방향을 제창한 바 있다. 일반 노동조합 이념은 더 이상 전문직으로서의 교사들의 이익과 학생 그리고 일반대중의 이익에 부합하지 않을 뿐더러, 전통적인 적대적 투쟁적 노사협상은 오늘날의 학교현장에 맞지 않는다는 것이다. 그리고 교사의 가장 큰 책임은 질 높은 교육이며, 이를 위해 교사는 근로자가 아니라 학교의 공동관리자가 되어야 하고, 정부와 학부모, 산업계와 파트너가 되어 공동으로 협력해야 한다는 점을 강조하였다(정기오, 2001).

앞으로 교원단체는 집단이기주의적 모습을 드러내기보다는 교육의 질적 수준 향상과 학습자의 학습권을 존중을 강조하면서 학부모, 국민의 지원과 호응을 받을 수 있어야 한다. 또한 교원단체는 학습자의 학습권을 보호하고 학생들의 진정한 학업성취와 학교의 교육력을 높이는 데 힘써야 할 것이다. 그리고 미래지향적인 관점에서 교원정책과 국가의 교육개혁 추진과 관련하여 이익단체로서의 기능을 수행하면서도 협력할 것은 협력하는 보다 유연한 대처가 필요하다. 아울러 목표 달성을 위해 유연하고 탄력적인 전술, 전략이 필요하다. 이를 위해 교원단체는 교육의 질적 수준 향상과 경쟁력 강화 그리고 학부모, 국민의 만족도를 높이는 데 두는 등 교육의 발전에 관한 원칙과 입장을 정리해야 할 것이다.

2) 초 · 중등교원 및 대학 교직원의 전문적 자질 향상을 위한 서비스 활동 강화

교원의 자질과 능력개발은 교원의 교직일생을 통해 이루어져야 할 과업이므로 개인적인 노력은 물론이고 당국에서의 연수활동뿐 아니라 교원단체의 연수활동도 강화되어야 한다. 교원단체를 이끌어 가고 있는 집행부를 포함하여 지역의 지도자들을 위한 협상능력이나 조정능력, 재정 · 회계 관련 기술을 비롯한 리더십 발휘와 관련된 다양한 교육 · 훈련 프로그램과 워크숍, 연구활동 등을 확대할 필요가 있다. 특히, 대학교수의 연구활동과 행정직원의 전문적 자질 향상을 위한 서비스 기능을 강화해야 할 것이다.

미국의 NEA나 AFT의 경우 중앙단위나 지역단위에서 많은 회원들이 참여하여 다양한 전문성 관련 내용은 물론이고 리더십훈련 프로그램을 개발하여 전문성 신장 기회를 제공하고 있다. 우리나라 교원단체들도 교원단체에서는 산하 연수원이나 연구소 등을 통해 교육훈련이나 정책개발활동 등을 강화할 필요가 있다. 특히, 교육의 발전 방향 제시는 물론이고, 교육 및 교원정책의 개발을 통해 교원단체의 발전에 기여할 뿐 아니라 우리의 교육을 업그레이드시키는 데 주도적인 역할을 수행할 수 있어야 한다.

교원단체는 교직사회에 전문직적 문화를 창조하고 교원의 자질을 향상시키는 노력이 중요하다. 아무리 이상적인 교원단체가 조직 · 운영된다고 하더라고 교육활동 중심의 전문직적 문화를 창조하고 근무여건 개선 노력 없이는 제대로 그 기능을 수행하기 어렵다고 볼 때, 교육의 질 향상을 위해 교육여건 개선을 위한 교직 내외의 환경과 여건 조성에 힘써야 할 것이다.

3) 교육에 대한 학부모 · 국민의 요구와 필요 반영

단체교섭과 정치활동 등을 통해 교원의 사회 · 경제적 지위 향상 및 교원의 권익 신장과 교직의 위상을 높이는 노력이 강화되어야 한다. 여기에는 교육과학기술부를 비롯한 예산당국이나 입법기관의 협력지원과 함께 언론 등 국민 여론의 지지가 무엇보다 중요하다. 이러한 지원과 협력을 이끌어 내기 위해서는 교직의 전문직적 위신과 권위와 신뢰를 확보하는 노력이 바탕이 되어야 한다.

이를 위해 교육정책의 과정에 참여 기회를 확대해 나가야 한다. 교원의 권익 옹호와 위상 확립을 위해서는 교원정책의 결정 과정뿐 아니라 정책의 집행 및 평가 과정에서 모니터링과 피드백 활동에도 관심을 가지고 참여할 수 있어야 할 것이다. 그러려면 교원단체의 교육 및 교원정책 개발 · 연구 기능도 강화되어야 하며, 이를 위해 교원단체의 연구활동 활성화를 위한 전문인력 확보와 연구비 확충 등이 필요하다.

교원단체가 교원들의 목소리를 대변하면서 강력하고도 건전한 이미지를 구축하기 위해서는 학부모를 포함하는 일반국민들의 신뢰와 지지를 넓혀 나가야 한다. 이를 위해 학부모, 국민들의 요구와 필요를 주기적으로 수렴하여 반영하는 노력이 절실하다.

4) 교원단체교섭제도 운영의 효율화

그동안 한국교총과 전교조, 한교조 및 교육과학기술부는 매년 두 차례씩 정기교섭을 실시하여 많은 교육현안에 합의하였고, 이미 실현되었거나 추진 중에 있다. 1992년부터 이루어진 단체교섭을 통해 교원보수를 비롯해서 근무조건, 복지 향상 등을 위해 기여하였다.

앞으로 보다 효율적이고 효과적인 교섭제도 운영을 위한 노력이 강화되어야 한다. 이러한 노력의 일환으로 산별노조 확대와 관련이 될 것으로 보이지만, 중앙정부와 지방정부의 단체교섭에 관한 이중노력을 해소할 수 있도록 중앙과 시 · 도단위의 단체교섭 내용이 서로 중복되거나 상충될 경우 중앙 수준에서는 포괄적인 내용을, 시 · 도 수준에서는 세부적인 내용의 교섭사항으로 조정할 필요가 있다.

그리고 이중 구조로 되어 있는 현재의 단체교섭 관련 법령체제를 일원화한다면 보다 효율적인 단체교섭이 가능할 것이다. 이 경우 전문직 단체와 교원노조 간에 사전 조율을 위해 전문직 단체를 표방하고 있는 한국교총과 노동조합주의를 표방하고 있는 교원노조는 상호 공조와 협력의 관계를 강화할 필요가 있다. 또한 현행 교원의 노동조합 설립 및 운영 등에 관한 법률 시행령(제3조 제5항)에서 조합원 수에 비례하여 교섭위원을 선임하도록 하고 있는 비례대표 방식의 교섭창구 단일화 방식이 적절할 것이다(한국교총, 1997, 1998, 1999).

단체교섭이 결렬되거나 교섭 결과 사항이 이행되지 않을 경우 단체행동과 쟁의행위를 동일시할 것인가 또는 쟁의행위를 단체행동의 일부로 볼 것인가라는 논의에서 해석상의 차이가 있으나, 우선 현행 교원의 노동조합 설립 및 운영 등에 관한 법률에서 학생의 학습권 침해 방지를 위해 단체교섭 및 협약체결 과정에 국민여론 및 학부모의 의견을 수렴하여 교섭에 임하도록 하고 있거나(제6조 제4항), 파업 · 태업 등의 쟁의

행위 금지를 규정(제8조)하고 있는 현행 입법 취지는 계속 견지되어야 할 것이다. 이 경우 대학의 직원도 마찬가지다. 쟁의행위를 금지하여 위반 시 관련 법규를 엄격하게 적용하되, 중앙 단체에 한해서는 각종 토론회 개최, 성명서 발표, 대규모 집회 등과 같은 교원들의 의사표현 방식은 최대한 허용되어야 할 것이다.

현행 교원단체의 단체교섭 관련 법체계는 전문직 단체의 경우 교육기본법과 교원지위법 등 교육관계 법령을, 교원노조의 경우 교원의 노동조합 설립 및 운영 등에 관한 법률 및 동법 시행령 등 노동관계법령으로 이원적 체제를 유지하고 있다. 이러한 이중적 교섭 구조에 대해서는 행정력이 낭비되고 비효율적이라는 지적이 많다. 따라서 이 문제의 해결방안을 모색함에 있어서 교원의 신분과 직무의 특성, 보수 및 복무의 관리체제를 고려하여 전문직 단체와 교원노조 각각의 설립 및 특성의 차이를 존중하면서, 일원적인 입법체계를 갖추는 것이 교섭의 실효성 제고 측면에서 필요하다.

한국교총에서는(가칭) 「교원단체의 단체교섭에 관한 법률」을 별도 제정하여 교원단체의 단체교섭 및 협약에 관한 개념과 절차와 범위를 분명히 하고 법적 구속력을 강화할 필요가 있다고 주장해 왔다. 이 경우 전문직 단체와 노동조합에 동일하게 단체교섭권 및 단체협약체결권을 부여하고, 학교 설립별 구분 없이 단체교섭 창구 단일화가 전제되어야 한다는 것이다(한국교총, 1997, 1998, 1999).

미국의 경우 주에 따라 교원의 경우 노동관계법의 적용을 배제하고 '교육협회' 또는 '교육연맹' 등 교원단체에게만 적용되는 법률을 통해 근로관계를 보장하고 있고, 일본에서도 교원노조를 노동조합이 아닌 '직원단체' 로 규정하고 있는 사례를 참고할 필요가 있다.

5) 교원의 정치활동 허용 검토

현행 국가공무원법 제65조와 교육기본법 제6조 그리고 사립학교법 제58조에서는 초 · 중등교원의 정치활동을 금지하고 있다. 그러나 그동안 교원단체를 중심으로 정치활동을 간접적으로 수행하여 온 것이 사실이다. 앞으로도 단체교섭 과정에서 난국 상황에 직면하거나 불합리한 교육 및 교원정책이 수립 · 집행될 경우 교원단체의 정치활동이나 집단적인 행위는 충분히 예견되고 있다.

따라서 전향적인 시각을 가지고 전문직 단체든 노동조합이든 장기적으로 정치활동 허용을 검토해야 하며, 이를 위해서는 법적 · 제도적인 보완과 뒷받침이 필요하다. 여기서 정치활동은 정부기관이나 의원, 로비스트, 언론매체 등으로 하여금 학생과 학부모, 교원들에게 유익을 주고 교육목표를 달성하기 위해 벌이는 제반 활동을 의미한다. 정치적 활동의 주요 내용은 교육적 노력이 위협을 받을 경우 해결방안을 마련하고, 행정가나 교육위원이나 단체교섭 전문가들과 접촉하여 관계를 맺고 예산을 따온다거나, 교원들의 힘을 과시하고, 교육정책 과정에 참여하며, 언론매체와 접촉하고 교육 행정기관의 관계를 맺는 등의 일이 주가 된다.[2]

미국에서 정치활동은 교원단체의 가장 핵심적인 활동으로 자리잡고 있다. 정치활동을 통해 학부모나 시민, 정책결정자들에게 교육문제를 부각시킴으로써 교육여건 개선과 교육의 질적 향상 및 교직을 전문직으로 확립해 나가는 첩경으로 보고 있다.[3]

---

2) Barbara Keresty et al. (1998), You Can Make a Difference: A Teacher's Guide to Political Action.

3) 미국교육회(NEA)에서는 정치활동위원회(Political Action Committee: PAC)를, 미국교사연맹(AFT)에서는 정치교육위원회(Committee on Political Education: COPE)를 설치하여 운영하고 있다.

6) 초 · 중등교원 및 대학 교직원 간의 협력과 동반자관계 정립

1999년 7월 이후 교원단체의 다원화 시대가 열린 이래 교원단체의 활동 면면을 볼 때 앞으로 상당한 기간 동안 교원단체 간에 경쟁적 관계가 유지될 것으로 전망된다. 그러나 교원단체 복수화가 오래 지속되어 여러 가지 불필요한 마찰과 갈등 상태에 있기보다는 선의의 동반자관계를 새롭게 설정할 필요가 있다. 이러한 노력의 일환으로 교원단체 간에 적극적인 협상과 상호 협력 노력이 기대되고 있다.

미국의 경우 NEA와 AFT의 협의체로서 NEAFT를 운영하는 것은 여러 가지 시사점을 던져 주고 있다. 이제 우리나라에서도 복수교원단체시대가 열렸거니와, 앞으로 선의의 경쟁과 협력을 통해 교육의 질 향상을 위한 교육여건 개선과 교육투자 증진에 힘을 모아야 할 것이다. 이미 교원단체는 영향력을 행사하는 막강한 교육세력으로 등장했다. 인간과 사회 발전의 향방이 교육 여하에 따라 결정된다고 보면(정범모, 2000), 한국 교육의 미래는 교원단체의 역할에 따라 크게 좌우된다고 해도 과언이 아니다. 앞으로 '산별노조' 확산으로 여러 가지 부작용과 폐해를 가져올 것이 우려되고 있지만, 교원단체는 전문직에 걸맞는 단체활동을 수행해야 할 것이다. 그렇지 못할 경우 앞으로 현재의 교원 3단체 이외에 제4, 제5의 교원단체가 출현함으로써 교원단체의 위상과 힘을 약화시킬 수도 있다. 이는 교원단체의 역할, 기능의 점검과 재정립의 필요성을 말해 주는 것이다.

앞으로 교원단체는 지나친 집단이기주의나 편협한 주장으로부터 탈피하여 교원의 전문적 자질을 높이고 교직의 위상을 높이며 권익 옹호 및 교원의 사회 · 경제적 지위 향상에 힘써야 할 것이다. 특히, 교원에 대한 사회적 기대에 걸맞는 활동을 통해 국민의 신뢰와 지지를 받는 단체로 탈바꿈해야 한다. 또한 관계당국에서도 교원단체의 요구와 필요를 파악하고 이를 지원하려는 노력과 함께, 교원단체들의 협조와 지원을 이끌어 냄으로써 우리나라 교육발전을 선도하고, 교육의 질적 수준 향상과 경쟁력을 강화하는 일에 앞장설 수 있도록 지원해야 하며, 교원단체와 정부, 학부모가 교육 발전을 위해 힘을 모아야 할 것이다.

제12장

법적 · 윤리적 · 제도적 쟁점과 향후 과제

세계 각국의 선진대학들은 대학경영 · 관리체제의 전면적인 개편을 비롯하여 질 높은 대학교육 프로그램의 편성과 운영을 통한 경쟁력 있는 인재양성에 노력을 기울이고 있다. 대학교육의 질적 수월성을 높이고 국제경쟁력을 강화하는 관건은 무엇보다도 우수한 교수요원의 확보와 그들의 능력개발에 달려 있다.

대학에서의 교수 신규임용 문제를 살펴보면, 현재 우리나라 대부분의 대학에서 공개채용 방식을 채택하고 있으나 아직도 상당한 문제점을 내포하고 있는 것이 사실이다. 대학교원의 종류와 관련해서는 매우 다양한 명칭의 교수가 존재하고 있으며, 그 자격요건이나 기능도 대학마다 각기 다르게 사용되고 있는 실정이다. 특히, 현행 시간강사제도는 신분 및 처우와 관련하여 많은 문제점을 안고 있으며, 사회적 문제로까지 비화되고 있다.

외국의 주요 나라들이 대학교육의 경쟁력을 확보하기 위한 대학교육의 개혁에 힘쓰고, 대학교육의 경쟁력 확보의 주요 관건인 대학교원인사제도의 개선을 추진하고 있는 것과 마찬가지로 우리나라의 교원인사관리도 비슷한 양상을 보이고 있다. 우리나라 역시 2002년도부터 정부가 교수의 수월성을 높이기 위한 방안으로 교원계약임용제도를 도입하였고, 교수임용의 공정성과 객관성을 확보하기 위해 관련 법령을 개정하였다. 그리고 대학입학 학령인구의 감소 등으로 대학의 구조조정 압력과 재정난에 직면해 있는 대학들에서 비전임교원의 임용이 크게 증가하는 추세를 보이고 있다.

1. 현행 대학교직원인사제도의 문제점

1) 대학에 대한 새로운 사회적 요구

21세기 지식정보화 시대를 맞아 지식산업의 최첨단 거점인 대학의 사명과 역할은 더욱 중요해지고 있다. 대학은 대학을 둘러싸고 있는 사회 각계로부터의 새로운 요구에 직면해 있다. 기업이 안정된 대규모 생산 시스템에서 소비자의 다양한 취향과 요구에 기초한 빠르고 끊임없는 혁신 시스템으로 변모하였듯이, 오늘의 대학은 대학교육 수혜자들로부터 새로운 형태의 지식 창출과 제공이라는 요구에 직면해 있다.

2) 현행 대학교직원인사제도와 관련된 주요 문제점

대학교원의 질적 수준을 판별하는 기준은 임용시점에서의 임용자격과 임용 후의 교수-연구능력으로 나누어 생각할 수 있다. 대학에서의 교수 신규임용 문제를 살펴보면, 현재 우리나라 대부분의 대학에서 공개채용 방식을 채택하고 있으나 아직도 상당한 문제점을 내포하고 있는 것이 사실이다. 앞서 살펴본 바와 같이 학연 · 지연 등의 파벌에 의해서 특정인을 임용한다거나, 질 낮은 연구논문과 학력 · 경력이 부실한 자격 미달자를 임용하는 사례가 아직도 발견되고 있으며, 일부이긴 하나 금품을 받고 교원을 임용하는 경우도 아직 남아 있는 것으로 보인다.

또한 2002년부터는 교원의 임용 방식이 기간제에서 계약제 임용 방식으로 바뀌면서 여기서 파생되는 새로운 문제들이 발생하고 있다. 이와 함께 채용기간의 부족이나 공고 방법의 제한, 심사 기준의 부실 등도 여전히 문제로 지적되고 있다(강병운, 2004: 37-39).

이를 개선하기 위해서 교육과학기술부(당시 교육인적자원부)는 2004년 8월 14일 「교육공무원임용령」을 개정하여 대학교원을 신규채용할 경우 지원마감일 1개월 전까지 채용 분야, 인원, 지원자격 및 심사 기준 등에 관한 사항을 일간신문, 관보 또는 정보통신망, 그 밖의 효과적인 방법으로 공고하도록 하였다.

대학교원의 종류와 관련하여 현행 고등교육법에 의하면, "교원은 총(학)장, 교수, 부교수, 조교수, 전임강사로 구분하며(동법 제14조 제2항), 대학에는 교육 또는 연구를 담당하는 겸임교원, 명예교수 및 시간강사 등을 둘 수 있다."(동법 제17조)고 명시되어 있으나, 소위 비전임교원으로 분류되는 겸임교수, 명예교수, 시간강사, 초빙교수, 석좌교수, 계약교수, 강의전담교수 등 매우 다양한 명칭의 교수가 존재하고 있으며, 그 자격요건이나 기능도 대학마다 각기 다르게 사용되고 있는 실정이다. 특히, 현행 시간강사제도는 신분 및 처우와 관련하여 많은 문제점을 안고 있으며, 사회적 문제로까지 비화되고 있는 실정이다.

대학교원의 복무와 관련하여 고등교육법 시행령 제6조는 "대학교원의 교수시간은 매 학년도 30주를 기준으로 매주 9시간을 원칙으로 한다."고 되어 있으나, 대학의 현실적 운영 상황을 보면 매주 15시간을 넘는 대학도 상당수 있으며, 이 문제는 결국 전임교수의 수업부담을 줄이기 위해 시간강사에 의존하는 악순환을 낳고 있다.

상당수의 대학에서 시행하고 있는 '안식년제'도 그 시행근거와 운영 방식 및 효과성에 있어 많은 문제점을 안고 있다. 이와 함께 대학교원들의 교수 연구능력 향상을 위해서 소속대학에서 벗어나 일정기간 동안 국내외 타대학이나 연구소, 산업체 등에서 새로운 교육 및 연구경험을 쌓도록 하는 '교류교수제도'의 활성화 또한 예산지원 및 제도적 장치가 매우 빈약하다는 점에서 문제점을 갖고 있다고 할 수 있다.

대학직원의 경우 대학의 행정을 뒷받침하는 중요한 자원임에도 불구하고 소홀히 취급되고 있는 것이 사실이다. 훌륭한 교육은 우수한 교원의 확보가 일차적 과제이지만, 우수한 교원을 선발하고, 능력을 개발하며, 학생교육을 위한 좋은 교육여건을 만드는 역할은 대부분 행정직원의 노력이 없이는 어려운 것이다. 대학직원은 누구나 할 수 있는 비전문가라는 인식의 전환이 필요하다. 근무여건과 관련하여 대학의 직원들이 보여 주고 있는 노동쟁의 형태는 새로운 사회문제의 하나이기도 하다. 이 점에서 우수한 직원을 선발하고 그들을 계속하여 재교육시키며, 좋은 근무여건을 만들어 열심히 직무에 전념하도록 하는 것도 중요한 과제라 할 것이다.

2. 교직원인사제도의 개선방안

1) 기본 방향

지식기반사회의 도래에 따른 산업 및 직업 구조의 변화, 고등교육시장의 개방, 대학입학 학령인구의 감소 등 대학교육체제의 주변환경이 급속히 변화하고 있다. 이러한 환경변화에 대응하여 외국의 주요 나라들은 대학교육의 경쟁력을 확보하기 위한 개혁에 힘쓰고 있으며, 대학교육의 경쟁력 확보의 주요 관건인 대학교원인사제도의 개선을 추진하고 있다. 외국의 대학들은 보다 우수한 교수를 확보하기 위하여 교수임용제도의 투명성과 공정성을 높이기 위한 노력을 기울이는 한편, 교수의 수월성을 확보하기 위하여 교수평가를 강화하고, 정년보장제도의 기준을 높이고 있으며, 능력별 보수제도를 도입하고 있다. 그리고 교수 임용에 있어서도 대학재정의 어려움 등으로 전일제 교수보다는 시간제 교수와 비정년보장계열 교수의 임용을 확대하는 등 교원인사제도의 유연성과 신축성을 높이는 방향으로 나아가고 있다(강병운, 2004: 111-151).

우리나라의 교원임용 추세도 비슷한 양상을 보이고 있다. 우리나라 역시 2002년도부터 정부가 교수의 수월성을 높이기 위한 방안으로 교원계약임용제도를 도입하였고, 교수임용의 공정성과 객관성을 확보하기 위해 관련 법령을 개정하였다. 그리고 대학입학 학령인구의 감소 등으로 대학의 구조조정 압력과 재정난에 직면해 있는 대학들의 교원임용에 있어서도 비전임교원의 임용이 크게 증가하고 있는 추세를 보이고 있다.

그러나 우리나라의 경우 2002년에 도입된 계약제 임용제도가 아직 완전히 정착되지 못하였으며, 교수임용의 공정성과 투명성을 높이기 위한 관련 법령의 개정 등이 이루어지고 있음에도 아직 일부 대학에서 교원인사제도와 관련한 잡음이 생기는 등 여러 가지 문제들이 있는 실정이다. 따라서 법령체계의 개선, 교원의 직급체계와 종류, 자격 및 계약제 임용, 복무 등에 대한 개선방안의 마련이 필요하다.

또한 우수한 직원을 선발하고 능력을 개발시키며, 안정된 근무여건에서 열심히 업무에 임할 수 있도록 대학직원의 질과 근무조건을 높이기 위한 충분한 논의와 제도적 장치의 마련이 필요하다.

2) 법령체계 개선

(1) 법령체계 개선의 필요성

우리나라 대학교원인사제도와 관련한 주요 사항들은 각 관련법에 세부적으로 나뉘어 규정되어 있다. 교육기본법은 교육의 당사자로서의 교원의 주요 권리 내지는 권한과 책임을 규정하고 있으며, 고등교육법은 대학에 두는 교직원의 종류와 그 임무 및 자격 기준을, 교육공무원법은 국가공무원으로서의 국립대학 교원의 신규채용과 임용 절차 등을 규정하고 있다. 또한 사립학교법은 사립학교 교원의 임면에 관한 중요사항 등을 규정하고 있다. 그리고 이러한 개별법들이 위임한 사항 등을 규정한 대통령령과 시행령 등의 규정이 있으며, 각 국립대학에는 교육공무원법 및 교육공무원임용령에서 각 대학의 장에게 위임한 사항에 대한 구체적인 사항을 규정한 교원인사에 관한 규정이 있다. 또한 각 사립대학에는 교원의 임면, 신분보장 등 교원인사와 관련한 구체적인 사항을 규정하고 있는 학교법인의 정관 등의 규정이 있다. 이렇게 여러 가지 법령에 인사에 관한 규정을 나누어 규정하고 있기 때문에 우리나라 대학의 교원 인사제도 내용을 잘 이해한다는 것은 다년간 대학교원 인사업무를 담당하고 있는 담당자조차도 매우 어려운 일이다(강병운, 2004: 112-115).

만일 사립대학에 근무하고 있는 교원이 자신의 임용과 관련한 제도를 알고자 하는 경우, 먼저 당해 대학의 정관의 내용을 확인하고, 이어서 사립학교법과 교육공무원법, 교등교육법 등의 관련 규정을 일일이 살펴보아야 전체적인 내용을 파악할 수 있을 것이다. 알기 쉬운 법령체계의 제공이 교원의 권익을 신장시키는 요체라 한다면, 이러한 법령체계는 조속히 정비되어야 할 것으로 보인다.

(2) 사립대학 교원에 관한 규정의 소홀

전체 대학교원 중 사립대학 교원이 높은 비중을 차지하고 있음에도 사립대학 교원의 자격, 임면과 복무에 관한 중요한 사항은 국 · 공립대학 교원의 임용에 관한 규정을 준용하도록 하고 있다. 특히, 사립학교 교원의 복무에 관하여 구체적인 준용조항 없이 국 · 공립학교의 교원에 관한 규정을 준용토록 한 것은 사립대학 교원의 비율에 비추어 볼 때에도 너무 소홀히 다루고 있다는 지적을 면할 수 없으며, 이러한 점이 부분적으로는 사립대학 교원의 임용에 대한 혼란을 야기하고 있다는 지적을 받고 있다.

또한 사립학교 교원의 임용과 관련하여 제기되는 여러 가지 부조리 문제도 이러한 법령체계의 불합리에 기인한다는 인식 아래 최근 사립학교법 개정 움직임이 있었고, 이러한 사립학교법 개정의 과정에서 교육계는 많은 혼란과 엄청난 에너지의 낭비를 가져왔다.

3) 대학교원의 직급체계 종류 · 자격정비

(1) 직급체계

우리나라의 대학교원은 교수, 부교수, 조교수, 전임강사의 4단계로 구분되나, 전임강사 직급은 교원의 자격, 임용, 보수, 연수 및 신분 등에 있어서 교수, 부교수, 조교수 등과 차이가 없고, 일부 학술단체에서 연구과제 공모 등에 있어 연구책임교수의 직급을 조교수 이상으로 요구하는 등 차별이 있어 전임강사의 불만이 있는 형편이다. 또한 우리의 교원 임용 실태를 보면 신규임용 시 대부분 조교수 임용이 일반화되고 있다는 점과, 외국의 교수직급체계를 살펴보아도 꼭 전임강사 직급이 있는 것은 아닌 만큼 직급체계를 조정하는 문제를 적극적으로 검토해 볼 필요가 있다.

(2) 대학교원의 종류

대학의 교원은 전임교원과 비전임교원으로 크게 구분할 수 있다. 전임교원은 교육공무원법 또는 사립학교법에 의하여 교수, 부교수, 조교수 또는 전임강사로 임용되어 그 신분과 처우 등에 관하여 법령에 의해 보장을 받는 교원을 말한다. 그런가 하면 겸임교원, 명예교수, 초빙교원, 시간강사 등 전임교원 이외의 모든 교수는 대부분 이러한 보장을 받지 못하는 비전임교수라고 칭하고 있다.

그러나 전임교원과 비전임교원이라는 개념은 법정 개념이 아닌 행정상 · 해석상의 개념으로서 각 대학의 비전임교원 임용관행에 비추어 그 경계가 복잡하다. 즉, 각 대학은 초빙교수, 석좌교수, 대우교수, 기금교수, 객원교수, 연구교수, 강의교수, 예우교수, 계약교수, 특임교수, 원로교수 등의 명칭을 사용하여 비전임교원을 임용함으로써 동일한 명칭으로 임용되었으나 교육과학기술부의 기준을 충족한 교원은 초빙교원으로 분류되고, 그렇지 않은 교원은 기타 비전임교원으로 분류되는 등 교원의 명칭과 관련한 혼란이 야기되고 있다.

(3) 대학교원의 자격

고등교육법 및 동법 시행령은 대학교원이 될 수 있는 자의 자격 기준 및 자격인정에 관한 사항을 대통령령으로 정하도록 규정하고 있다. 이에 의해서 교수자격 기준 등에 관한 규정에 교수의 자격 기준이 명시되어 있다. 그러나 여기서 제시된 교수의 자격 기준은 대학의 전임교원과 조교에 관한 자격만 명시되어 있고, 비전임교원의 자격 기준은 제시되어 있지 않다.

비전임교원의 비율이 점차 증가해 가는 추세를 감안해 볼 때, 이의 자격 기준도 명시하는 것이 바람직할 것으로 보인다.

4) 대학교원의 신분보장과 복지후생

(1) 계약제 임용문제

대학에서 시행하고 있는 교수에 대한 계약제 임용은 교수인사제도에 많은 변화를 가져왔다. 그러나 교수계약제 임용이 본래의 취지에 맞게 우리 대학의 경쟁력을 제고시키고 교육의 수월성을 유지하기 위해서 도입되었다고 하더라도 교수계약제 임용에 대한 구성원들의 폭넓은 합의를 얻는 것이 바람직하다. 그러기 위해서는 교수계약제 임용과 관련한 문제점을 개선하고 합리성을 확보하기 위한 노력이 필요하다.

계약제 임용의 시행으로 교수신분에 대한 불안이 우려되는 가운데 일부 사립대학에서 1년 이하의 계약직으로 신임교수를 임용하는 사례들이 생기고 있다. 일부 사립대학의 이러한 교수임용 때문에 계약제가 당초 우려한 바대로 교수통제의 장치로 사용되고 있다는 지적이 제기되고 있다.

최초 임용이 만료된 후에는 업적평가를 통해 재계약 여부를 결정해야 하는데, 재계약기간은 교수들이 잦은 재계약으로 인한 심리적 부담을 방지하고, 대학의 입장에서도 행정력의 낭비를 막고 조직의 안정에도 도움이 되도록 적당한 기간이 되어야 한다. 그렇다고 그 기간이 지나치게 길어 계약제의 본래 취지가 훼손되는 정도가 되어서는 곤란할 것이다. 한편으로 재계약기간을 확대하는 것과 함께 동일한 직급에서의 재계약 기회를 한정하는 문제도 검토해야 할 것으로 보인다. 교수의 계약제 임용은 교수들의 경쟁력을 높여서 대학교육의 질을 높이는 데 있는 것이니만큼, 동일 직급에서의 재계약 기회를 여러 번 주는 것은 불합리하다고 보이기 때문이다(강병운, 2004: 133-142).

(2) 정년보장과 소청

정년보장심사는 승진 및 신분에 변화를 줄 수 있는 중대한 사안이므로 업적의 결과를 중심으로 공정하고 객관적으로 평가하여야 한다. 정년보장제의 시행은 탄력적인 운영이 필요하다. 정년보장 교수와 정년미보장 교수의 비율은 대학의 자율에 맡겨져야 하고, 탁월한 능력을 소지한 교원에게는 검증기간 없이 정년보장으로 임용하는 것도 가능하도록 하고, 정년보장을 포기하는 대신 연봉을 추가하는 방안 등도 검토할 수 있어야 한다. 문제는 정년보장 교원의 사후관리를 어떻게 할 것인가인데, 정년보장이라는 의미는 교수로서의 능력과 자질이 검증되어 보다 학문적 자유를 보장한다는 의미에서 제도적으로 보장한다는 것이다. 하지만 정년보장 이후에도 주기적으로 평가하는 것이 필요하다. 정년보장은 교수의 학문적 자유를 보장하기 위한 것이지, 교수로서의 의무를 소홀히 하는 것을 방조하는 것은 아니기 때문이다.

소청(訴請, grievance)이란 계약당사자 중 한편에서 계약 내용의 침해, 오해 그리고 남용이 있다고 불평을 제기하는 것을 말한다. 계약제 임용이 도입되면서 재계약이나 승진, 연봉책정 과정에서 교수들의 이의신청이나 법적인 청원사례가 발생하고 있다. 이 경우에 대체로 문제해결이 장기화되고 법정으로까지 확대되는 경우가 대부분이다. 따라서 대학당국은 행정비용을 줄이고 원만한 대학운영을 위해 계약당사자들 간에 조화롭고 협력적인 관계를 유지하기 위한 절차와 기구를 마련하는 것이 필요하다. 특히, 교수임용과 관련하여 갈등이나 분쟁이 발생하였을 때는 이를 조기에, 대학 내부적으로 조정 · 해결하기 위한 객관적이고 정교한 절차를 만드는 것이 필요하다. 교수 재계약을 위한 여러 심사 단계에서 각 단계의 결과를 계약당사자에게 공개하고 이의가 있을 경우 소청의 기회를 주는 절차를 만들어야 한다.

(3) 대학교원의 복무

대학교원의 수업시간은 고등교육법 시행령 제6조에 의하면 매주 9시간을 원칙으로 하고 있으나, 동조의 단서인 "학교의 장이 필요하다고 인정하는 경우에는 학칙으로 다르게 정할 수 있다."는 조항에 의하여 상당수의 대학에서 12시간 이상을 담당하는 등 교육의 질 저하가 우려되는 현실이다.

연구년제는 고등교육법 등의 관련 법령에는 근거조항이 없으나 많은 대학에서 '안식년제' 라는 이름으로 시행되고 있다. 제도의 시행에 따른 법적 근거를 마련해 주는 것이 필요하다.

우리나라 대학교수들의 대학 간 이동은 잘 이루어지지 않고 있으나, 교수들의 경쟁력을 향상시키기 위해서는 교수들의 이동이 활발히 이루어져야 하고, 이를 위한 행정적 지원이 반드시 이루어져야 한다. 대학교수의 교류사업은 국내대학 간의 교류도 중요하지만, 국외대학이나 연구소와의 보다 활발한 교류가 필요하다.

5) 대학직원의 능력개발과 근무여건 개선

새로운 사회가 갖는 대학에 대한 기대는 점점 더 고조되고 있다. 이러한 여건 속에서 대학직원의 역할도 더욱 중요해지고 있다. 좀 더 우수한 직원의 개발이 요구되고, 이러한 요구에 부응하기 위해서는 직원에 대한 인식의 전환과 함께 부단한 능력개발 기회의 제공이 필요하다. 대학행정을 전공으로 하는 학과의 개설이라든가, 직원들을 위한 연수기관의 설치 등이 적극적으로 검토되어야 한다. 그러나 행정직원을 위한 연수기관의 설립은 개별대학 수준에서는 추진하기가 어렵기 때문에 대학교육협의회 등에서 주관하여 추진하고, 정부가 적극적으로 지원하거나 기존의 연수기관에 위탁하는 방안 등도 모색되어야 한다.

직원의 후생복지 등에 대하여도 더욱 관심을 기울여야 한다. 대학의 직원들이 노동조합을 구성하고 임금 및 근무여건 등과 관련하여 대학당국과 다투는 경우가 적지 않게 발생하고 있다. 대학직원의 문제를 단순히 대학 내 소수집단의 문제로 치부하고 무시하는 안이한 태도는 더 이상 유지할 수 없는 상황에 이르렀다. 보다 적극적으로 문제를 검토하여 사전에 예방함으로써 쟁의 등을 통한 문제해결이 결코 합리적 방법이 아니라는 인식을 대학을 운영하는 임원은 물론이고, 직원들도 공감하여 적극적으로 협력하고 이해할 수 있도록 노력하여야 한다.

제13장

인적자원관리의 진단

1. 개념과 필요성

유능한 인적자원을 확보하고 개발하며 유지하는 일은 인적자원 개발의 3대 요소다. 인적자원의 확보에는 모집, 선발 그리고 배치가 포함된다. 모집이란 적절하고 유능한 인력을 적극적으로 유치하는 행위를 말한다. 인력계획을 수립하는 일도 중요하지만 해당 직종에 대한 사회적인 평가를 높이기 위한 노력과 함께 시험준비 절차의 간소화 그리고 모집의 결과에 대한 평가 등 체계적인 관리가 필요하다. 선발이란 후보자 중 최적임자를 선택하거나 해당 직종에 부적합한 자를 배제시키는 과정을 말한다. 선발 단계나 절차는 조직에 따라 다를 뿐만 아니라 직무의 수준과 유형에 따라서도 달라진다. 배치는 구성원의 인적 자질과 직무의 요건을 적합하게 대응시키는 행위라고 할 수 있다. 인력을 적재적소에 배치하지 못할 경우 부적응을 가져오게 되고 이직과 전직을 유발하는 요인이 될 수 있다. 인력을 적정하게 배치하려면 직무분석을 통해 직무를 달성하는 데 필요한 자격요건을 명확히 하고, 해당 직무에 적합한 자격을 갖춘 사람을 찾아 배치하여야 한다.

유능한 인적자원을 확보한 후에 그들이 전문적인 자질과 능력을 구비하여 주어진 임무를 보다 효율적으로 수행할 수 있도록 계속적으로 능력을 개발시켜야 한다. 구성원의 능력개발 방법으로는 교육 · 훈련뿐만 아니라 업적평가, 승진 그리고 전보 등을 들 수 있다.

교육 · 훈련은 능력개발을 위한 가장 적극적인 방법으로서 대학교원의 경우 신임교수를 위한 오리엔테이션이나 안내활동 이외에 각종 연찬활동을 한다거나 학술대회활동 참가 등을 들 수 있다. 업적평가는 구성원의 과거 및 현재의 성취도를 평가하고 조직의 발전을 위한 장래의 잠재력을 판정하는 절차로서, 이러한 업적평가를 통해서 개인의 발전을 도모하고 조직의 이익과 목표를 달성하게 된다. 대학교원의 업적평가는 주로 연구실적과 교육 및 봉사활동 등의 영역을 중심으로 이루어진다. 직원의 경우도 업무성취도라든지 근무태도, 직무수행능력, 인성적 특성 등이 평가대상 영역이 되고 있다.

승진은 수직적 직위 상승으로서 책임과 권한의 증가, 위신의 증대, 기능의 확대, 임금의 증가, 기타 각종 근무조건의 개선이 수반된다. 승진제도는 조직이 구성원에게 제공할 수 있는 구체적인 보상수단이 되는 동시에 조직 구성원의 능력개발 과정이 되며, 직무수행을 위해 필요한 지식과 능력을 향상시키고 바람직한 가치관 및 태도를 확립하는 기회가 될 수 있다.

승진의 기준으로서는 연공서열주의(seniority system)와 실적주의(merit system)를 적절하게 배합하여 활용하게 되는데, 여기서 연공서열주의는 승진대상자의 근무연수, 연령, 경력 등을, 실적주의는 대상자의 직무수행능력, 능력, 업적 등을 중시하는 입장이다. 대학교수의 승진은 전임강사, 조교수, 부교수, 교수 등과 같이 직급의 상승을 의미하며, 일반공무원의 경우 직위승진을 수반하는 것과 다르다. 이는 기본적으로 교수사회는 전문적 지식과 기술을 지닌 전문가들로 구성된 평면조직이기 때문으로 볼 수 있다.

구성원이 주어진 임무를 충실히 수행할 수 있도록 쾌적한 여건을 마련해 주는 일은 조직목표 달성의 핵심 요소다. 여기에는 근무조건, 보수 및 복지·후생, 동기유발 등이 포함된다. 구성원의 동기를 유발하고 근무의욕을 고취시키는 가장 중요한 요인 중의 하나는 보상이다. 따라서 어떤 보상체계를 형성하여 관리하는가는 구성원의 사기와 근무의욕에 큰 영향을 미치게 되므로 구성원들에게 적정한 보상을 해 주어야 한다.

2. 현황 및 문제점

교수인사관리는 정원관리, 신규채용, 평가, 승진, 보직관리, 보수체계 운영 등이 핵심 영역으로 포함된다. 교수정원정책에 있어서 영향을 미치는 요인으로는 학생 수, 교수의 업무량, 관리 방식, 대학의 재정형편 등을 들 수 있다. 대학교원은 전임 이외에도 겸임교원, 명예교수, 시간강사, 초빙교원 등 다양한 형태로 임용하고 위촉할 수 있다(고등교육법 시행령 제7조).

교수요원은 원칙적으로 공개채용 방식에 의해 충원해야 한다. 이때 법정정원을 기준으로 일정 기준 이상 교수를 확보하도록 하고 단과대학 및 학과별 정원 그리고 직급별 정원을 적정하게 조정·배치해야 한다. 그리고 신규임용에 있어서 자체 심사 기준을 설정·운용하도록 하는 한편, 학연·지연 등의 정실을 배제하여 공정한 인사운용체계가 확립될 수 있도록 필요한 행정적 조치를 강구해야 한다.

현재 대학의 교원을 신규채용하고자 할 때에는 심사위원을 임명 또는 위촉하여 객관적이고 공정한 심사를 거치도록 하되 기초심사, 전공심사, 면접심사 등의 단계를 거쳐 실시하도록 하고 있다. 그리고 외부인사가 채용후보자의 학문적 성취 등을 심사할 때는 심사위원의 3분의 1 이상은 당해 대학 소속교직원이 아닌 자를 위촉하도록 하고 있다.

또한 대학교원을 신규채용하는 데 있어서 응시연령을 제한하는 것은 평등권을 침해한 차별행위로 인정하여 이를 시정하도록 하고 있다. 그러나 대학교원 신규채용 과정에서 아직도 학연, 지연 등 정실주의나 엽관주의 운용이 없지 않고, 또 일부 부조리 사례가 없지 않다. 그리고 아직 여성교수의 비율은 남성에 비해 낮은 것이 사실이다. 대체로 각 대학에서는 교수 신규임용의 구체적인 과정은 일차적으로 충원방침이 결정되고, 그 규모와 분야를 정하고 이에 따라 일정 기간을 두고 모집공고, 응모서류 접수, 채용 기준에 따른 평가, 면접, 대상자 결정, 직급 및 호봉 선정 등의 단계를 거치게 된다. 현재 교수의 신규채용에 있어서 중시하고 있는 요인으로는 학위 소지와 연구실적이 차지하는 비중이 가장 크고 인품, 출신대학 등의 순으로 나타나고 있다. 교수 신규채용 시 가장 크게 영향을 미치는 것은 해당학과 교수들의 의견인 것으로 나타나고 있다(이종승 외, 1990).

이러한 신규채용 과정에 있어서 대학에 따라 중앙집중식으로 운영되고 있는가 하면, 지나치게 학과 중심으로 운영됨으로써 유능한 인력을 확보하는 데 제약요인이 되기도 한다. 그리고 교수 신규임용에 있어서 아직도 투명성과 엄정성이 확립되지 못함에 따라 사회적 신뢰를 받지 못하는 측면이 있다. 그래서 교수 공정 임용에 관한 특별법 제정을 제안하고 있는가 하면(이정민 외, 1998), 외부기관에서 교수충원 절차를 거쳐 충원하자는 의견도 제시되고 있다.

대학교원의 경우 초 · 중등학교나 기업체에서처럼 근무성적평정이나 인사고과 등이 체계적이고 정기적으로는 이루어지고 있지는 않지만, 기간제 임용(재임용) 및 승진과 관련하여 교수업적평가 등이 실시되고 있다. 평정의 영역으로서는 강의능력 및 실적, 학문연구능력 및 실적,

성적평가관리, 학생지도능력 및 실적, 교수로서의 기본적 자질, 국가 · 사회에 대한 봉사, 근무 상황 등이 종합적으로 포함되고 있다. 평정 결과는 기간제 임용(재임용), 승진, 보직임용 등에 필요한 자료로 활용되고 있다. 그러나 아직도 합리적이고 체계적인 평가척도나 기준을 마련하여 적용하는 일이 미흡한 것으로 인식되고 있다.

현재 국 · 공립대학의 경우 부교수는 6~10년 이내, 조교수는 4년 이내, 전임강사는 2년 이내 등으로 그 임용기간이 정해져 있고, 사립대학의 경우 근무기간에 관하여는 국 · 공립대학의 교원에 관한 규정을 준용하도록 하고 있다. 교육과학기술부에서는 2002년 1월부터 '자질과 업적이 우수한 교원을 확보하고 대학교원의 능력을 지속적으로 향상시켜 고등교육의 수월성을 제고하기 위해' 근무기간, 급여, 근무조건, 성과약정 등을 계약조건으로 정하여 교육공무원법을 개정하였다.

교수사회는 승진으로 인해 직무 자체가 변한다거나 상급자의 지휘, 통솔을 받지는 않지만 사회적인 인식이나 위상, 보수 수준 등에 차이를 가져오게 되므로 당사자들의 관심이 높다. 현재 승진 소요연수는 대체로 전임강사로부터 조교수가 2~3년, 조교수로부터 부교수가 4~5년, 부교수로부터 교수가 5~6년 소요되고 있고, 이때 승진 소요연수 이내에 200% 이상의 연구실적을 제출하여야 한다(대학교원인사관리지침). 그리고 승진임용에 있어서 직명별 평형을 유지하도록 하되, 구체적인 비율은 총(학)장이 당해 학교의 실정을 감안하여 정하고, 임명권자(제청권자)는 자체적으로 승진심사 기준을 설정하여 엄정한 심사를 거치도록 하고 있다.

교수의 자질 향상을 위해 자체적으로 내규에 의하여 직명별 승진 소요연수를 상향조정 · 운용할 수 있다. 그리고 승진에 있어서 직명별 인원의 균형을 유지하도록 하며, 구체적인 비율은 총(학)장이 당해 학교의 실정을 감안하여 정하도록 하고 있다. 또한 승진 소요연수 산정에 있어서 타대학(교)의 동일직명 이상에서의 재직연수를 합산, 인정할 수 있도록 하고 있다(대학교원인사관리지침).

대학에서의 보직은 일정 기간 동안 주요 행정직위에 보임되는 행위로서 국 · 공립대학 보직자에 대한 임용 기준은 법령상의 규정과 대학 자체의 인사규정에 제시되고 있다. 교수의 주요 보직임용에서는 연공서열주의보다는 능력 및 실적이 강조되고 있고, 주요 보직임용에 있어서 학장의 경우 교수지지도 및 인간관계가, 실 · 처장의 경우 능력과 열성, 관리능력 등이 중시되고 있다. 그렇지만 아직도 일부 대학에서는 전문적 자질 개발과 유능한 인력 활용이라는 점보다도 학연이라든지, 지연, 성차별 등의 측면에서 불합리한 운용이 없지 않다.

대학 민주화의 과정에서 총(학)장 직선제는 정부 또는 재단이사회의 일방적인 임용관례를 개선하고 구성원의 참여의식을 높이는 데 기여하였으나, 최근에는 과열 선거운동, 파벌 형성 등으로 대학사회의 갈등을 심화시키고 대학의 권위와 학문적 풍토를 훼손시키는 부작용을 초래하고 있다는 지적이 많다(교육인적자원정책위원회, 2002).

직원은 대학에 근무하면서 교수활동 이외의 관리 · 운영업무를 담당하는 이들이다. 즉, 대학에서의 직원은 학생교육을 담당하는 교수들의 교육 및 연구활동을 지원하고 학사 및 관리활동을 수행하는 인력이다. 이들은 공식적 규정이나 법규를 준수하면서 행정적 능률성을 강조한다. 직원은 교수와 학생 간의 교량으로서뿐 아니라 지원 · 관리활동의 중추적인 역할을 수행하고 있다. 즉, 수업과 사무활동의 보조적 기능을 수행한다. 상대적으로 볼 때 이들이 대학사회의 핵심 인력은 아니지만 대학 운영의 성패를 좌우하는 주요 집단이다. 따라서 우수한 직원인력을 확보하고 개발하며 유지하는 일은 매우 중요하다. 직원인사관리도 교수요원과 마찬가지로 신규채용, 평정, 교육 · 훈련, 승진, 노사관계 등이 핵심 영역으로 포함된다. 국 · 공립대학의 경우에서는 일반직의 경우 1~9

등급으로 나누어지나 사립대학은 대학에 따라 등급과 명칭이 다르다.

복지는 사회 구성원으로서 개인이 느끼는 복지감에 의해서 나타난다고 할 수 있으며, 행복감, 안녕감, 형평감 등이 혼합된 '잘산다'는 의식이라 할 수 있다. 복지는 경제적 · 정치적으로 잘살고 문화적 · 사회적 · 도덕적으로 잘살다는 뜻과 함께 교육적으로도 잘산다는 의미를 갖고 있다. 삶의 질 향상에 대한 인식이 높아지면서 복지에 대한 관심도 점차 높아지고 있다. 실제로 정책적인 노력을 많이 기울여 복지는 점차 나아지고 있는 것이 사실이다. 교직원복지는 교직원 또는 그 가족의 생활안정과 건강유지 그리고 휴식 등의 측면에서 그들의 생활을 향상시키기 위한 제반 시책으로서, 생활안정은 물론 가족을 대상으로 하여 보수 등에 대한 보완으로서의 물적 · 정신적 서비스를 제공함으로써 교육 및 대학행정 지원활동에 전념할 수 있도록 해 주는 활동이다.

노사관계는 근로자와 사용자와의 관계다. 노사관계는 두 가지 측면을 띠고 있다. 하나는 고용조건과 생산의 분배를 둘러싸고 대립하는 사용자와 근로자(노동조합)와의 관계이며, 다른 하나는 생산을 중심으로 협력하는 경영자와 종업원과의 관계다. 여기서 고용조건의 결정관계는 노동력의 매매라는 경제적 거래관계이므로 서로의 이해가 대립되는 관계다. 그리고 경영자–종업원 간의 협력관계는 모두 서로 다른 위치에서 생산활동을 담당하는 생산적 협동관계에 서게 된다. 이렇듯 노사관계는 대립적 관계에 있으면서 협력관계에 있는 이중적 성격을 지닌다.

노동조합이 경영 · 관리의 대상은 아니지만 노동조합과의 교섭 없이는 임금, 해고, 근로조건 등을 사용자가 일방적으로 결정하고 관리할 수 없기 때문에 인사관리에서 중요한 영역이다. 더욱이 민주화의 진전과 함께 노동조합이 단순히 근로자들의 경제적 지위 향상을 위한 기능뿐 아니라 의사결정에 영향을 미치는 단체로서의 기능도 확대되고 있다.

단체교섭(collective bargaining)은 노동조합이 고용자 또는 고용자단체와 근로자의 임금이나 기타 근로조건에 관한 집단적인 타협을 모색하고 타결된 협약을 관리하는 과정이라고 할 수 있다. 단체교섭의 당사자는 노동조합(또는 상위단체)과 사용자(또는 사용자단체)가 된다. 노동조합 측의 교섭당사자는 노동조합의 대표자가 되며, 사용자 측에서는 개인이든 법인이든 단체교섭의 당사자가 된다. 우리나라의 경우 노동조합이 단체교섭을 신청할 경우 사용자 측에서는 이에 응해야 하며, 정당한 사유 없이 이를 거부하면 부당노동행위가 된다.

이와 같은 단체교섭은 노동조합의 가장 기본적인 활동이라 할 수 있다. 사실 근로자의 단결권도 단체교섭을 효율적으로 하기 위한 지원장치이며, 단체행동권도 단체교섭이 효과적으로 수행될 수 있도록 보장해 주기 위한 것이다. 이렇듯 단체교섭은 근로자들의 단결을 전제로 하며, 쟁의행위를 매개로 하여 교섭 · 타결 · 협약에 이르게 된다. 1980년대 후반 이후 각 대학에 직원노동조합이 설립되면서 대학의 직원들도 단위노조 차원뿐 아니라 타대학 직원노조와 연대하여 근무조건 개선 및 경제적 처우 등과 관련된 권리를 주장하고 있다.

3. 대학인적자원관리의 진단 항목

어떤 조직에서든지 유능한 인적자원을 확보하고 교육과 훈련, 개발뿐 아니라 활용과 유지 및 보존 등을 위한 노력은 무엇보다도 중요하다. 교육 프로그램이나 교육시설, 재정 등이 확보되어 있다고 해도 이것들을 활용하는 인적자원의 능력이나 태도여하에 따라 목표달성과 결과가 달라지기 때문이다. 대학에서도 교직원의 확보와 개발, 유지 등에 관한 체계적인 관리가 이루어져야 한다. 즉, 보다 체계적이며 공정한 절차를 거쳐 우수한 교직원을 충원하고, 교육 및 연구 그리고 행정지원활동을 수행할 수 있도록 능력개발을 유도할 뿐 아니라, 효율적으로 교직원 인적자원을 유지 · 보존하기 위한 노력을 기울여야 한다. 여기서는 교수인사, 직원인사, 복지, 노사관리 등으로 나누어 살펴보기로 한다.

1) 교수인사관리

대학은 전공별로 우수한 전임교수를 충분히 확보하고, 교수들이 교육과 연구활동에 전념할 수 있도록 적정한 교수보조인력을 확보하며, 수업부담을 적정 수준으로 유지해야 한다. 또한 교수들의 전문성을 신장시킬 수 있도록 지원 · 유도해야 한다. 대학교수인사관리에 대한 진단 항목은 전임교수 확보율, 교수 확보 과정의 엄정성, 교수요원에 대힌 평가체계 확립, 수업부담의 적절성, 교수개발활동, 교 · 강사에 대한 처우의 적절성 등이 포함될 수 있다.

(1) 전임교수 확보율

교육활동의 주체인 교수들을 적정한 규모로 확보해야 한다. 질 높은 교육활동을 위해서는 무엇보다도 교수 확보가 중요하다. 대학교원 1인당 학생 수가 32명을 상회하고 있는데, 대학의 경제적인 형편에 따라 다르겠으나 적어도 교수 1인당 학생 수는 자연계 20명, 인문 · 사회계의 경우 25명 수준을 목표로 추진해야 한다.

그리고 대학 재학생의 47%가 여학생이지만 여성교수의 비율이 15%도 되지 않는 점을 감안할 때 여성교수의 비율을 늘려야 한다. 앞으로 전체교수 중 여성비율 30% 수준을 목표로 각 대학에서는 의도적인 노력을 기울일 필요가 있다. 아울러 본교출신 임용비율이 지나치게 높지 않도록 해야 한다. 이와 관련하여 시간강사 의존율이 30%선을 넘지 않도록 한다.

(2) 교수 확보 과정의 엄정성

교수요원은 공개적인 전형 과정을 거쳐 확보되어야 한다. 이를 위해 학연, 지연 등으로부터 탈피하여 공정한 기준과 절차, 규정에 따라 신규 채용을 하고 외부인사가 채용후보자의 업적이나 성취를 평가할 때도 투명하고 엄정한 과정을 거치도록 한다.

(3) 교수요원에 대한 평가체제 확립

교수요원에 대한 평가는 교수로서의 기본적 자질, 강의능력과 실적, 근무 상황, 학과 및 대학 발전에의 기여도 등에 대한 평가가 이루어질 수 있다. 학생들에 의한 강의평가 결과도 각 교수들이 참고할 수 있도록 지원되어야 한다. 이러한 평가 결과는 승진이나 승급 등에 반영되도록 한다.

(4) 수업부담의 적절성

교수-학습활동의 수준과 연구성과를 높이기 위해서는 교수들로 하여금 적정한 수업을 담당할 수 있도록 해야 한다. 대체로 주당 수업시수를 9시간 정도로 정하고 있으나, 대학에 따라서는 학부수업 위주로 하기 때문에 대학원 시수를 포함하면 이를 훨씬 넘는 경우가 허다하다. 그러므로 학부 및 대학원의 수업을 포함하여 9시간 미만이 되도록 수업부담을 줄여 가야 한다.

(5) 교수개발활동

교육, 연구 그리고 연구활동에 도움을 줄 수 있도록 교수요원들을 위한 개발활동도 중요하다. 이를 위해서는 신규로 채용된 교수들을 위한 오리엔테이션이나 안내 프로그램을 운영하거나, 교수-학습방법이나 학생지도(상담)를 비롯해서 인간관계나 보직 수행 등과 관련된 편람 개발자료나 편람 등을 활용하도록 하고, 워크숍, 해외연수 등 다양한 프로그램에 참여하도록 유도한다. 또한 국내의 학술발표 등을 적극 지원하는 노력도 필요하다. 특히, 연구년제도 운영 및 그에 따른 재정적 지원 등은 핵심적인 개발활동의 요소가 될 것이다.

(6) 교·강사에 대한 처우의 적절성

대학의 설립 유형이나 지역에 따라 또는 재정형편에 따라 다르지만 교수 및 강사들을 위한 적정한 처우는 무엇보다 중요하다. 그럼에도 불구하고 일부 대학에서는 경영난을 핑계로 낮은 보수를 지급한다거나 시간당 강사료를 지나치게 낮게 지급하는 경우가 있는데, 이는 우선적으로 시정되어야 할 과제다.

2) 사무직원인사관리

우수한 사무직원을 확보하고 개발하며 유지하는 활동도 교수인사관리 못지않게 중요하다.

(1) 우수한 사무직원 확보

교수요원과 마찬가지로 공개전형 과정을 거쳐 직원들을 확보해야 한다. 국립대학의 경우 교육과학기술부에서 인사관리를 담당하기도 하지만 대학 자체로 신규채용, 승진, 전보 등이 이루어지는 직원 수의 비중이 더 크다. 이러한 직원들 또한 객관적 기준에 따라 공정하고 투명한 절차를 거쳐 확보되어야 한다. 이를 위해 공정한 모집과 선발 그리고 배치 과정을 거쳐야 한다.

대체로 교수요원들을 충원하는 데는 힘쓰지만 직원들의 수를 제대로 확보하지 않고 소홀하게 취급하는 경향이 있는데, 교수 및 학생 대비 적정한 직원이 확보되어야 한다. 이와 관련하여 정규직과 임시직이나 비정규직 비중을 적정하게 유지함으로써 책임성 있고 원활한 지원행정이 이루어지도록 해야 한다.

(2) 능력개발

직원들을 대상으로 주기적으로 근무성적(인사고과)을 평가하고 그 결과를 승진이라든지 전보, 승급 등에 반영하는 동시에 필요한 자질과 기술 및 태도를 교육하기 위한 자료를 확보해야 한다. 그리고 신규직원들을 위한 오리엔테이션이나 안내 프로그램이 운영되어야 한다. 또한 적극적으로 업무능률 향상을 기할 수 있도록 직원들의 능력개발을 위해 다양한 교육훈련 프로그램을 운영하고 있는가, 그 성과는 어떠한가 그리고 교육과 훈련을 위한 지원체제는 얼마나 갖추고 있는가 등이 평가의 기준이 되도록 한다.

(3) 업무체계의 적절성

교육활동을 지원하는 업무를 주로 하는 직원들이 효과적이고 효율적으로 업무를 수행할 수 있도록 업무체계가 적절하게 구축되어 있어야 한다. 전문적으로 업무를 수행할 수 있도록 업무분장이 이루어져야 하고 업무가 과중하지 않게 배분되어야 한다. 또한 신규임용이나 전보에 따른 업무수행이 원활하게 이루어질 수 있도록 업무(행정)편람 등이 개발 · 활용되도록 한다.

(4) 보수 수준의 적절성

직원들로 하여금 높은 사기와 직무의욕을 가지고 교육활동을 지원 · 관리하는 데 힘쓸 수 있도록 적정한 수준의 보수가 지급되어야 한다. 특히, 교수집단과 차별화되는 업무수행에 따른 적정한 수당과 인센티브가 제공되어야 한다.

3) 복지 및 지원 인프라

대학에서는 학생과 교수 그리고 직원들이 쾌적한 분위기에서 교육과 연구에 전념할 수 있도록 복지 · 후생시설을 갖추고 이를 효율적으로 관리해야 한다. 이러한 복지 · 후생시설을 평가하기 위해서는 식당이나 편의시설의 구비, 운영 상태, 의료지원, 기타 각종 서비스 등이 그 평가 기준이 될 수 있다.

교수들이 교육 및 연구활동을 수행하는 데 도움을 주고 후속 학문세대 육성을 위해 조교수 확대와 관리 및 처우 수준도 매우 중요하다. 이외에도 교수인사관리 관련 규정이나 조직 및 행정처리 절차나 방법이 체계화되고 합리적으로 운영되고 있는지 여부가 평가 기준이 될 수 있다. 그리고 시간강사들이 준비하고 쉴 수 있는 공간(면적, 시설 및 설비, 각종 서비스), 기타 복지 프로그램 실태 등도 평가 기준이 될 수 있다.

4) 노사관리

학생과 교수 그리고 직원들의 교육과 연구 그리고 지원 · 관리활동은 원활하게 이루어져야 한다. 그러려면 총장과 교수협의회, 학생회, 노동조합 등 구성원들이 협력하고 연대하면서 상호 견제하는 가운데 원활한 의사소통이 이루어지고, 민주적이며 합리적인 의사결정 과정을 거쳐 대학의 목표를 달성해야 한다. 이를 위해서는 총장을 비롯한 보직자 및 중간관리자들이 업무의 분권화와 효율적 운영을 기하고 갈등을 예방할 수 있는 체제를 마련해야 한다.

이러한 노력의 일환으로 노동조합의 대표들과 보직자 교수, 학생 등 구성원들이 정기적인 만남과 대화의 장을 마련하여 상호 의견교환 및 기대와 요구를 파악하고 적절하게 대처할 수 있는 기회로 활용할 필요가 있다. 그리고 구성원들의 만족도를 파악하여 쾌적한 근무조건과 환경을 조성하고, 투명하고 공정한 인사관리와 합리적인 예산편성 및 재정운용이 이루어지도록 힘써야 한다. 아울러 직원의 권익 신장과 전문적 자질 향상 및 경제적 처우 신장 등에 주로 관심을 기울이는 노동조합이 그 목적을 달성할 수 있도록 설립 · 운영되고, 노사협약이라든지 노사관계 운영이 합리적으로 이루어지고 있는지 점검하고 모니터링하는 체제 구축도 필요하다.

참고문헌

강병운 외(2004). 대학교육체제 환경변화에 따른 대학교원 인사제도 개선 연구. 교육인적자원부.

강선보 외(2003). 외국대학의 교수임용제도 및 운영실태 분석연구. 교육인적자원부.

강인수(2005). 대학의 지배구조. 대학경영의 원리와 진단. 대교/한국교원평가센터 편.

고전(2003). 일본교육개혁 흑 · 백서. 학지사.

공선표 · 임준철 · 정권택 · 서동윤(1998). 공무원보수제도 개혁방안, 교육계획 수립에 맞추어-. 행정자치부 삼성경제연구소 연구용역보고서. 한국대학교육협의회, RE98-2-4.

교육인적자원부(2001). 대학교 교원임용실태 감사 결과(비출판물).

구병림 외(1999). 한국대학교 직원의 전문성 개발방안 연구. 한국대학교육협의회, 연구보고 RR 제98-16-175호.

권기욱(1996). 대학의 경영관리. 원미사.

권대봉(2003). 인적자원개발의 개념변천과 이론에 대한 종합적 고찰. 원미사.

김동훈(1999). 대학이 망해야 나라가 산다. 바다출판사.

김문중(2006). 최신 인적자원관리론. 청목출판사.

김병주(2005). 사학 운영 지배구조의 책무성 제고 방안. 한국사학의 구조 · 기능 · 운영의 방향과 과제. 2005년도 한국교육행정학회 하계 학술발표대회 자료.

김병주 · 김재춘 · 나민주(2000). 교수계약제 시행여건 조성현황 평가연구. 교육부.

김성환(1998). 연봉제와 목표관리 평가시스템. 한국능률협회.

김영문(2005). 교원노조법의 제도현황성과와 문제점 연구. 교육인적자원부.

김영철(1990). 미국의 교직단체와 단체교섭 방식. 교원교육연구, 제3권 제1호.

김용일(2001). 교육개혁의 현황과 미래의 선택. 교육인적자원 정책의 기본철학 및 대안 탐색. 전문가 토론회 자료, 2001. 12. 대통령 자문 교육인적자원정책위원회.
김종철 외(1994). 대학교직원 연수프로그램 개발 연구. 한국대학교육협의회, 연구보고 제93-9-131호.
김황조(1995). 세계 각국의 노사관계. 세경사.
나병현(2003). 교육개혁의 신자유주의적 성격: 오해와 이해. 아시아 교육연구, 제4권 제2호. 2003. 4.
남명수 · 박성준 · 류량도(1999). 성과관리시스템. 한언.
도유택(1996). 연봉제도입 · 운영실무매뉴얼. 한국능률협회.
박경규(1999). 한국기업의 연봉제 설계방안. 대한상공회의소.
박기찬(1997). 팀업적평가. 한국능률협회.
박종렬(2002). 한국 교육정책 평가와 차기정부의 과제. 제38회 교육정책토론회 발표자료. 한국교원단체총연합회.
박준성(2001). 인터랙티브 인사평가시스템. 명경사.
박준성(2004). 임금관리-이론과 실제. 명경사.
박찬국(1996). 인력평가시스템 개선방안에 관한 연구. 한국생산성본부.
서울대학교 교수학습센터(2003). 2003동계연찬회자료(미간행 인쇄물).
서정화 외(1997). 한국의 교원단체 단체교섭에 관한 연구. 한국교총 정책연구, 제85집
서정화 외(1998). 교원단체의 기능 활성화 방안 연구-한국교총을 중심으로-. 한국교총 정책연구, 제94집.
서정화 외(1999). 미국교원단체의 발전 동향에 관한 연구. 한국교총 정책연구, 제102집.
서정화 외(2004). 대교협 평가의 기능과 역할. 한국대학교육협의회.
서정화(2000). 21세기의 교원단체. 한국교사교육, 제17권 제1호.
서정화(2003). 교육계 갈등의 원인, 배경, 현상의 진단. 제1회 KEDI 교육정책포럼 발표자료. 교육계의 갈등해소: 상호신뢰와 존중의 가능성은 있는가? 한국교육개발원.
서정화 · 허병기(1990). 미국의 교원노조(미출판물).
서정화 · 황석근(2001). 교원단체교섭제도의 한계와 가능성. 한국교원교육연구, 제18권 제3호.
신동진 외(1999). 대학 교직원의 인적자원개발을 위한 교육요구 분석-'99.
신봉섭 · 이석열(1998). 전문대학 교수의 연수 프로그램 구성체계. 교육발전논총,

Vol. 20, No.1, 215-238.
신유근(1994). 인사관리. 경문사.
신철순 외(2002). 고급인력 양성을 위한 대학경쟁력 강화 방안 연구. 대통령자문 교육위원회, 정책연구 2002-02.
신철호(2000). 디지털시대의 연봉제. 서울경제경영.
양창삼(2003). 디지털 조직과 디지털 경영. 형설출판사.
오일환 · 이병기(1994). 이익집단과 교원단체: 교총 · 일교조 · 전교조분석. 에덴기획.
우재구 역(1996). 미국 교원단체의 정치적 영향력, Maurice R. Berube 저. 새교육, 1996. 12.
유인종 외(1985). 교수자질개발에 대한 연구. 연구보고 제85-10-40호.
유현숙 외(2005). 고등교육개혁 국제동향 분석연구. 한국교육개발원.
윤종건 · 이일권 · 김희규(2005). 교원노조와 교육개혁. 원미사.
이군현(2003). 교원과 교원단체. 교사론. 교육과학사.
이상천(2002). 바람직한 교수임용제도에 관한 제언. 대학교육, 117.
이성호(1995). 세계의 대학교수. 문이당.
이성호(1995). 한국의 대학교수. 학지사.
이원우(2005). 신인사관리론. 삼영사.
이일권(2002). 교육의 발전과제와 한국교원노동조합의 역할. 한국교육의 발전을 위한 교원단체의 역할. 한국교원교육학회 제37차 학술대회 발표자료.
이재기 외(2000). 대학교원의 인사제도에 관한 연구. 대학교육협의회.
이정민 외(1998). 대학교원 임용제도 개선을 위한 세부 추진전략 모형. 교육과정개발연구과제.
이주호 · 박정수 · 김승보(2005). 사립대학의 지배구조 개혁. 자율과 책무의 대학개혁: 제2단계의 개혁. 한국개발연구원. 한국직업능력개발원. 교육개혁포럼.
이준구(2001). 대학교수의 꿈과 그 현실. 백운출판사.
이진규(2002). 전략적 · 윤리적 인사관리. 박영사.
이현청 외(2003). 대학 M&A 등 자율경영혁신모델연구. 교육인적자원부.
이현청(2006). 대학평가론. 문음사.
이화국 외(2005). 대학경영의 원리와 진단. 대교/한국교육평가센터.

임창희(1995). 한국형 팀제. 삼성경제연구소.

임창희(2008). 인적자원관리(2판). 비앤엠북스.

임창희 · 가재산(1998). 한국형 팀제를 넘어서. 삼성경제연구소.

임창희역(1999). 360도 다면평가. 21세기북스.

장택현(2005). 교육행정 및 교육경영. 교육과학사.

전경련(2002). CEO가 본 한국의 국가경쟁력.

전교조(1998). 열려 있는 전교조 함께하는 참교육.

전국대학교육개발센터협의회(2004). 대학교육개발센터의 도약을 위한 과제와 전망. 대학교육개발센터협의회 제2회 심포지움자료집.

전제상(1999). 한국교총 발전을 위한 여론조사. 한국교총 정책자료, 제64집.

전제상(2002). 교육의 발전과 한국교총의 역할. 한국교육의 발전을 위한 교원단체의 역할. 한국교원교육학회 제37차 학술대회 발표자료.

전효선(2002). 프랑스 교원임용체제와 양성과정. 교육개발. 한국교육개발원.

정기오 · 김태근(2001). 학교를 위한 협상론. 한국교원대학교 출판부.

정범모(2000). 한국의 교육세력. 나남출판.

정영애(2000). 교사에 대한 교육사회학적 탐구. 신교육사회학. 학지사.

정종진 · 정재진 · 윤운성(2001). 한국교원단체활동의 발전방향에 관한 연구. 한국교원교육연구, 제18권 제3호.

정태범 외(2001). 국립대학 교원 보수체계 개선연구. 교육인적자원부.

정환국(2005). 국립대 법인화 문제. 입법정보, 제184호(미출판물).

조광제(2004). 대학행정론. 원미사.

조우현(2005). 대학을 바꿔야 나라가 산다. 랜덤하우스중앙.

주성수 편(1995). 21세기 세계와 한국. 한양대학교 출판부.

최종태(1996). 현대노사 관계론. 경문사.

코리아리서치센터(2001). 교원노조설립관련여론조사결과보고서.

통계청(2001). 한국의 사회지표.

피터 드러커(1999). 성과측정. 현대경제연구원 역.

한국교총(2000). 21세기 교육발전 전략. 정책자료, 제69집.

한국교총(2002). 멀리 내다보는 교육, 교원과 함께하는 교육개혁. 한국교총 정책자료, 제70집.

한국대학교육협의회(2001, 2002, 2003). 2001 · 2002 · 2003년도별 사업계획서(미

간행 인쇄물).

한국대학교육협의회(2004). 대학교수 · 직원개발 중기발전방안 연구.

한국학술단체연합회(2003). 학회총람.

한덕수(2001). 신자유주의 논쟁. 매일경제, 2001. 7. 16.

한만중(2002). 교육의 발전과제와 전교조의 역할. 한국교육의 발전을 위한 교원단체의 역할. 한국교원교육학회 제37차 학술대회 발표자료.

허형(2002). 초중등 교육 경쟁력의 현황과 과제. KEDI 교육정책 포럼-한국교육의 경쟁력(I).

황규대(2004). 인적자원관리. 박영사.

황석근(2001). 교원단체교섭제도의 현황과 문제점(미발표 자료).

OECD(2000). OECD 교육지표.

Becker, B., Huslid, M., & Ulich, D. (2001), *The HR Scorecard: Linking People, Strategy, and Performance*. Boston MA: Harvard Business School Press.

Castetter, & William B. (2000). *Human Resource Function in Educational Administration*. Macmillan Publishing Co.

Castetter, W. B., & Young, I. P. (2000). *The Human Resource Function in Educational Administration* (7th ed.). Ohio: Prentice-Hall.

Colbert, B. A. (2004). The Complex Resource Based View: Implication for Theory and Practice in Strategic: Human Resource Management. *Academy of management review*, 29 (3), 341-358.

Currence, C. (1984). "Teach on Strike". *Education Week*, 1984. 12. 4(2).

Eaton, William Edward (1975). *The American Federation of Teachers*, 1916-1961. Southern Illinois University Press.

Gardner, T. M., Moynihan, L. M., Park, H. J., & Wright, P. M. (2001). *Begining of Unlock the Black Box in the HR Firm Performance Relationship: The Impact of HR Practices on Employee Outcomes*. Working Paper 01-02, Center for Advanced Human Resources Studies, Cornell University.

Gilbert, B. Siegel, & Robert, C. Myrtle (1985). *Public Personnel Administration: Concepts & Practices*. Houghton Mifflin Co., Boston.

Herman Jerry, & Megiveron Gene (1993). *Collective Bargaining in Education*.

Technomic Publishing co., 851 New Holland Avenue, Lancaster, Pennsylvania.

Howard, J. Anderson, & John, J. Kenny (1983). *Primer of Labor Relations*. The Bureau of Nation Affairs, Inc., Washington, D.C.

Jones, James J. Walters, & Donald, L. (1994). *Human Resource Management in Education*. Technomic Publishing co., 851 New Holland Avenue, Lancaster, Pennsylvania, USA.

Keresty Barbara et al. (1998). *You Can Make a Difference*. Heinemann, A. Division of Elserier Inc., 361 Hanover Street, Portmouth, NH.

NEA. NEA Handbook 1998-1999.

Progressive Policy Institute (2002). *Better Pay for Better Teaching-Making Teacher Compensation Pay Off in the Age of accountability*. Washington D. C.: The Institute.

Pygores and Myers (2000). *Personnel Administration*. NY: McGraw-Hill.

Rebore, R. W. (2003). *Human Relations Approach to the Practice of Educational Leadership*. Boston: Allyn, & Bacon.

Rebore, R. W. (2004). *Human Resource Administration in Education: A management approach* (7th ed.). Pearson Education Inc.

Richard, E. Smith (1998). *Human Resources Management Administration*. on Education, Inc.

Ronald, W. Rebore (2004). *Human Resource Administration in Education*. Allyn & Bacon.

Seattle School District No.1, *Collective Bargaining Agreement between Seattle School District No.1, & SEA Certified Non-Supervisory Employees*, 1993-1996.

Seyfarth, & John T. (1991). *Personnel Management for Effective Schools*. Allyn & Baccon, A Division of Simon & Schuster, Inc., 160 Gould Street, Needham Heights, Massachusetts.

Webb, L. Dean (1987). *Personnel Administration in Education*. Merrill Publishing Co.

http://zendaikyo.or.jp/

http://www.jtu-net.or.jp/
http://www.zenkyo.org//isibasi4_1_15_9_26.htm
전일본교원연맹 http://www.ntfi.net

| 찾아보기 |

인 명

내 용

| 저자 소개 |

• 서정화

서울대학교 대학원 문학석사(교육행정 전공)
미국 Florida State University 철학박사(교육행정 전공)
대통령자문 교육인적자원정책위원회 선임위원
한국교육행정학회 회장
전국교육대학원장협의회 회장
현) 한국고등교육정책학회 회장
홍익대학교 사범대학 교육학과 교수

• 구관서

홍익대학교 대학원 교육학박사
제22회 행정고시 합격
교육인적자원부 기획관리실장, 대학지원국장, 평생직업교육국장
현) EBS 사장

• 임창희

프랑스 파리9대학(돌핀대) 경영학박사
홍익대학교 국제경영대학원장 겸 세무대학원장
행정자치부 조직혁신자문위원
현) 홍익대학교 경영대학 경영학과 교수, 도서관장

대학행정총서 2

대학인적자원관리 이론과 실제

2009년 9월 10일 1판 1쇄 인쇄
2009년 9월 15일 1판 1쇄 발행

지은이 • 서정화 · 구관서 · 임창희
펴낸이 • 김진환
펴낸곳 • (주) 학지사
121-837 서울특별시 마포구 서교동 352-29 마인드월드빌딩 5층
대표전화 • 02)330-5114　　팩스 • 02)324-2345
등록번호 • 제313-2006-000265호

홈페이지 • http://www.hakjisa.co.kr
커뮤니티 • http://cafe.naver.com/hakjisa

ISBN 978-89-6330-082-5 94370
978-89-6330-080-1(set)

정가 15,000원

본서는 교육과학기술부의 수도권대학특성화지원사업에 의하여 홍익대 산학협력단과 협력으로 출간되었습니다.